Bilanzbuchhalter (IHK)

Eva Heinz-Zentgraf
Gepr. Bilanzbuchhalterin (IHK)

Steuerpolitik
Betriebliche Sachverhalte steuerlich darstellen

3. Handlungsbereich der IHK-Prüfung

Das Lehrbuch

1. Auflage Juli 2019
Frankfurt a.M.
© Fachwirteverlag

Kontakt: bibu@fachwirteverlag.de

© 2019 Fachwirteverlag, Reinhard Fresow

Umschlaggestaltung: Simone Meckel

Herstellung und Vertrieb: BoD – Books on Demand

ISBN 978-3-95887-831-0

Inhaltsverzeichnis

.... 1

Inhaltsverzeichnis 3

1. Steuerliches Ergebnis 9
   - 1.1 Maßgeblichkeitsprinzip 9
   - 1.2 Zweistufige Gewinnermittlung 14
   - 1.3 Gewinn aus der Handelsbilanz steuerrechtlich ableiten 15
   - 1.4 Außerbilanzielle Korrekturen 17
   - 1.5 Verluste, Rückträge und Verlustvorträge 19

2. Datensätze zur elektronischen Übermittlung 21
   - 2.1 Verfahrensrechtliche Vorschriften 21
   - 2.2 Konten im Sinne der Taxonomie 25

3. Gewinn bestimmen 27
   - 3.1 Einkünfte und Sachverhalte den Einkunftsarten zuordnen 28
   - 3.2 Gewinn- und Überschusseinkunftsarten 29
   - 3.3 Gewinnermittlungsmethoden 47
     - 3.3.1 Gewinnermittlung durch Bestandsvergleich 48
     - 3.3.2 Einnahme-Überschuss-Rechnung 49
     - 3.3.3 Wechsel der Gewinnermittlungsart 52
     - 3.3.4 Gewinnermittlungszeiträume 59

4. Einkommen und KSt 61
   - 4.1 Anwendungsbereiche der Körperschaftsteuer 61

4.2 Zu versteuerndes Einkommen 64

    4.2.1 Ausgangsgröße handelsrechtlicher Jahresüberschuss 64

    4.2.2 Außerbilanzielle Korrekturen 65

4.3 Verluste, Rückträge und Verlustvorträge 83

4.4 Tarifbelastung 84

4.5 Steuerliches Einlagekonto 85

4.6 Steuerberechnung zum Zwecke der Rückstellungsbildung oder zur Ermittlung eines Erstattungsanspruchs 87

5. Regelungen in Abhängigkeit von der Rechtsform 89

    5.1 Unterschiede zwischen Einzelunternehmen, Personengesellschaften, Genossenschaften und Kapitalgesellschaften 89

    5.2 Besteuerung verschiedener Rechtsformen 103

        5.2.1 Besteuerung von Mitunternehmerschaften 103

        5.2.2 Besteuerung von Kapitalgesellschaften 106

    5.3 Besteuerungsunterschiede bei Gesellschaft und Gesellschafter 107

6. Gewerbesteuerliche Aspekte 111

    6.1 Anwendungsbereiche Gewerbesteuer 111

    6.2 Gewerbeertrag als Bemessungsgrundlage unter Beachtung wesentlicher Hinzurechnungs- und Kürzungsvorschriften 119

    6.3 Gewerbeverluste 141

    6.4 Zerlegung 145

    6.5 Steuerzahllast, Steuererstattung, Rückstellung 146

    6.6 Entstehung, Festsetzung, Erhebung 148

Inhaltsverzeichnis

7. Umsatzsteuerliche Aspekte 151
7.1 Allphasen-Netto-Umsatzsteuersystem 151
7.2 Steuerbarkeit 155
    7.2.1 Unternehmereigenschaft im Rahmen des Unternehmens 156
    7.2.2 Lieferungen und sonstige Leistungen 159
    7.2.3 Einfuhr von Gegenständen aus dem Drittland 176
    7.2.4 Innergemeinschaftlicher Erwerb 176
7.3 Steuerbefreiungen 179
    7.3.1 Wesentliche Steuerbefreiungen 179
    7.3.2 Verzicht auf Steuerbefreiungen 184
7.4 Bemessungsgrundlage für das Entgelt 185
7.5 Steuersätze 187
7.6 Entstehung und Fälligkeit der Steuer 188
7.7 Steuerschuldner 189
7.8 Ausstellung von Rechnungen 191
    7.8.1 Vorschriften über die Ausstellung von Rechnungen 191
    7.8.2 Gutschriften 194
    7.8.3 Ausstellen von Rechnungen in besonderen Fällen 194
    7.8.4 Aufbewahrung von Rechnungen 195
7.9 Besteuerungsverfahren 196
    7.9.1 Steuerberechnung 196
    7.9.2 Änderung der Bemessungsgrundlage 196
    7.9.3 Besteuerungsverfahren 196

7.9.4 Einzelbesteuerung 197

7.10 Zusammenfassende Meldung 198

7.11 Vorsteuerabzug 199

    7.11.1 Abziehbare Vorsteuer 199

    7.11.2 Aufteilung und Ausschluss vom 199

    7.11.3 Berichtigung des Vorsteuerabzugs 201

7.12 Besteuerung von Kleinunternehmern 202

7.13 Aufzeichnungspflichten 204

7.14 Besonderheiten einer Organschaft 206

7.15 Innergemeinschaftliches Dreiecksgeschäft 207

7.16 Umsatzsteuer-Voranmeldung 208

8. Vorschriften zum Verfahrensrecht und Stellung notwendiger Anträge 209

    8.1 Systematik des Verfahrensrechts 209

    8.2 Steuererklärung 210

    8.3 Steuerfestsetzung 229

    8.4 Steuererhebungsverfahren 240

    8.5 Korrektur von Verwaltungsakten 245

    8.6 Rechtsbehelfsverfahren / Einspruchsverfahren 248

    8.7 Gerichtliches Rechtsbehelfsverfahren 253

9. Vermeidung einer Doppelbesteuerung 257

    9.1 Problematik der Doppelbesteuerung aufgrund von Welteinkommensprinzip und Territorialprinzip 259

Inhaltsverzeichnis

9.2 Systematik der unbeschränkten und beschränkten Steuerpflicht 260

9.3 Aufbau + Systematik des OECD-Musterabkommens 265

9.4 Methoden zur Vermeidung einer Doppelbesteuerung 266

9.4.1 Freistellungsmethode durch Doppelbesteuerungsabkommen; Progressionsvorbehalt 266

9.4.2 Anrechnungsmethode 267

9.4.3 Abzugsmethode 268

10. Lohn-, Grunderwerb- und Grundsteuer 273

10.1 Lohnarten nach dem Umfang ihrer Abgabenerhebung 273

10.2 Steuerpflichtiger Lohn 279

10.3 Grundzüge der Grunderwerbsteuer 292

10.4 Grundzüge der Grundsteuer 293

11. Register 295

Vorbemerkung

Der Handlungsbereich
  „Betriebliche Sachverhalte steuerlich darstellen"
ist Teil der 3. Aufgabenstellung und soll dort mit ca. 62 Punkten berücksichtigt werden. Dass er sich durch eine besonders große Stoffmenge auszeichnet, findet seinen Ausdruck auch in dem mit 300 Seiten ungewöhnlichen Umfang dieses Buches. Für die hier besonders wichtige und umfangreich erforderliche Lernkontrolle ist in Ergänzung dieses „Lehrbuchs" ein gesondertes „Lernbuch" mit Kontrollfragen, Übungsaufgaben und Hinweisen auf besonders häufige Klausurfragen in Vorbereitung.

Wer über das Erscheinen dieses Titels oder auch der weiteren Titel zu den anderen Handlungsberiechen vorab informiert werden möchte, kann sich für den newsletter registrieren lassen unter
bibu@fachwirteverlag.de
mit dem Stichwort „news". An diese Adresse können auch Fragen oder andere Rückmeldungen an die Autorin, Frau Heinz-Zentgraf gesandt werden.

Viel Erfolg!

1. Steuerliches Ergebnis
aus dem handelsrechtlichen Ergebnis ableiten

1.1 Maßgeblichkeitsprinzip

Unter dem Begriff der Maßgeblichkeit versteht man, dass gesetzliche Regelungen aus dem Handelsrecht auch für das Steuerrecht verbindlich übernommen werden müssen, sofern im Steuerrecht keine expliziten Regelungen zu diesen Situationen bestehen. Nach § 238 HGB ist jeder Kaufmann gemäß §§ 1-6 HGB dazu verpflichtet, Bücher zu führen und zu Beginn jeden Geschäftsjahres ein Inventar nach § 239 HGB, § 240 HGB und § 242 HGB aufzustellen.

Im Rahmen des BilMoG wurden handelsrechtliche Einzelkaufleute von der Pflicht zur Buchführung, der Aufstellung von Bilanzen und Gewinn- und Verlustrechnungen und der Erstellung von Inventaren befreit, wenn ihre Umsatzerlöse und Jahresüberschüsse bestimmte Schwellenwerte in zwei aufeinander folgenden Geschäftsjahren nicht überschreiten.

Gemäß § 241a HGB betragen die Schwellenwerte:
- Umsatzerlöse: 600.000 Euro
- Jahresüberschuss: 60.000 Euro

Da Voraussetzung für die Befreiung ist, dass die Schwellenwerte an zwei aufeinander folgenden Abschlussstichtagen nicht überschritten werden, entfällt die Befreiung, sobald eine dieser Grenzen an nur einem Abschlussstichtag überschritten wird. Geschieht dies, ist eine Eröffnungsbilanz aufzustellen und zur Buchführung überzugehen.

Die Grenzen orientieren sich an den Schwellenwerten des § 141 AO. Zu beachten ist hierbei jedoch, dass der handelsrechtliche Jahresüberschuss nicht in allen Fällen mit dem steuerlichen Gewinn übereinstimmt.

Steuerrechtliche Buchführungspflicht
Für die Besteuerung sehen die §§ 140 ff. AO mehrere Möglichkeiten der Buchführungspflicht vor:
    a) Derivative (abgeleitete) Buchführungspflicht nach § 140 AO
    b) Originäre Buchführungspflicht nach § 141 AO

a)   Derivative (abgeleitete) Buchführungspflicht nach § 140 AO
Hierunter fallen alle Personen, die nach anderen Gesetzen als den Steuergesetzen verpflichtet sind, Bücher zu führen und regelmäßig Abschlüsse zu machen. § 140 AO gilt aber nicht nur für die Buchführungspflicht, sondern bestimmt zusätzlich, dass Aufzeichnungen, die nach anderen Gesetzen als den Steuergesetzen zu führen sind, auch für Besteuerungszwecke geführt werden müssen. Diese sich aus anderen Gesetzen ergebenden Buchführungs- und Aufzeichnungspflichten gelten somit gleichermaßen als steuerliche Verpflichtung. Hier sind insbesondere folgende Vorschriften von Bedeutung: §§ 238 HGB, § 259 BGB, §§ 91, 270, 286 AktG, §§ 41 ff. GmbHG, § 33 GenG.

Sonderformen der Buchführungspflicht
Vorgesellschaften sind nicht erst ab Eintragung in das Handelsregister buchführungspflichtig. Die Buchführungspflicht beginnt bereits mit Abschluss des notariellen Vertrags, da zu diesem Zeitpunkt auch nach H 1.1 „Beginn der Steuerpflicht" KStH die Körperschaftsteuerpflicht entsteht. Grundsätzlich ist eine GmbH buchführungspflichtig, so auch eine Freiberufler-GmbH.

b)   Originäre Buchführungspflicht nach § 141 AO
Gewerbliche Unternehmer sowie Land- und Forstwirte, die nicht bereits nach § 140 AO buchführungspflichtig sind, können nach § 141 Abs. 1 AO unter bestimmten Voraussetzungen verpflichtet sein, für steuerliche

Steuerliches Ergebnis

Gesetzliche Buchführungspflicht		
nach Handelsrecht	nach Steuerrecht	
Kaufleute im Sinne der §§ 1 – 6 HGB sind grundsätzlich verpflichtet, Bücher zu führen und Abschlüsse zu erstellen (§ 238 Abs. 1 HGB) Dies sind • Istkaufleute (§ 1 HGB) • Kannkaufleute (§§ 2 und 3 HGB) • Scheinkaufleute (§ 5 HGB) • Formkaufleute (§ 6 HGB). **Befreiung für Einzelkaufleute**, wenn am Ende von zwei aufeinander folgenden Geschäftsjahren • Nicht mehr als **600.000 € Umsatzerlöse** und • Nicht mehr als **60.000 € Jahresüberschuss (=Gewinn)** Erzielt wurde; im Fall der Neugründung bereits dann, wenn diese Grenzen am ersten Abschlussstichtag nach der Neugründung nicht überschritten werden.	**abgeleitete (derivative)** Buchführungspflicht des Steuerrechts (§ 140 AO) Wer nach anderen Gesetzen (z. B. nach dem HGB) Bücher zu führen hat, muss diese Verpflichtung auch für die Besteuerung erfüllen.	**Originäre** ursprüngliche Buchführungspflicht des Steuerrechts (§ 141 AO) Gewerbetreibende und Land- und Forstwirte Sind zur Buchführung verpflichtet, wenn sie **eine** der folgenden Grenzen im **vergangenen** Kalender- bzw. Wirtschaftsjahr **überschritten** haben (verkürzt dargestellt): • Umsatz 600.000 € oder • Gewinn 60.000 € • Wirtschaftswert (nur Land- und Forstw.) 25.000 € **Beginn** der Buchführungspflicht erst mit dem Beginn desjenigen Wirtschaftsjahres, das dem Jahr folgt, in dem die Finanzverwaltung den Steuerpflichtigen auf diese Verpflichtung hingewiesen hat (§ 141 Abs. 2 Satz 1 AO).

Zwecke Bücher zu führen. § 141 AO wird nur herangezogen, wenn nicht bereits eine Buchführungspflicht nach § 140 AO besteht (AEAO Nr. 1 zu § 141 AO). Diese Grenzen beziehen sich stets nur auf einen Betrieb, auch wenn der Steuerpflichtige mehrere Betriebe der gleichen Einkunftsart unterhält (vgl. AEAO Nr. 3 zu § 141 AO).

Für das Entstehen der Buchführungspflicht genügt es, wenn eine der genannten Wertgrenzen überschritten wird. Unter § 141 AO fallen gewerbliche Unternehmer sowie Land- und Forstwirte, nicht jedoch Freiberufler (vgl. AEAO Nr. 1 zu § 141 AO).

Beginn der Buchführungspflicht
§ 1 HGB „Istkaufmann" mit Beginn der Tätigkeit. Auf die Eintragung im Handelsregister kommt es nicht an;
§§ 2 und 3 HGB „Kannkaufmann" sowie § 5 HGB „Kaufmann kraft Eintragung" mit der Eintragung in das Handelsregister;
§ 6 HGB „Formkaufmann" mit Gründung der Gesellschaft (= Abschluss des Gesellschaftsvertrags);
§ 141 Abs. 1 AO mit Beginn des Wirtschaftsjahres, das auf die Bekanntgabe der Mitteilung über die Buchführungspflicht folgt (§ 141 Abs. 2 Satz 1 AO). Die Mitteilung der Buchführungspflicht durch das Finanzamt ist ein Verwaltungsakt und kann mit dem Rechtsmittel des Einspruchs nach § 347 AO angefochten werden.

Das Wirtschaftsjahr umfasst gem. § 8b Satz 1 EStDV grundsätzlich einen Zeitraum von zwölf Monaten. Es beträgt aber dann weniger als zwölf Monate, wenn z. B. ein Betrieb eröffnet, erworben, aufgegeben oder veräußert wird (§ 8b Satz 2 Nr. 1 EStDV). Es handelt sich dann um ein sog. Rumpfwirtschaftsjahr.

Steuerliches Ergebnis

Ende der Buchführungspflicht
Bei allen Buchführungspflichtigen mit Betriebsaufgabe bzw. Abschluss des Insolvenzverfahrens;
§ 1 HGB „Istkaufmann" mit Verlust der Kaufmannseigenschaft (= bei Einstellung des Handelsgewerbes);
§ 141 Abs. 1 AO mit Ablauf des nächsten Wirtschaftsjahres, das dem Wirtschaftsjahr folgt, in dem die Finanzbehörde feststellt, dass die Voraussetzungen für die Buchführungspflicht nicht mehr vorliegen (§ 141 Abs. 2 Satz 2 AO).

1.2 Zweistufige Gewinnermittlung

Während § 4 Abs. 1 EStG für all diejenigen gilt, die nach Handelsrecht nicht verpflichtet sind, Bücher zu führen (Selbständige, Land- und Forstwirte), kommt § 5 Abs. 1 EStG bei allen Gewerbetreibenden zur Anwendung, unabhängig davon, ob sie verpflichtet sind zu bilanzieren oder dies freiwillig tun. § 5 Abs. 1 EStG bindet also alle bilanzierenden Gewerbetreibenden an die Vorschriften des Handelsrechts (Maßgeblichkeitsgrundsatz).

Hiervon gibt es jedoch zwei Ausnahmen:
Gibt es eigene steuerliche Bewertungsvorschriften, gehen diese dem Handelsrecht vor (Bewertungsvorbehalt des § 5 Abs. 6 EStG);
Gibt es eigene steuerliche Wahlrechte, können diese unabhängig von der Handelsbilanz ausgeübt werden (§ 5 Abs. 1 Satz 1 letzter Halbsatz EStG).

Steuerliches Ergebnis

1.3 Gewinn aus der Handelsbilanz steuerrechtlich ableiten

Aufgrund der unterschiedlichen Zielsetzung von Handelsbilanz und Steuerbilanz und wegen der Aufhebung der umgekehrten (formellen) Maßgeblichkeit der Handelsbilanz für die Steuerbilanz ist es für den Kaufmann kaum mehr möglich eine sog. Einheitsbilanz aufzustellen, die den beiden systemischen Bedürfnissen nach Handels- und Steuerrecht gerecht werden würde.

Um den steuerlichen Anforderungen Rechnung tragen zu können gibt es nach § 60 Abs. 2 EStDV zwei Möglichkeiten:
§ 60 Abs. 2 Satz 1 EStDV sagt aus, dass die Handelsbilanz durch Anmerkungen und eine Überleitungsrechnung an die steuerlichen Vorschriften angepasst werden kann.
Nach § 60 Abs. 2 Satz 2 EStDV besteht die Möglichkeit unabhängig von der Handelsbilanz eine gesonderte Steuerbilanz zu erstellen.

Um aus einer Handelsbilanz eine Steuerbilanz ableiten zu können sind folgende Bearbeitungsschritte nötig:
- Zur Erstellung des Jahresabschlusses gelten die Grundsätze ordnungsgemäßer Buchführung
- Die gegebenenfalls ergänzenden handelsrechtlichen Regelungen für Kapitalgesellschaften und besondere Personengesellschaften (§§ 264 ff. HGB) und nach zivilrechtlichen Spezialgesetzen wie dem GmbHG, AG, UmwG sind zu beachten
- Die Steuerbilanz ist aus der rechtsgültigen Handelsbilanz abzuleiten.
Hierbei sind folgende Grundsätze anwendbar:
  - steuerrechtlich ist aktivierungs- bzw. passivierungspflichtig wofür handelsrechtlich ein Bilanzierungsgebot besteht

- steuerrechtlich muss natürlich aktiviert werden, wofür ein handelsrechtliches Aktivierungswahlrecht besteht
- steuerrechtlich darf nicht passiviert werden, wofür ein handelsrechtliches Passivierungswahlrecht besteht
- steuerrechtlich darf nicht passiviert werden, wofür ein handelsrechtliches Passivierungsverbot besteht.

Wichtig: Steuerrechtliche Vorbehaltsregelungen insbesondere § 5 Abs. 1a bis 6 EStG und gegebenenfalls auch steuerliche Wahlrechte sind dennoch vorrangig zu beachten!

Steuerliches Ergebnis

1.4 Außerbilanzielle Korrekturen

Wie bereits erläutert, gehen eigenständige steuerrechtliche Bewertungsvorschriften den handelsrechtlichen vor – gemäß § 5 Abs. 6 EStG. Zu beachten sind hier im Besonderen folgende steuerliche Vorschriften:
- Bewertungen nach § 6 EStG
- Abschreibungen nach § 7 EStG
- Sonderabschreibungen nach § 7g EStG
- Betriebsausgabenabzug nach § 4 Abs. 4a und 5 EStG.

Im Prüfungsfall wird besonders auf außerbilanzielle Korrekturen nach § 4 Abs. 5 ff. EStG abgestellt.

Nicht abziehbare Betriebsausgaben nach § 4 Abs. 5 und 7 EStG
Gerade § 4 Abs. 5 EStG wird hier als sogenannte *Lenkungsform* bezeichnet. Dies bedeutet hier konkret, dass es sich bei den anfallenden Ausgaben zwar um Betriebsausgaben handelt, der Abzug jedoch eingeschränkt ist, um beispielsweise Spesenmissbrauch einzudämmen. Die Norm gilt zwar unmittelbar nur im Bereich der Betriebsausgaben, ist aber wegen § 9 Abs. 5 Satz 1 EStG auf Werbungskosten entsprechend anzuwenden. Zu beachten ist jedoch, dass das Abzugsverbot nach § 12 EStG Vorrang vor § 4 Abs. 5 und 7 EStG hat.

Nach § 4 Abs. 5 Satz 1 EStG dürfen folgende Betriebsausgaben nicht abgezogen werden:
- Geschenke an Geschäftsfreunde über 35,00 Euro
- Bewirtung von Geschäftsfreunden in Höhe von 30%
- Gästehäuser
- Mehraufwendungen für Verpflegung, sofern sie die Pauschbeträge übersteigen
- Unangemessene Aufwendungen
- Geldbußen, Ordnungs- und Verwarnungsgelder
- Hinterziehungszinsen

Neben den sachlichen Einschränkungen des § 4 Abs. 5 EStG gilt es noch die formellen Einschränkungen des § 4 Abs. 7 EStG zu beachten. Gemäß § 4 Abs. 7 Satz 1 EStG sind Aufwendungen i. S. des § 4 Abs. 5 Satz 1 Nr. 1 bis 4, 6b und 7 EStG einzeln und getrennt von den sonstigen Betriebsausgaben aufzuzeichnen. Dies muss fortlaufend und zeitnah erfolgen (H 4. 11 „Besondere Aufzeichnung" 1. Spiegelstrich EStH). Eine Aufzeichnung der Geschäftsvorfälle nach Ablauf des Geschäftsjahres ist nicht zeitnah (BFH-Urteil vom 22. 1. 1988, BStBl 1988 II S. 535). Dies gilt grundsätzlich auch für die Aufwendungen für ein häusliches Arbeitszimmer. Es ist hierbei jedoch nicht zu beanstanden, wenn die Kosten unterjährig geschätzt und nach Ablauf des Jahres konkret aufgezeichnet werden

Gewerbesteuer
Gemäß § 4 Abs. 5b EStG stellt die Gewerbesteuer ebenso wie die darauf entfallenden Nebenleistungen seit 2008 keine Betriebsausgabe mehr dar. Dies bedeutet, dass sämtliche Gewerbesteueraufwendungen innerhalb der Bilanz als Aufwand gebucht, aber außerhalb wieder zugerechnet werden. Die Behandlung erfolgt damit analog zur Körperschaftsteuer (§ 10 Nr. 2 KStG).

Mitgliedsbeiträge und Spenden
Mitgliedsbeiträge und Spenden bzw. Zuwendungen an politische Parteien stellen keine Betriebsausgaben dar (§ 4 Abs. 6 EStG). Entsprechendes gilt im Bereich der Werbungskosten (§ 9 Abs. 5 Satz 1 EStG) analog.

Steuerliches Ergebnis

1.5 Verluste, Rückträge und Verlustvorträge

Im Rahmen des Verlustabzugs wird das Prinzip der Abschnittsbesteuerung durchbrochen, da Verluste in folgende Veranlagungszeiträume vorgetragen und in den davorliegenden zurückgetragen werden können:

Verlustrückgang
Verluste, die im Jahr ihrer Entstehung nicht ausgeglichen werden können, werden bis zu einem Betrag von 1 Mio. Euro (bei zusammenveranlagten Ehegatten: 2 Mio. Euro) im vorangegangenen Veranlagungszeitraum berücksichtigt (§ 10d Abs. 1 Satz 1 EStG). Der Steuerpflichtige kann beantragen, dass der Verlustrücktrag nicht bzw. nur in einer bestimmten Höhe durchgeführt wird (§ 10d Abs. 1 Sätze 5 und 6 EStG).

Verlustvortrag
Soweit negative Einkünfte nicht im Wege eines Verlustrücktrags abgezogen werden, sind diese nach § 10d Abs. 2 Satz 1 EStG in folgenden Veranlagungszeiträumen zu berücksichtigen. Bis zu einem Betrag von 1 Mio. Euro (bei zusammenveranlagten Ehegatten: 2 Mio. Euro, § 10d Abs. 2 Satz 2 EStG) ist dies unbeschränkt möglich. Darüber hinaus ist ein Abzug bis zu 60 % des 1 Mio. Euro (bzw. 2 Mio. Euro) übersteigenden Gesamtbetrags der Einkünfte möglich. Der Abzug des Verlustvortrags ist „vorrangig vor den Sonderausgaben, außergewöhnlichen Belastungen und sonstigen Abzugsbeträgen" vorzunehmen (§ 10d Abs. 2 Satz 1 EStG; vgl. R 2 Abs. 1 EStR). Er ist nicht antragsabhängig, sondern wird von Amts wegen bis zu einem Einkommen von 0 Euro vorgenommen.

2. Datensätze zur elektronischen Übermittlung

Datensätze für das Verfahren zur elektronischen Übermittlung von Jahresabschlüssen nach dem EStG ableiten

2.1 Verfahrensrechtliche Vorschriften

Nach § 5b EStG besteht für Steuerpflichtige, die ihren Gewinn nach § 4 Abs. 1, § 5 oder § 5a EStG ermitteln, die Verpflichtung, den Inhalt der Bilanz sowie der Gewinn- und Verlustrechnung nach amtlich vorgeschriebenem Datensatz durch Datenfernübertragung zu übermitteln. Nach § 51 Abs. 4 Nr. 1b EStG ist das BMF ermächtigt, im Einvernehmen mit den obersten Finanzbehörden der Länder den Mindestumfang der elektronisch zu übermittelnden Bilanzen und Gewinn- und Verlustrechnungen zu bestimmen. - § 5b EStG war erstmals für Wirtschaftsjahre ab 2013 anzuwenden.

Anwendungstaxonomie

Das BMF-Schreiben vom 19.01.2010 legt die grundlegenden Anforderungen an den Inhalt und die Form der Datenübermittlung der steuerlichen Gewinnermittlungen fest. Insbesondere hat sich die Verwaltung darin auf das Format XBRL als ausschließlichen Übertragungsstandard festgelegt. XBRL steht für „Extensible Business Reporting Language". Hierbei handelt es sich um einen international weitverbreiteten Standard für den elektronischen Austausch von Unternehmensinformationen im Bereich der Finanzberichterstattung, welcher folgendes ermöglicht:
- eine flexible und plattformunabhängige Datenübertragung zwischen dem Ersteller und dem Empfänger

- eine Steigerung der Qualität der Rechnungslegungsdaten durch sachgerechte und strukturierte Darstellung vorhandener Informationen
- eine Harmonisierung der externen und internen Berichterstattung von Unternehmen und innerhalb von Konzernen sowie
- eine multidimensionale und mehrsprachige Darstellung der Finanzberichterstattung.

Grundlage eines Datenaustauschs in XBRL sind gegliederte Datenschemata, sog. *Taxonomien*. Sie beschreiben Inhalt und Struktur von Finanzberichten und dienen als Vorlage oder Baukasten für einen individuellen Abschluss. Vergleichbar einem Kontenrahmen beinhalten sie die Positionen, die für die Darstellung der Abschlussposten genutzt werden können. Taxonomien gibt es im internationalen XBRL-Umfeld für die verschiedensten Rechnungslegungsstandards (z. B. HGB, US-GAAP, IFRS).

Das für die Einreichung bei der Finanzverwaltung entwickelte Taxonomie-Schema basiert auf der aktuellen HGB-Taxonomie und berücksichtigt bisherige handelsrechtliche Regelungen ebenso wie die durch das Bilanzrechtsmodernisierungsgesetz (BilMoG) erforderlich gewordenen Anpassungen.

Die Taxonomien wurden durch das BMF-Schreiben vom 28.9.2011 (BStBl 2011 I S. 855) bestimmt und auf der Webseite www.eSteuer.de bekanntgegeben. Grundsätzlich ist der Inhalt der Bilanz sowie der Gewinn- und Verlustrechnung mit der sog. *Kerntaxonomie* zu übermitteln. Hierbei handelt es sich um einen Berichtsstandard, der prinzipiell alle Rechtsformen und Unternehmensgrößen erfasst. Aufbauend darauf werden zusätzlich für bestimmte Wirtschaftszweige *Ergänzungstaxonomien* bereitgestellt, welche die Positionen der Kerntaxonomie um spezifische Elemente erweitern.

Datensätze zur elektronischen Übermittlung

Gemäß Randnummer 10 des BMF-Schreibens vom 28.9.2011 handelt es sich bei den veröffentlichten Taxonomie-Schemata um den amtlich vorgeschriebenen Datensatz i. S. des § 5b EStG. Für die zu übermittelnden steuerlichen Gewinnermittlungen bedeutet dies, dass grundsätzlich alle – aber auch nur diese – Positionen aus der Taxonomie mit ihren dort beschriebenen Bezeichnungen und Eigenschaften verwendet werden können.

Im Ergebnis entspricht der Umfang der elektronisch zu übermittelnden Daten dem bisher in Papierform erstellten Inhalt von Bilanz und Gewinn- und Verlustrechnung. Die Abbildung handelsrechtlich zulässiger individueller Besonderheiten ist mit den entsprechenden Taxonomie-Positionen möglich (z. B. die handelsrechtlich zulässige Darstellung von Posten des Anlage- und Umlaufvermögens). Im Rahmen der Überleitungsrechnung sind diese ggf. auf steuerlich zulässige Positionen umzugliedern. Liegen individuelle Besonderheiten vor, die nicht über das Taxonomieschema abgebildet werden können, sind die Werte in vorhandene Positionen der Taxonomie einzustellen. Sollte hierbei der Bedarf für eine Erweiterung der Taxonomie um bestimmte Positionen offensichtlich werden, so können diese im Wege der regelmäßigen Taxonomiepflege zusätzlich aufgenommen werden.

Übermittlungsumfang
Folgende Bestandteile des Jahresabschlusses sind zu übermitteln:
- Bilanz
- Gewinn- und Verlustrechnung
- Zwischenbilanzen bei Gesellschafterwechsel
- Aperiodische Bilanzen bei Betriebsaufgabe bzw. –veräußerung
- Bilanzen bei Wechsel der Gewinnermittlungsart
- Übertragungs- und Übernahmebilanzen in Umwandlungsfällen
- Liquidationsbilanzen im Sinne des § 11 KStG

- Bilanzen von wirtschaftlichen Geschäftsbetrieben von steuerbegünstigten Körperschaften – ab 2015
- Bilanzen von Betrieben gewerblicher Art – ab 2015
- Kapitalkontenentwicklungen bei Mitunternehmer-schaften – ab 2015
- Sonderbilanzen – ab 2015.

Werden die Steuererklärungen abgegeben, jedoch nicht die Daten i. S. des § 5b EStG übermittelt, ist kein Verspätungszuschlag nach § 152 AO zulässig. Die elektronische Übermittlung kann jedoch mit einem Zwangsmittel i. S. des § 328 AO erzwungen werden. Erfolgt die Übermittlung unvollständig (d. h. einzelne Pflichtfelder werden nicht ausgefüllt) dürfte dies nicht für die Festsetzung eines Zwangsmittels ausreichen.

Ein Verzögerungsgeld i. S. des § 146 Abs. 2b AO kann bei unvollständigen Angaben grundsätzlich festgesetzt werden. Dies kann jedoch erst im Rahmen einer Betriebsprüfung geschehen.

Datensätze zur elektronischen Übermittlung

2.2 Konten im Sinne der Taxonomie

Die Taxonomie enthält ein Modul zur Übermittlung von Stammdaten („GCD-Modul") und ein Modul zur Übermittlung der eigentlichen Abschlussdaten („GAAP-Modul"). Letzteres enthält neben weiteren Berichtsbestandteilen insbesondere die Posten der Bilanz und der Gewinn- und Verlustrechnung sowie ein Schema für eine strukturierte steuerliche Überleitungsrechnung. Im Ergebnis hat der Steuerpflichtige wie bisher die Möglichkeit, alternativ eine Handelsbilanz mit Überleitungsrechnung, eine Steuerbilanz oder eine sogenannte „Einheitsbilanz" zu übermitteln.

Das Datenschema weist bestimmte Positionen als „Mussfelder" aus (Einzelheiten ergeben sich aus dem BMF-Schreiben vom 28. 9. 2011 sowie den veröffentlichten Taxonomiedateien und -leitfäden). Angaben in diesen Feldern sind für alle Übermittler verpflichtend. Sie stellen den Mindestumfang nach § 51 Abs. 4 Nr. 1b EStG dar. Sofern sich ein Mussfeld nicht mit Werten füllen lässt, z. B. weil aufgrund der Rechtsform des Unternehmens kein dem Mussfeld entsprechendes Buchungskonto geführt wird oder weil sich die benötigte Information aus der ordnungsmäßigen individuellen Buchführung nicht ableiten lässt, ist zur erfolgreichen Übermittlung des Datensatzes die entsprechende Position „leer" zu lassen (wird dann technisch mit NIL für „**N**ot **i**n **L**ist" übermittelt). Wurde im Vorjahr ein Wert eingetragen und ist im aktuellen Jahr kein Wert einzutragen, darf das Feld nicht leer gelassen werden, sondern muss mit dem Wert „0" (Null) gefüllt werden.

Freiwillig lassen sich mit der Taxonomie u. a. der von den Finanzämtern in aller Regel benötigte Anlagespiegel und der Kontennachweis elektronisch einreichen. Auch alle anderen Berichtsbestandteile können grundsätzlich zur freiwilligen Übermittlung genutzt werden. Da es sich bei

§ 5b EStG insbesondere um eine Verfahrensnorm handelt, bleibt das bestehende materielle Recht unberührt. Alle von § 5b EStG umfassten Unterlagen und Angaben, welche bisher im Rahmen des Besteuerungsverfahrens auf Papier vorgelegt werden, sind künftig elektronisch zu übermitteln.

Die Übermittlung der Datensätze erfolgt authentifiziert über das Verfahren ELSTER. Die Datensätze werden bei der elektronischen Übermittlung – mittels des in das Steueranwendungsprogramm einzubindenden ElsterRich-Clients (ERiC) – Prüfungen unterworfen, um sicherzustellen, dass nur valide und plausible Daten übersandt werden. Es wird insbesondere geprüft, ob der Datensatz rechnerisch richtig ist und ob zu allen Mussfeldern Angaben enthalten sind.

3. Gewinn bestimmen

Den zu versteuernden Gewinn nach den einzelnen Gewinnermittlungsarten bestimmen

Die Einkommensteuer ist die Steuer der natürlichen Personen mit Ihren Aktivitäten im In- und Ausland. Sie stellt eine Gemeinschaftsteuer dar.

Steuersubjekt	Wer unterliegt der Steuer?	Natürliche Personen § 1 EStG
Steuergegenstand	Was wird besteuert?	Einkünfte § 2 EStG
Bemessungsgrundlage	Worauf wird der Steuersatz angewendet?	Zu versteuernde Einkommen § 2 EStG
Tarif	Wie hoch ist die Steuer?	Persönlicher Steuersatz § 32a EStG, § 32d EStG

	Unbeschr.	Erweitert unbeschr.	Auf Antrag unbeschr.	beschr.	Erweitert beschr.
	§ 1 Abs.1 EStG	§ 1 Abs.2 EStG	§ 1 Abs.3 EStG	§ 1 Abs.4 EStG	§ 2 Abs. 1 AStG
Natürliche Person	✓	✓	✓	✓	✓
§ 8 / § 9 AO	✓ ✓	x x	x x	x x	x x
		BSP: Diplomaten	Inländische Einkünfte § 49 EStG	Inländische Einkünfte § 49 EStG	Welteink. ./. ausländ. Einkünfte § 34d EStG
	WELTEINKOMMENSPRINZIP				

Erhebungsformen der Einkommensteuer sind die Lohnsteuer, die Kapitalertragsteuer, die Bauabzugsteuer und die Aufsichtsratsteuer. Sie werden auch als Quellensteuern bezeichnet, da sie direkt an der Quelle abgezogen werden. Nach dem Welteinkommensprinzip sind die in Deutschland unbeschränkt Steuerpflichtigen mit ihrem weltweiten Einkommen steuerpflichtig. Personengesellschaften (OHG, KG oder GbR) sind nicht Steuersubjekt der Einkommensteuer, jedoch unterliegen die Gesellschafter einer Personengesellschaft mit ihrem Gewinnanteil der Einkommensteuer.

3.1 Einkünfte und Sachverhalte den Einkunftsarten zuordnen

Der Einkommensteuer unterliegen die in § 2 Abs. 1 Satz 1 EStG aufgezählten Einkünfte. Die Aufzählung ist abschließend.

Gewinn bestimmen

3.2 Gewinn- und Überschusseinkunftsarten

Die *sieben* Einkunftsarten lassen sich nach § 2 Abs. 2 Satz 1 EStG in zwei Gruppen einteilen:

Gewinneinkünfte:
1. Einkünfte aus Land- und Forstwirtschaft nach § 13 EStG
2. Einkünfte aus Gewerbebetrieb nach § 15 EStG
3. Einkünfte aus selbständiger Arbeit nach § 18 EStG.

Einkünfte sind der ermittelte Gewinn nach § 2 Abs. 2 Satz 1 Nr. 1 EStG.

Überschusseinkünfte:
4. Einkünfte aus nichtselbständiger Arbeit nach § 19 EStG
5. Einkünfte aus Kapitalvermögen nach § 20 EStG
6. Einkünfte aus Vermietung und Verpachtung § 21 EStG
7. sonstige Einkünfte nach § 22 EStG.

Einkünfte sind der Überschuss der Einnahmen über die Werbungskosten nach § 2 Abs. 2 Satz 1 Nr. 2 EStG.

Nun finden Sie noch einmal eine detaillierte Darstellung der Einkunftsarten:

1. Einkünfte aus Land- und Forstwirtschaft

Land- und Forstwirtschaft ist die planmäßige Nutzung der natürlichen Kräfte des Bodens zur Erzeugung von Pflanzen und Tieren sowie die Verwertung der dadurch selbstgewonnenen Erzeugnisse.

Zu den Einkünften aus Land- und Forstwirtschaft gehören z. B.:
- Betriebe, die Pflanzen und Pflanzenteile mithilfe der Naturkräfte gewinnen, z. B. Landwirtschaft, Forstwirtschaft, Weinbau, Gartenbau wie Obstbau, Gemüsebau und Baumschulen gemäß § 13 Abs. 1 Nr. 1 Satz 1 EStG

- Einkünfte aus sonstiger land- und forstwirtschaftlicher Nutzung im Sinne des § 62 BewG, beispielsweise die Binnenfischerei, Teichwirtschaft, Imkerei und Saatzucht gemäß § 13 Abs. 1 Nr. 2 EStG
- Veräußerungsgewinn gemäß § 14 EStG.

Bei Land- und Forstwirten ist der Gewinn nach § 4a Abs. 1 Satz 1 EStG nach dem Wirtschaftsjahr zu ermitteln.

Freibetrag für Land- und Forstwirte
Der Freibetrag für Land- und Forstwirte ist nach dem Wortlaut des § 13 Abs. 3 EStG nicht bei der Ermittlung der Einkünfte aus Land- und Forstwirtschaft, sondern erst bei der Ermittlung des Gesamtbetrags der Einkünfte, also erst nach der Summe der Einkünfte abzuziehen.
Der Freibetrag beträgt
- bei der Einzelveranlagung: 900 Euro, maximal bis zur Höhe der Einkünfte
- bei der Zusammenveranlagung: 1.800 Euro, maximal bis zur Höhe der Einkünfte

Voraussetzung für die Gewährung des Freibetrages ist, dass die Summe der Einkünfte 30.700 Euro bei der Einzelveranlagung und 61.400 Euro bei der Zusammenveranlagung nicht übersteigt.

Abgrenzung zum Gewerbebetrieb
An dieser Stelle muss eine Abgrenzung zu den Einkünften aus Gewerbebetrieb vorgenommen werden. Hierzu finden sich folgende Punkte:

Steuerschädlicher Zukauf
Beschränkt sich der Betrieb nicht auf den Absatz selbstgewonnener Erzeugnisse, sondern kauft er
- dauernd und nachhaltig
- fremde Erzeugnisse
- über den betriebsnotwendigen Umfang hinzu,

so können zusätzlich Einkünfte aus Gewerbebetrieb vorliegen.

Gewinn bestimmen

Fremde Erzeugnisse sind nicht solche Erzeugnisse, die im Rahmen des Erzeugungsprozesses im eigenen Betrieb verwendet werden (z. B. Saatgut, Zwiebeln, Knollen, Jungpflanzen usw.). Als fremde Erzeugnisse gelten vielmehr solche für die Weiterveräußerung zugekauften betriebstypischen Erzeugnisse, die nicht im eigenen Betrieb im Wege des Erzeugungsprozesses bearbeitet werden (z.b. zugekauftes Mehl, Eier, Wein, etc.).

Abgrenzungsregelungen gemäß R 15.5 Abs. 5 – 11 EStR:
- Werden ausschließlich eigene Erzeugnisse abgesetzt, stellt dies eine Vermarktung land- und forstwirtschaftlicher Urprodukte dar, selbst wenn sie über ein eigenständiges Handelsgeschäft oder eine Verkaufsstelle (z. B. Großhandelsbetrieb, Einzelhandelsbetrieb, Ladengeschäft, Marktstand oder Verkaufswagen) erfolgt. Unerheblich ist die Anzahl der Verkaufsstellen oder ob die Vermarktung in räumlicher Nähe zum Betrieb erfolgt.
- Werden dagegen ausschließlich zugekaufte Waren abgesetzt, ist die Veräußerung der Zukaufsware von Anfang an eine gewerbliche Tätigkeit. Auf die Art und den Umfang der Veräußerung kommt es dabei nicht an.
- Werden neben eigenen Erzeugnissen auch zugekaufte Waren abgesetzt, kann neben einem Betrieb der Land- und Forstwirtschaft auch ein selbstständiger Gewerbebetrieb entstehen. Dies ist dann der Fall, wenn die Betriebseinnahmen (ohne USt) aus den zugekauften Waren ⅓ des Gesamtumsatzes des Betriebs (Summe der Betriebseinnahmen ohne USt) oder 51.500 Euro (ohne USt) im Wirtschaftsjahr über einen nachhaltigen Zeitraum von drei Jahren übersteigen. Liegen diese Voraussetzungen vor, entsteht unabhängig von der Art des Absatzes ein Gewerbebetrieb. Die Erzeugung und die Vermarktung der landwirtschaftlichen Urproduktion durch den daneben bestehenden Betrieb der Land- und Forstwirtschaft bleiben hiervon unberührt.

Tierzucht und Tierhaltung
Zu den Einkünften aus Land- und Forstwirtschaft gehören gem. § 13 Abs. 1 Nr. 1 Satz 2 EStG auch die Einkünfte aus der Tierzucht und Tierhaltung, solange die gesetzlich festgelegte Relation zwischen Hektargröße und Vieheinheiten nicht überschritten wird.
Es ergibt sich folgende Prüfungsreihenfolge:
- Der vorhandene Tierbestand wird in Vieheinheiten umgerechnet. Der Umrechnungsschlüssel ergibt sich aus den Anlagen 1 und 2 zum BewG (§ 13 Abs. 1 Nr. 1 Satz 4 EStG in Verbindung mit § 51 Abs. 4 BewG).
- Die vorhandene ha-Fläche wird in Vieheinheiten nach Maßgabe des § 13 Abs. 1 Nr. 1 Satz 2 EStG umgerechnet.

2. Einkünfte aus Gewerbebetrieb
Einkünfte aus Gewerbebetrieb (§ 15 EStG) kann sowohl ein Einzelgewerbetreibender (§ 15 Abs. 1 Satz 1 Nr. 1 EStG) als auch ein Mitunternehmer (§ 15 Abs. 1 Satz 1 Nr. 2 EStG) erzielen. In § 15 Abs. 2 EStG sind die Merkmale eines Gewerbebetriebs genannt:

Selbständigkeit
Eine selbständige Tätigkeit liegt vor, wenn die Tätigkeit auf eigene Rechnung und auf eigenen Namen sprich mit eigener Verantwortung ausgeübt wird. Es müssen also Unternehmerrisiko und Unternehmerinitiative vorliegen – in H 15.1 „Allgemeines" EStH finden Sie die genaue Definition. Es liegt demnach keine Selbständigkeit vor, wenn jemand im Rahmen eines Dienstverhältnisses in den Betrieb eines anderen eingegliedert ist. Liegt eine sozialversicherungsrechtliche Scheinselbständigkeit vor, führt dies nicht zwangsläufig zu der Annahme einer nichtselbständigen Tätigkeit im Steuerrecht.

Gewinn bestimmen

Nachhaltigkeit

Bei einer gewerblichen Betätigung handelt es sich dann um eine nachhaltige Tätigkeit, wenn sie nicht nur einmalig ausgeführt wird – siehe hierzu H 15.2 „Einmalige Handlung" EStH. Dies ist insbesondere am Beispiel eines einmaligen Vermittlungsgeschäfts zu beobachten. Selbst wenn diese Vermittlungstätigkeit laufende Provisionszahlungen zur Folge hat, handelt es sich hier nicht um gewerbliche Einkünfte, sondern um sonstige Einkünfte im Sinne des § 22 Nr. 3 EStG.

Gewinnerzielungsabsicht

Per Gesetz ist der Begriff „Gewinnerzielungsabsicht" nicht definiert. Allerdings stellt § 15 Abs. 2 Satz 2 EStG klar, dass eine durch die Betätigung verursachte Minderung der Steuern vom Einkommen und Ertrag keine Gewinnerzielungsabsicht begründet. Es reicht jedoch aus, wenn die Gewinnerzielungsabsicht Nebenzweck der Betätigung ist nach § 15 Abs. 2 Satz 3 EStG. Entscheidend ist, dass die Tätigkeit darauf ausgerichtet ist, einen Totalgewinn zu erzielen. Hiermit ist nach H 15.3 „Totalgewinn" EStH ein positives Gesamtergebnis des Betriebs von der Gründung bis zur Veräußerung, Aufgabe oder Liquidation gemeint. Anlaufverluste sind hierbei grundsätzlich unschädlich, außer es ist von Beginn an erkennbar, dass die Tätigkeit keinen Totalgewinn erbringen wird – siehe hierzu H 15.3 „Anlaufverluste" 1. Spiegelstrich EStH. In der Praxis ist hier oftmals eine Abgrenzung zur Liebhaberei vorzunehmen, beispielsweise bei einem Künstler, der Vercharterung eines Motorbootes aber ggf. auch bei einem hauptberuflich tätigen Rechtsanwalt bzw. Steuerberater nach H 15.3 „Abgrenzung" EStH. Vergleiche auch Kapitel 8.2.

Beteiligung am allgemeinen wirtschaftlichen Verkehr

Man spricht von einer Beteiligung am allgemeinen wirtschaftlichen Verkehr, wenn der Steuerpflichtige nach H 15.4 „Allgemeines" EStH mit Gewinnerzielungsabsicht am Leistungs- und Gütertausch teilnimmt. Dies kann auch bei einer Tätigkeit für nur einen bestimmten Vertragspartner vorliegen – siehe hierzu H 15.4 „Kundenkreis" 1. Spiegelstrich EStH.

3. Einkünfte aus selbständiger Arbeit

Zu den Einkünften aus selbständiger Arbeit gehören folgende Tätigkeiten:
- Einkünfte aus freiberuflicher Tätigkeit nach § 18 Abs. 1 Nr. 1 EStG
- Einkünfte der Einnehmer einer staatlichen Lotterie, wenn sie nicht Gewerbetreibende sind nach § 18 Abs. 1 Nr. 2 EStG
- Einkünfte aus sonstiger selbständiger Arbeit nach § 18 Abs. 1 Nr. 3 EStG und
- Einkünfte aus bestimmten Wagnis-Kapitalgesellschaften und Carried Interests nach § 18 Abs. 1 Nr. 4 EStG.

Gemäß § 18 Abs. 1 Nr. 1 EStG übt eine **freiberufliche Tätigkeit** jeder aus, der selbständig eine wissenschaftliche, künstlerische, schriftstellerische, unterrichtende oder erzieherische Tätigkeit, einen sog. **Katalogberuf** oder einen ähnlichen Beruf ausübt. Die für einen Gewerbebetrieb geltenden positiven Voraussetzungen gelten auch für die selbständige Arbeit – siehe hierzu H 15.6 „Allgemeines" EStH. Zu beachten ist hierbei jedoch, dass auch eine vorübergehende Tätigkeit nach § 18 Abs. 2 EStG zu selbständigen Einkünften führen kann.

Problematisch ist in Prüfung und Praxis oftmals die Abgrenzung zwischen gewerblicher und freiberuflicher Tätigkeit. Prüfungsprobleme dürften jedoch regelmäßig mittels des ABC in H 15.6 EStH gelöst werden können.

Es ist zwar nicht erforderlich, dass der Berufsträger die gesamte Tätigkeit, die für seinen Beruf bestimmend ist, selbst leistet. Er kann sich hierbei durchaus fachlich vorgebildeter Hilfskräfte bedienen. Dies bedeutet auch Mitarbeiter sind hier unschädlich. Es ist jedoch nötig, dass der Berufsträger leitend und eigenverantwortlich tätig ist nach

Gewinn bestimmen

§ 18 Abs. 1 Nr. 1 Satz 3 EStG. Lässt sich der Freiberufler während einer vorübergehenden Erkrankung oder Ähnlichem vertreten, ist dies unschädlich – näheres finden Sie unter § 18 Abs. 1 Nr. 1 Satz 4 EStG.

Freiberufler können ihre Tätigkeit selbstverständlich auch in Form einer Personengesellschaft ausüben. Hierbei ist jedoch notwendig, dass alle Gesellschafter freiberuflich tätig sind. In diesem Fall wird oft von einer Sozietät gesprochen, sprich ein Zusammenschluss von freiberuflich Tätigen. Ist die Gesellschaft teilweise gewerblich tätig, liegen nach § 15 Abs. 3 Nr. 1 EStG insgesamt gewerbliche Einkünfte vor. Es spielt hierbei grundsätzlich keine Rolle, in welchem Umfang die gewerbliche Tätigkeit ausgeübt wird, hier spricht man vom sogenannten *Abfärbeeffekt*. Ausgenommen sind hierbei nach Ansicht des BFH nur Tätigkeiten von ganz untergeordneter Bedeutung. Im Urteilsfall des BFH liegt hier die Grenze bei 1,25 % der Gesamtumsätze.

Nach § 18 Abs. 1 Nr. 2 EStG gehören auch Einkünfte der Einnehmer einer staatlichen Lotterie zu den Einkünften aus selbstständiger Arbeit, wenn sie nicht schon zu den Einkünften aus Gewerbebetrieb zählen.
Gemäß § 18 Abs. 1 Nr. 3 EStG sind auch die Vergütungen für Testamentsvollstreckung, für Vermögensverwaltung und für die Tätigkeit als Aufsichtsratsmitglied Einkünfte aus selbständiger Arbeit.
Der Begriff des Aufsichtsrats umfasst sämtliche Arten der Überwachung der Geschäftsleitung, wie beispielsweise die Tätigkeit von Aufsichtsräten, Verwaltungsräten, Medien- und Rundfunkräten.
Bei § 18 Abs. 1 Nr. 4 EStG handelt es sich in der Kurzform um „Carry" sogenannte Gewinnbeteiligungen in Form eines übertragenen Zinsertrags. Dieses Thema ist für die schriftlichen Prüfungen wohl zu komplex. Aus diesem Grund wird hier nicht näher darauf eingegangen.

Zu den Einkünften aus selbständiger Arbeit zählt auch der Gewinn, der bei der Veräußerung oder Aufgabe von Vermögen, dass der Einkunftserzielung nach § 18 EStG dient, entsteht – siehe hierzu § 18 Abs. 3 EStG. Voraussetzung für einen begünstigten Veräußerungsvorgang ist, dass insbesondere der gesamte Mandanten- bzw. Patientenstamm auf den Erwerber übergeht und der Veräußerer die freiberufliche Tätigkeit nicht mehr ausübt. Geschieht dies jedoch in geringem Umfang, ist dies nach H 18.3 „Veräußerung – 1. Einzelunternehmen Buchst. a)" EStH unschädlich.

4. Einkünfte aus nichtselbständiger Arbeit
Einkünfte aus nichtselbständiger Arbeit werden von Arbeitnehmern bezogen.

Arbeitnehmer sind nach § 1 Abs. 1 LStDV Personen, die im öffentlichen oder privaten Dienst angestellt oder beschäftigt sind (gegenwärtiges Dienstverhältnis) oder waren (früheres Dienstverhältnis) und die aus diesem oder einem früheren Dienstverhältnis Arbeitslohn beziehen. Oder Rechtsnachfolger, die aus dem früheren Dienstverhältnis ihres Rechtsvorgängers Arbeitslohn beziehen (z. B. Witwe hinsichtlich des Ruhe- oder Witwengeldes aus dem Arbeitsverhältnis ihres Ehemannes).

Ein **Dienstverhältnis** liegt vor, wenn der Angestellte oder Beschäftigte dem Arbeitgeber seine Arbeitskraft schuldet. Dies ist der Fall, wenn die tätige Person in der Beschäftigung ihres geschäftlichen Willens unter der Leitung des Arbeitgebers steht oder im geschäftlichen Organismus des Arbeitgebers dessen Weisungen zu folgen verpflichtet ist – siehe hierzu § 1 Abs. 2 LStDV.

Gewinn bestimmen

Zum **Arbeitslohn** gehören alle Einnahmen, die dem Arbeitnehmer aus dem Dienstverhältnis zufließen. Dabei ist es nach § 2 Abs. 1 LStDV unerheblich, unter welcher Bezeichnung oder in welcher Form die Einnahmen gewährt werden. Beispielsweise gehören zum Arbeitslohn nach § 19 Abs. 1 EStG:
- Bruttogehalt, Bruttolohn, Gratifikationen, Tantiemen
- Warte-, Ruhe-, Witwen- und Waisengelder und
- andere Bezüge und geldwerte Vorteile.

Nicht zum Arbeitslohn gehören:
- Steuerfreie Einnahmen wie Krankengeld etc.
- Renten aus der gesetzlichen Rentenversicherung
- Leistungen zur Verbesserung der Arbeitsbedingungen
- übliche Zuwendungen bei Betriebsveranstaltungen bis zu einem Freibetrag von 110,00 Euro je teilnehmenden Arbeitnehmer nach § 19 Abs.1 Satz 1 Nr. 1a EStG
- übliche Aufmerksamkeiten in Form von Sachzuwendungen bis zu einer Freigrenze in Höhe von 60,00 Euro (Geldzuwendungen zählen stets zum Arbeitslohn, auch wenn ihr Wert gering ist – siehe hierzu R 19.6 LStR)
- betriebliche Fort- oder Weiterbildungsleistungen nach R 19.7 LStR.

Fahrtkostenzuschuss des Arbeitgebers
Die Zuschüsse des Arbeitgebers zu den Aufwendungen des Arbeitnehmers für Wege zwischen Wohnung und erster Tätigkeitsstätte gehören zum steuerpflichtigen Arbeitslohn und zwar unabhängig davon, ob der Arbeitnehmer öffentliche Verkehrsmittel oder einen Pkw benutzt. Die steuerpflichtigen Vergütungen des Arbeitgebers für Wege zwischen Wohnung und erster Tätigkeitsstätte können vom Arbeitgeber jedoch mit einem Pauschsteuersatz von 15 % der Fahrtkostenzuschüsse bis ei-

nem Betrag erhoben werden, der nach § 9 Abs. 1 Nr. 4 EStG als Werbungskosten angesetzt werden könnte, wenn die Bezüge nicht pauschal besteuert würden (§ 40 Abs. 2 Satz 2 EStG). Die pauschal besteuerten Bezüge mindern dann die abziehbaren Beträge (§ 40 Abs. 2 Satz 3 EStG).

Gestellung von Kraftfahrzeugen
Überlässt der Arbeitgeber dem Arbeitnehmer ein Kraftfahrzeug unentgeltlich zur Nutzung, so wird dieser *geldwerte Vorteil* wie folgt bewertet:
- Für die Privatfahrten des Arbeitnehmers sind monatlich 1% des inländischen Bruttolistenpreises des Kraftfahrzeugs anzusetzen nach § 8 Abs. 2 Satz 2 in Verbindung mit § 6 Abs. 1 Nr. 4 Satz 2 EStG.
- Benutzt der Arbeitnehmer das Kraftfahrzeug für Fahrten zwischen Wohnung und erster Tätigkeitsstätte sind monatlich 0,03% des inländischen Bruttolistenpreis für jeden Entfernungskilometer anzusetzen nach § 8 Abs. 2 Satz 3 EStG.

Der Bruttolistenpreis wird auch bei der Bewertung von gebraucht erworbenen oder geleasten Fahrzeugen als Bemessungsgrundlage der 1%-Regelung hergenommen. Es gilt die auf volle 100,00 Euro abgerundete, unverbindliche Preisempfehlung des Herstellers für das Kraftfahrzeug zum Zeitpunkt der Erstzulassung einschließlich der Zuschläge für Sonderausstattung inklusive der Umsatzsteuer. Der Wert eines Autotelefons bleibt jedoch außer Ansatz nach § 6 Abs. 1 Nr. 4 Satz 2 EStG, R 8.1 Abs. 9 Nr. 1 Satz 6 LStR. Rabatte mindern den Bruttolistenpreis nicht! Der geldwerte Vorteil für die Nutzung des betrieblich genutzten Kraftfahrzeugs kann auch mit den **tatsächlichen** Aufwendungen für das Kraftfahrzeug angesetzt werden, wenn die für das Kraftfahrzeug insgesamt entstehenden Aufwendungen durch Belege und das Verhältnis der privaten zu den übrigen Fahrten durch ein ordnungsgemäßes Fahrtenbuch nachgewiesen werden (§ 8 Abs. 2 Satz 4 EStG).

Gewinn bestimmen

Bei Elektrofahrzeugen und extern aufladbaren Hybridelektrofahrzeugen ist der Bruttolistenpreis um die darin enthaltenen Kosten des Batteriesystems in pauschaler Höhe zu mindern (§ 6 Abs. 1 Nr. 4 Sätze 2 und 3 EStG). Für bis zum 31.12.2013 angeschaffte Kfz mindert sich der Listenpreis um 500 Euro pro Kilowattstunde der Batteriekapazität. In den Folgejahren mindert sich der Abzugsbetrag jährlich um 50 Euro. Um eine Überkompensation zu verhindern, beträgt der pauschale Abzug vom Listenpreis maximal 10.000 Euro (Höchstbetrag). Auch dieser Höchstbetrag mindert sich in den Folgejahren um jährlich 500 Euro. Es ergibt sich demnach für Elektrofahrzeuge folgende Anwendungstabelle:

Anschaffungsjahr/Jahr der Erstzulassung	Minderungsbetrag in Euro/kWh der Batteriekapazität	Höchstbetrag in Euro
2013 und früher	500	10.000,00
2014	450	9.500,00
2015	400	9.000,00
2016	350	8.500,00
2017	300	8.000,00
2018	250	7.500,00
2019	200	7.000,00
2020	150	6.500,00
2021	100	6.000,00
2022	50	5.500,00

Vorteilhaft ist die Einzelversteuerung mit 0,002 % immer dann, wenn der Arbeitnehmer im Kalenderjahr weniger als (15 Fahrten x 12 Monate =) 180 Fahrten mit dem Dienstwagen durchführt, wie z. B.
- Arbeitnehmer mit „Home Office"
- Arbeitnehmer mit häufiger Auswärtstätigkeit
- Arbeitnehmer mit Teilzeitbeschäftigung an weniger als fünf Tagen
- Arbeitnehmer mit einer überdurchschnittlichen Anzahl von Krankheitstagen
- Arbeitnehmer, die an manchen Tagen oder in bestimmten Zeiträumen andere Beförderungsmittel wie Privatfahrzeug, Motorrad, Fahrrad oder öffentliche Verkehrsmittel benutzen.

Da der geldwerte Vorteil für die Fahrten zwischen Wohnung und erster Tätigkeitsstätte pauschal besteuert wurde, liegen insoweit keine Werbungskosten mehr vor, § 40 Abs. 2 Satz 3 EStG.

Bezug von Waren oder Dienstleistungen

Erhält ein Arbeitnehmer aufgrund seines Dienstverhältnisses Waren oder Dienstleistungen, die vom Arbeitgeber nicht überwiegend für den Bedarf seiner Arbeitnehmer hergestellt, vertrieben oder erbracht werden und der Bezug nicht nach § 40 EStG pauschal versteuert wird, so gelten als **geldwerte Vorteile** die um 4 % geminderten Endpreise (Bruttowerte), zu denen der Arbeitgeber oder der dem Abgabeort nächst ansässige Abnehmer die Waren oder Dienstleistungen fremden Letztverbrauchern im allgemeinen Geschäftsverkehr anbietet. Die sich nach Abzug der vom Arbeitnehmer gezahlten Entgelte ergebenden Vorteile werden nach § 8 Abs. 3 EStG um den sogenannten *Rabattfreibetrag* von 1.080 Euro gemindert.

Gewinn bestimmen

Arbeitnehmer Pauschbeträge

Wenn nicht höhere Werbungskosten nachgewiesen werden, wird bei der Ermittlung der Einkünfte aus nichtselbstständiger Arbeit ein (Arbeitnehmer-) Pauschbetrag abgezogen.
Es sind gemäß § 9a Satz 1 Nr. 1 EStG abzuziehen:
- ein Arbeitnehmer-Pauschbetrag von 1.000,00 Euro, sofern keine Versorgungsbezüge im Sinne des § 19 Abs. 2 EStG erzielt worden sind, oder
- ein Pauschbetrag von 102,00 Euro, soweit es sich um Versorgungsbezüge im Sinne des § 19 Abs. 2 EStG handelt.

5. Einkünfte aus Kapitalvermögen

Einkünfte aus Kapitalvermögen sind der Überschuss der Einnahmen über den Sparer-Pauschbetrag (§ 2 Abs. 2 Satz 2 EStG).
Im Privatvermögen erzielte Einkünfte aus Kapitalvermögen bilden eine von den übrigen sechs Einkunftsarten getrennte Einkunftsart, sog. Schedule.
Damit gilt die sog. „duale" Einkommensbesteuerung, d. h. eine niedrigere und proportionale Besteuerung des Faktors Kapital gegenüber einer progressiven Besteuerung des Faktors Arbeit.

Die **Schedulenbesteuerung** ist u. a. durch folgende Merkmale gekennzeichnet:
- Private Kapitaleinkünfte werden grundsätzlich mit einem einheitlichen Steuersatz von 25 % zuzüglich Solidaritätszuschlag und evtl. Kirchensteuer besteuert (§ 32d Abs. 1 Satz 1 EStG, § 43a Abs. 1 Satz 1 Nr. 1 EStG).
- Die Einkommensteuer auf private Kapitaleinkünfte wird möglichst an der Quelle erhoben. Der Fiskus bedient sich hierzu vor allem inländischer Kreditinstitute. Die von dieser auszahlenden Stelle und

anderen Institutionen an der Quelle einzubehaltende Kapitalertragsteuer hat grundsätzlich abgeltende Wirkung (§ 43 Abs. 5 Satz 1 EStG), sodass eine Einbeziehung in die ESt-Erklärung entfallen kann. Denn diese Beträge liegen der Finanzverwaltung bereits vor.

Zu den privaten Kapitaleinkünften gehören nach § 20 EStG unter anderem:
- laufende Kapitaleinkünfte wie Zinserträge, Dividenden, Investmenterträge, stille Beteiligungen, Erträge aus sonstigen Kapitalforderungen und Erträge aus bestehenden Lebensversicherungen. Hier ist der Bruttoertrag maßgeblich.
- private Veräußerungstatbestände wie Veräußerung von Anteilen, Investmentanteilen, Zertifikaten und sonstigen Kapitalforderungen, Differenzausgleich bei Termingeschäften, Veräußerung von Lebensversicherungsansprüchen, Währungsgewinnen, vereinnahmte Stückzinsen. Hier ist der Differenzbetrag aus Veräußerungserlösen abzüglich der Nebenkosten abzüglich der Anschaffungskosten inklusive der Nebenkosten maßgeblich.

Sparer-Pauschbetrag
Bei der Ermittlung der Einkünfte aus Kapitalvermögen ist nach § 20 Abs. 9 EStG ein Sparer-Pauschbetrag von 801 Euro als Werbungskosten abzuziehen; der Abzug der tatsächlichen Werbungskosten ist ausgeschlossen. Zusammenveranlagten Ehegatten wird ein gemeinsamer Sparer-Pauschbetrag von 1.602 Euro gewährt.
Nicht abzugsfähig sind demnach:
- Depotgebühren, Safe Miete
- Reisekosten zur Hauptversammlung
- Fachliteratur

Gewinn bestimmen

- Rechtsanwalts- und Gerichtskosten (etwa bei Einklage des Gewinnanteils)
- Schuldzinsen zum Erwerb der Wertpapiere
- anteilige Steuerberatungskosten, soweit sie auf die Einkünfte gemäß § 20 EStG entfallen.

Abgeltungsteuer
Mit Wirkung ab 01.01.2009 gilt für die Besteuerung privater Kapitalanlagen die Tarifvorschrift „Abgeltungsteuer" gemäß § 32d EStG. Die Veranlagung wird damit grundsätzlich für die sechs, anstatt wie bisher für die sieben Einkunftsarten gemäß § 43 Abs. 5 Satz 1 EStG durchgeführt und die Einkünfte aus Kapitalvermögen werden einheitlich mit 25% abgeltend im Rahmen des Steuerabzugs an der Einkunftsquelle erhoben.

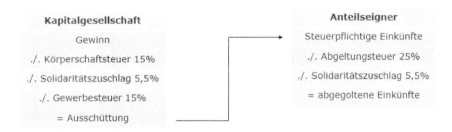

6. Einkünfte aus Vermietung und Verpachtung
Zu den Einkünften aus Vermietung und Verpachtung gehören insbesondere die Einnahmen aus der Vermietung und Verpachtung von unbeweglichem Vermögen, insbesondere von Grundstücken und Gebäuden einschließlich Garagen nach § 21 Abs. 1 Nr. 1 EStG. Die Einkünfte aus Vermietung und Verpachtung gehören zu der Gruppe der Überschusseinkünfte nach § 2 Abs. 2 Nr. 2 EStG.
Bezüglich der Nutzung der Grundstücke sind folgende Fallkonstellationen zu unterscheiden:

- Grundstück wird in vollem Umfang vermietet/verpachtet
- Grundstück wird in vollem Umfang zu eigenen Wohnzwecken genutzt
- Grundstück wird gemischt genutzt

Wird das Grundstück **in vollem Umfang vermietet oder verpachtet**, sind die Einkünfte aus Vermietung und Verpachtung der Überschuss der Einnahmen über die Werbungskosten. Dazu gehören beispielsweise:
- Mieteinnahmen für beispielsweise Wohnungen, Garagen oder Werbeflächen
- Umlagen, sofern sie nicht bereits in der Miete enthalten sind beispielsweise für Heizung, Wassernutzung, Müllabfuhr, allgemeine Beleuchtung, Winterdienst oder Straßenreinigung

Die **Mieteinnahmen** sind gem. § 11 Abs. 1 Satz 1 EStG in dem Veranlagungszeitraum anzusetzen, in dem sie dem Steuerpflichtigen zufließen. Bei der Miete als regelmäßig wiederkehrende Einnahme ist jedoch *die Zehn-Tage-Regelung* nach § 11 Abs. 1 Satz 2 EStG zu beachten. Zu den Werbungskosten gehören alle Aufwendungen zur Erwerbung, Sicherung und Erhaltung der Mieteinnahmen nach § 9 Abs. 1 Satz 1 EStG. Abzugsfähig sind also alle Grundstücksaufwendungen, die mit der Vermietung in einem Zusammenhang stehen. Zu den Werbungskosten gehören beispielsweise Schuldzinsen, Erhaltungsaufwendungen, sonstige laufende Werbungskosten wie Grundsteuer und Absetzung für Abnutzung.

Vermietung an Angehörige
Von dem Grundsatz, dass die Werbungskosten in voller Höhe abgezogen werden können, gibt es dann eine Ausnahme, wenn die vereinnahmte Miete weniger als 66 % der ortsüblichen Marktmiete beträgt. Dies kommt insbesondere dann vor, wenn die Vermietung an Angehörige erfolgt.

Gewinn bestimmen

Während als Einnahme die tatsächlich zugeflossene vereinnahmte (verbilligte) Miete anzusetzen ist, sind die Werbungskosten anteilig zu kürzen. Zu diesem Zweck ist die Nutzungsüberlassung in einen entgeltlichen und einen unentgeltlichen Teil aufzuteilen gemäß § 21 Abs. 2 Satz 1 EStG. Die Aufwendungen können dann nur in dem Verhältnis als Werbungskosten abgezogen werden, wie die Überlassung entgeltlich erfolgt ist. Beträgt das Entgelt bei einer auf Dauer angelegten Wohnungsvermietung jedoch mindestens 66 % der ortsüblichen Miete, gilt die Wohnungsvermietung als entgeltlich – siehe hierzu § 21 Abs. 2 Satz 2 EStG. Die Werbungskosten sind dann in vollem Umfang abzugsfähig und eine Totalüberschussprognose ist dann insoweit entbehrlich.

Die Totalüberschussprognose ist ein Begriff aus dem deutschen Steuerrecht. Verluste aus einer Einkunftsquelle werden vom Finanzamt nur anerkannt, wenn nachgewiesen wird, dass insgesamt betrachtet ein Gewinn oder Überschuss aus einer Unternehmung oder Einkunftsquelle erzielt werden kann.

7. Sonstige Einkünfte

Die sonstigen Einkünfte i. S. des § 22 EStG gehören zu der Gruppe der Überschusseinkunftsarten, d. h. die Ermittlung erfolgt durch Gegenüberstellung der Einnahmen und der Werbungskosten.

Zu den sonstigen Einkünften gehören nur die Einkünfte, die in § 22 EStG im Einzelnen aufgeführt sind; diese Aufzählung ist daher nicht nur beispielhaft, sondern abschließend.

Zu den sonstigen Einkünften gehören:
- Einkünfte aus Leibrenten nach § 22 Nr. 1 EStG
- Einkünfte aus Unterhaltsleistungen und Zahlungen nach § 10 Abs. 1a EStG in Verbindung mit § 22 Nr. 1a EStG

- Einkünfte aus privaten Veräußerungsgeschäften nach § 22 Nr. 2 EStG
- Einkünfte aus Leistungen nach § 22 Nr. 3 EStG
- Einkünfte aus Abgeordnetenbezügen nach § 22 Nr. 4 EStG und
- Einkünfte aus Altersvorsorgeverträge nach § 22 Nr. 5 EStG.

Wenn nicht höhere Werbungskosten nachgewiesen werden, wird von den Leibrenten, den Unterhaltsleistungen, den Vorsorgeleistungen und den Leistungen aufgrund eines schuldrechtlichen Versorgungsausgleichs insgesamt ein Werbungskosten-Pauschbetrag von 102 Euro abgezogen (§ 9a Nr. 3 EStG).

Bei den privaten Veräußerungsgeschäften und den Abgeordnetenbezügen wird kein Pauschbetrag abgezogen, sodass nur die tatsächlich angefallenen Werbungskosten berücksichtigt werden können.

3.3 Gewinnermittlungsmethoden

Die gesetzliche Definition des Betriebsvermögensvergleiches findet sich in § 4 Abs. 1 Satz 1 EStG:
"Gewinn ist der Unterschiedsbetrag zwischen dem Betriebsvermögen am Schluss des Wirtschaftsjahres und dem Betriebsvermögen am Schluss des vorangegangenen Wirtschaftsjahres, vermehrt um den Wert der Entnahmen und vermindert um den Wert der Einlagen."
Beim **Betriebsvermögensvergleich** ist demgemäß das Vermögen eines Betriebes am Ende eines Wirtschaftsjahres mit dem Vermögen zu Beginn des Wirtschaftsjahres zu vergleichen. Zur Ermittlung dieses Betriebsvermögens ist die Aufstellung einer Bilanz erforderlich.

Eine Bilanz ist nichts anderes als eine Vermögensübersicht, eine Gegenüberstellung von Vermögen und Schulden zu einem bestimmten Zeitpunkt, also eine Momentaufnahme des Betriebsvermögens zu einem bestimmten Stichtag. Daher ist der Betriebsvermögensvergleich auch nichts anderes als der Vergleich zweier Bilanzen zu zwei verschiedenen Zeitpunkten. Aus diesem Grundsatz ergibt sich die Gewinnermittlungsformel des § 4 Abs. 1 EStG.

Die Berücksichtigung von Entnahmen und Einlagen dient dazu, Betriebsvermögensänderungen, die sich aus privaten Gründen ergeben haben, auszugleichen.

3.3.1 Gewinnermittlung durch Bestandsvergleich

Der Betriebsvermögensvergleich (auch Bestandsvergleich genannt) ist eine steuerrechtliche Gewinnermittlungsart. Dabei wird zwischen dem vollständigen und dem unvollständigen Betriebsvermögensvergleich unterschieden. Buchführungspflichtige Gewerbetreibende ermitteln ihren Gewinn gemäß § 5 EStG, man spricht hier von dem *vollständigen* Betriebsvermögensvergleich.

Vom *unvollständigen* Betriebsvermögensvergleich nach § 4 Abs. 1 EStG spricht man in diesen Fällen:
- Land- und Forstwirte, die buchführungspflichtig sind oder die nicht buchführungspflichtig sind und einen Antrag auf Buchführungspflicht nach § 13a Abs. 2 EStG stellen
- Selbständige, die freiwillig Bücher führen
- Gewerbetreibende, die nicht buchführungspflichtig sind und nicht freiwillig Bücher führen, aber wegen fehlender Aufzeichnungen nach § 4 Abs. 1 EStG geschätzt werden

Der Betriebsvermögensvergleich setzt eine periodengerechte Gewinnermittlung durch doppelte Buchführung insbesondere Bilanz, Gewinn- und Verlustrechnung, Anhang und Lagebericht wie auch Kassenbuch und Inventur voraus. Der Gewinn ermittelt sich wie folgt:

      BV am Ende des WJ
./. BV am Ende des vergangenen WJ
=   BV-Änderung / Eigenkapitalveränderung

      BV-Änderung / Eigenkapitalveränderung
+   Entnahmen des WJ
./. Einlagen des WJ
=   Gewinn bzw. Verlust

Gewinn bestimmen

3.3.2 Einnahme-Überschuss-Rechnung

Land- und Forstwirte sowie Gewerbetreibende, die weder aufgrund gesetzlicher Vorschriften (§§ 140 und 141 AO) zur Bilanzierung verpflichtet sind noch dies freiwillig tun, können ihren Gewinn durch Einnahme-Überschussrechnung nach § 4 Abs. 3 EStG ermitteln (R 4.5 Abs. 1 Satz 1 EStR). Gleiches gilt für selbständig Tätige i. S. des § 18 EStG, die nicht freiwillig bilanzieren.

Im Rahmen einer Einnahme-Überschussrechnung werden die zugeflossenen Betriebseinnahmen den abgeflossenen Betriebsausgaben gegenübergestellt. Dies erfolgt grundsätzlich nach dem Zu- und Abflussprinzip des § 11 EStG. Eine ordnungsgemäße Einnahme-Überschussrechnung setzt keine Buchführung voraus, sondern erfordert nur eine formlose Aufzeichnung der betrieblich veranlassten Zahlungsströme. Ab dem Veranlagungszeitraum 2005 ist der Steuererklärung grundsätzlich eine Gewinnermittlung nach amtlich vorgeschriebenem Vordruck beizufügen (§ 60 Abs. 4 EStDV). Auf die Abgabe einer Anlage EÜR kann verzichtet werden, wenn die Betriebseinnahmen unter der Grenze von 17.500 Euro liegen.

Die *wesentlichen Unterschiede* der Einnahme-Überschussrechnung zum Betriebsvermögensvergleich sind folgende:
- Erfassungszeitpunkt von Betriebseinnahmen und –ausgaben: Bei der Einnahme-Überschussrechnung gilt grundsätzlich das Zu- und Abflussprinzip des § 11 EStG. Folglich werden weder Forderungen noch Schulden im Rahmen der Einnahme-Überschussrechnung berücksichtigt.
- Bewertung: Es erfolgt grundsätzlich keine Bewertung der Vermögensgegenstände nach § 6 EStG (§ 6 Abs. 1 Satz 1 EStG). Aus diesem Grund können beispielsweise keine Teilwertabschreibungen vorgenommen werden.

Betriebseinnahmen
Der Begriff der Betriebseinnahmen ist gesetzlich nicht definiert. Analog zu § 8 Abs. 1 EStG bzw. in Umkehrung zu § 4 Abs. 4 EStG zählen zu den Betriebseinnahmen alle Zuflüsse in Geld oder Geldeswert, die im Rahmen der betrieblichen Tätigkeit zufließen. Dies bedeutet, dass zu den Betriebseinnahmen neben Entgelten aus Lieferungen und Leistungen auch Erträge aus Hilfs- und Nebengeschäften sowie Zinseinnahmen aus betrieblichen Guthaben zählen. Die Betriebseinnahmen sind stets in Höhe des Bruttobetrags anzusetzen (siehe hierzu H 9b „Gewinnermittlung" EStH).
Vereinnahmt der Steuerpflichtige Gelder im Namen und für Rechnung eines anderen – sog. durchlaufende Posten – zählen diese nicht zu den Betriebseinnahmen (§ 4 Abs. 3 Satz 2 EStG). Zu den durchlaufenden Posten zählen beispielsweise Gerichtskosten, die ein Rechtsanwalt für seinen Mandanten verauslagt. Die Erstattung von Auslagen eines Rechtsanwalts für Porto und Telekommunikation zählen dagegen nicht dazu, sondern zu den Betriebseinnahmen.

Zu den Betriebseinnahmen gehören auch die Erlöse aus der Veräußerung von Anlagevermögen (R 4.5 Abs. 3 Satz 1 EStR). Der Ansatz der Betriebseinnahmen erfolgt im Jahr des Zuflusses, das vom Jahr der Veräußerung abweichen kann (H 4.5 Abs. 2 „Zufluss von Betriebseinnahmen" 3. Spiegelstrich EStH). I. d. R. ist der Buchwert des veräußerten Wirtschaftsguts im Jahr der Veräußerung als Betriebsausgabe anzusetzen (H 4.5 Abs. 3 „Veräußerung abnutzbarer Wirtschaftsgüter" EStH). Gemäß § 4 Abs. 3 Satz 4 EStG sind jedoch die Anschaffungskosten nicht abnutzbarer Anlagegüter im Jahr des Zuflusses des Veräußerungserlöses als Betriebsausgabe abziehbar, anstatt dass hier die Betriebsausgabe zum Veräußerungszeitpunkt angesetzt wird.

Gewinn bestimmen

Werden Entnahmen von Waren und betrieblichen Leistungen getätigt, sind diese als fiktive Betriebseinnahmen anzusetzen. § 6 Abs. 1 Nr. 4 EStG kommt bei der Bewertung analog zur Anwendung. Die Umsatzsteuer auf Entnahmen (§ 3 Abs. 1b Satz 1 Nr. 1 bzw. § 3 Nr. 9a UStG) wird im Zeitpunkt der Entnahme aus Vereinfachungsgründen ebenfalls als fiktive Betriebseinnahme angesetzt. Im Gegenzug wird die Umsatzsteuer bei Zahlung als fiktive Betriebsausgabe angesetzt. Dies ist zwar entgegen dem Wortlaut des § 12 Nr. 3 EStG, erfüllt aber dessen Zweck.

Betriebsausgaben

Betriebsausgaben i. S. des § 4 Abs. 4 EStG sind stets in Höhe des Bruttobetrags anzusetzen (H 9b „Gewinnermittlung" EStH). Bei der Ermittlung von Anschaffungs- bzw. Herstellungskosten ist § 9b Abs. 1 EStG zu beachten. Erstattete Vorsteuerbeträge sind im Zeitpunkt der Erstattung als Betriebseinnahme anzusetzen (H 9b „Gewinnermittlung" EStH).

3.3.3 Wechsel der Gewinnermittlungsart

Wechselt nun ein Steuerpflichtiger von einer Gewinnermittlungsart zu einer anderen, sind wegen der unterschiedlichen Ansatzvorschriften von Einnahmen und Ausgaben zur Wahrung des gleichen Totalgewinns einige Gewinnkorrekturen zu veranlassen.
Im Folgenden wird wegen der entsprechenden Theorie- und Praxisrelevanz erst nur auf die Besonderheiten beim Wechsel vom Betriebsvermögensvergleich zur Einnahme-Überschussrechnung und dann auf den umgekehrten Wechsel eingegangen.

1. Wechsel von der Einnahme-Überschuss-Rechnung (EÜR) zum Betriebsvermögensvergleich (Bilanz)
Im Zeitpunkt des Übergangs ist auf den Übergangszeitpunkt eine Eröffnungsbilanz zu erstellen, in der alle Wirtschaftsgüter des Unternehmens mit den Werten anzusetzen sind, mit denen sie zu Buch stehen würden, wenn von Anfang an der Gewinn durch Betriebsvermögensvergleich ermittelt worden wäre (H 4.6 „Bewertung von Wirtschaftsgütern" EStH).

Bilanzposten, die *keine* Korrekturen veranlassen:
Einige Geschäftsvorfälle verursachen keine Gewinnkorrekturen sondern werden beim Wechsel von der Einnahme-Überschussrechnung zum Betriebsvermögensvergleich gleichbehandelt:

Abnutzbare Wirtschaftsgüter des Anlagevermögens
Da bei beiden Gewinnermittlungsarten die Abschreibungsvorschriften in gleichem Umfang gelten, ist hier grundsätzlich keine Korrektur zu veranlassen. Ist der Teilwert eines Wirtschaftsguts niedriger als dessen Buchwert und kann dieser steuerlich angesetzt werden, ist die Abwertung erst in der ersten Schlussbilanz nach dem Zeitpunkt des Übergangs möglich (H 4.6 „Ansatz- oder Bewertungswahlrechte" EStH).

Gewinn bestimmen

Nicht abnutzbare Wirtschaftsgüter des Anlagevermögens
Bei beiden Gewinnermittlungsarten wirken sich die Anschaffungs- bzw. Herstellungskosten erst im Zeitpunkt der Veräußerung oder Entnahme erfolgswirksam aus. Folglich ist hier keine Gewinnkorrektur erforderlich.

Teilfertige Arbeiten des Anlagevermögens
Wirtschaftsgüter des Anlagevermögens, die im Zeitpunkt des Übergangs noch nicht fertiggestellt waren, sind in der Eröffnungsbilanz mit den bisher angefallenen Herstellungskosten auszuweisen. Bei korrekter Behandlung mindern die Ausgaben, die für die Herstellung anfallen, bei der Einnahme-Überschussrechnung den Gewinn erst nach Fertigstellung über die AfA. Aus diesem Grund ist keine Gewinnkorrektur veranlasst.

Darlehen
Grundsätzlich sind weder bei erhaltenen noch bei gewährten Darlehen Korrekturen veranlasst. Eine Ausnahme bilden neben den Teilwertabschreibungen nur im Voraus bezahlte Zinsen, da hier in der Eröffnungsbilanz ein Rechnungsabgrenzungsposten auszuweisen ist.

Rücklage für Ersatzbeschaffung
Wegen der Gleichbehandlung der Rücklage für Ersatzbeschaffung bei beiden Gewinnermittlungsarten vergleiche hierzu R 6.6 Abs. 5 EStR bezüglich der Einnahme-Überschussrechnung ist keine Korrektur vorzunehmen.

Rücklage nach § 6b EStG
Wurde bei der Einnahme-Überschussrechnung eine Rücklage nach § 6c EStG gebildet, darf diese in der Eröffnungsbilanz als Rücklage nach § 6b EStG fortgeführt werden (R 6b.2 Abs. 11 Satz 2 EStR). Eine Gewinnberichtigung ist folglich nicht durchzuführen.

Bilanzposten, die eine Korrektur veranlassen:
Einige Geschäftsvorfälle verursachen, wie oben dargestellt, Gewinnkorrekturen. Es ist beim Übergang darauf zu achten, dass sich erfolgswirksame Geschäftsvorfälle durch den Übergang auf keinen Fall gar nicht oder doppelt auswirken. Erfolgsneutrale Geschäftsvorfälle, die bei der Einnahme-Überschussrechnung den Gewinn beeinflusst haben, sind zu korrigieren (z. B. Vereinnahmung der USt).

Damnum
Der in der Eröffnungsbilanz auszuweisende Posten ist beim Wechsel der Gewinnermittlungsart zu korrigieren, da das Damnum in der Einnahme-Überschussrechnung bereits im Zahlungszeitpunkt voll als Betriebseinnahme bzw. -ausgabe erfasst wurde und es beim Betriebsvermögensvergleich durch die Auflösung wieder erfolgswirksam erfasst wird.

Forderungen
Bei der Einnahme-Überschussrechnung wurden die Forderungsbeträge bisher noch nicht erfasst, da kein Zahlungsfluss erfolgt ist. Beim Betriebsvermögensvergleich erfolgt keine erfolgswirksame Berücksichtigung mehr, da bei Forderungseingang lediglich ein Aktivtausch stattfindet. Aus diesem Grund ist der aktivierte Forderungsbetrag – nach etwaigen Delkredere – dem Gewinn hinzuzurechnen.
Werden in der Eröffnungsbilanz Forderungen abgeschrieben, ändert dies an der aufgestellten Regel nichts, da Forderungsabschreibungen bei der Einnahme-Überschussrechnung nicht verbucht werden.

Gewinn bestimmen

Teilfertige Arbeiten des Umlaufvermögens
Bei den teilfertigen Arbeiten des Umlaufvermögens ist in Höhe der Herstellungskosten eine Hinzurechnung vorzunehmen, da ihre Aufwendungen bereits bei Geldabfluss als Betriebsausgabe erfasst wurden. Beim Betriebsvermögensvergleich mindern die zu aktivierenden Aufwendungen im Verkaufszeitpunkt über den Wareneinsatz sonst erneut den Gewinn.

Erhaltene Anzahlungen
Von Kunden erhaltene Anzahlungen wurden bei der Einnahme-Überschussrechnung im Zuflusszeitpunkt bereits als Betriebseinnahme erfasst. In der Eröffnungsbilanz sind diese Anzahlungen mit dem Bruttobetrag zu passivieren. Bei Leistungsausführung wird dieser Passivposten aufgelöst. Durch die Auflösung wird in Höhe des Nettobetrags ein Ertrag versteuert. Aus diesem Grund ist beim Übergang eine Abrechnung des Bruttobetrags erforderlich.

Neben dem passivierten Bruttobetrag der Anzahlung ist in der Eröffnungsbilanz gemäß § 5 Abs. 5 Satz 2 Nr. 2 EStG ein Aktivposten „Umsatzsteuer auf erhaltene Anzahlungen" und – sofern die Umsatzsteuer noch nicht an das Finanzamt abgeführt wurde – ein Passivposten „Umsatzsteuerverbindlichkeit" auszuweisen. Diese beiden Posten sind bei der Ermittlung des Übergangsgewinns zu korrigieren, da die Auflösung beim Betriebsvermögensvergleich erfolgsneutral verläuft, die Umsatzsteuer bei Vereinnahmung aber gewinnerhöhend erfasst wurde.

Aktive Rechnungsabgrenzungsposten
Die in den aktiven Rechnungsabgrenzungsposten aktivierten Ausgaben haben bei der Einnahme-Überschussrechnung bereits im Zahlungszeitpunkt den Gewinn verringert. Bei der Auflösung des Aktivpostens tritt erneut eine Gewinnminderung ein. Um diesen Effekt zu neutralisieren, ist in Höhe des Bilanzansatzes eine Zurechnung erforderlich. Wurden aufgrund der Vorschrift des § 11 Abs. 2 Satz 2 EStG die Ausgaben bei der Einnahme-Überschussrechnung nicht erfasst, ist keine Korrektur vorzunehmen.

Passive Rechnungsabgrenzungsposten
In Höhe der ausgewiesenen passiven Rechnungsabgrenzungsposten ist eine Abrechnung vorzunehmen. Wurden aufgrund der Vorschrift des § 11 Abs. 1 Satz 2 EStG die Einnahmen bei der Einnahme-Überschussrechnung nicht erfasst, ist keine Korrektur vorzunehmen.

Rückstellungen
Werden in der Eröffnungsbilanz Rückstellungen ausgewiesen, ist in Höhe des passivierten Betrags eine Abrechnung vorzunehmen, da die Auflösung der Rückstellung erfolgsneutral verläuft und bei der Einnahme-Überschussrechnung noch kein Aufwand geltend gemacht wurde.

Umsatzsteuerzahllast
Bei der Einnahme-Überschussrechnung mindern Umsatzsteuerzahlungen den Gewinn im Zeitpunkt der Begleichung. Bei in der Eröffnungsbilanz passivierten Beträgen kann wegen der erfolgsneutralen Ausbuchung keine Gewinnminderung mehr eintreten. Folglich ist hier eine Abrechnung veranlasst. Bei in der Eröffnungsbilanz aktivierten Vorsteuerüberschüssen (Forderung an das Finanzamt) tritt der umgekehrte Effekt ein.

Gewinn bestimmen

Verbindlichkeiten aus Warenlieferungen
Bei der Einnahme-Überschussrechnung ist Vorratsvermögen durch die Bezahlung als Betriebsausgabe zu erfassen. Beim Betriebsvermögensvergleich ist der Bezahlungsvorgang dagegen erfolgsneutral. Aus diesem Grund ist der Bruttobetrag der Warenverbindlichkeiten abzurechnen.

Sonstige Verbindlichkeiten
Da hier bezüglich der Gewinnauswirkung das gleiche wie für Warenverbindlichkeiten gilt, sind auch die sonstigen Verbindlichkeiten abzurechnen. Bei regelmäßig wiederkehrenden Ausgaben kann aber die Norm des § 11 Abs. 2 Satz 2 EStG greifen.

Anzahlungen auf den Erwerb von Vorratsvermögen
Anzahlungen auf den Erwerb von Waren oder anderem Vorratsvermögen sind bei der Einnahme-Überschussrechnung bereits im Zeitpunkt der Zahlung als Aufwand erfasst worden. Die nach dem Übergang zugehenden Waren werden über den Wareneinsatz erneut als Aufwand erfasst. Daher ist in Höhe des in der Eröffnungsbilanz aktivierten Anzahlungspostens eine Hinzurechnung durchzuführen.

Warenbestand
Da in der Einnahme-Überschussrechnung die Waren bei Bezug als Aufwand erfasst wurden und dies beim Betriebsvermögensvergleich im Rahmen des Wareneinsatzes erneut geschieht, muss der aktivierte Warenbestand dem Übergangsgewinn zugerechnet werden.

Besitzwechsel
Im Rahmen der Einnahme-Überschussrechnung findet der Zufluss erst mit Einlösung oder Diskontierung des Wechsels statt (vgl. H 11 „Wechsel" EStH). Beim Betriebsvermögensvergleich ist die Einlösung dagegen

erfolgsneutral. Aus diesem Grund muss der Übergangsgewinn um die aktivierten Besitzwechsel erhöht werden.

Schuldwechsel
Gegengleich zu den Besitzwechseln muss für den passivierten Wechselbestand eine Abrechnung vorgenommen werden. Eine Ausnahme stellt die durch Wechsel gesicherte Anschaffung von Anlagevermögen dar, da hier bei beiden Gewinnermittlungsarten der Aufwand erst durch die Abschreibungen entsteht.

Besteuerungszeitpunkt
Grundsätzlich wird der Übergangsgewinn als laufender Gewinn in dem Kalenderjahr versteuert, in dem erstmals der Gewinn nach Betriebsvermögensvergleich ermittelt wird. Auf Antrag des Steuerpflichtigen kann der Übergangsgewinn gleichmäßig entweder auf das Jahr des Übergangs (= erstes Jahr mit Betriebsvermögensvergleich) und das folgende Jahr oder auf das Jahr des Übergangs und die beiden folgenden Jahre verteilt werden nach R 4.6 Abs. 1 Satz 2 EStR.

2. Wechsel vom Betriebsvermögensvergleich (Bilanz) zur Einnahme-Überschussrechnung (EÜR)

Wechselt ein Steuerpflichtiger vom Betriebsvermögensvergleich zur Einnahme-Überschussrechnung, sind prinzipiell bei den gleichen Posten wie im umgekehrten Übergangsfall Korrekturen veranlasst. Diese müssen selbstverständlich mit umgekehrtem Vorzeichen stattfinden. Ein entstehender Übergangsgewinn ist gemäß R 4.6 Abs. 2 EStR ohne Verteilungsmöglichkeit im Jahr nach dem Übergang zu versteuern.

Eine Übersicht über die jeweiligen Berichtigungen des Gewinns bei Wechsel der Gewinnermittlungsart gibt Anlage 1 zu R 4.6 EStR.

Gewinn bestimmen

Bindung nach dem Wechsel der Gewinnermittlungsart
Nach dem (freiwilligen) Wechsel der Gewinnermittlungsart ist der Steuerpflichtige grundsätzlich für drei Wirtschaftsjahre an diese gebunden (H 4.6 „Erneuter Wechsel" EStH). Ein Dreijahreszeitraum wurde gewählt, da dies
- der übliche Betriebsprüfungszeitraum ist und somit die Arbeit der Betriebsprüfung nicht unnötig erschwert wird und
- dem maximalen Verteilungszeitraum der R 4.6 Abs. 1 EStR entspricht.

3.3.4 Gewinnermittlungszeiträume
Nach § 8b EStDV umfasst das Wirtschaftsjahr einen Zeitraum von zwölf Monaten. Es darf sich über weniger als zwölf Monate erstrecken („Rumpfwirtschaftsjahr"), wenn ein Betrieb eröffnet, erworben, aufgegeben oder veräußert wird oder wenn ein Steuerpflichtiger – einvernehmlich mit dem Finanzamt – zu einem anderen Abschlusszeitpunkt übergeht.
Der Zeitraum, für den Kaufleute regelmäßig Abschlüsse machen, stellt das Wirtschaftsjahr dar (§ 4a Abs. 1 Satz 2 Nr. 2 EStG). Die Umstellung des Wirtschaftsjahres auf einen vom Kalenderjahr abweichenden Zeitraum ist steuerlich nur wirksam, wenn sie im Einvernehmen mit dem Finanzamt vorgenommen wird (vgl. § 8b Nr. 2 EStDV). Bei Gewerbetreibenden, die ein abweichendes Wirtschaftsjahr gewählt haben, ist keine Gewinnaufteilung vorzunehmen. Bei ihnen gilt nach § 4a Abs. 2 Nr. 2 EStG der Gewinn (oder Verlust) des Wirtschaftsjahres als in dem Kalenderjahr bezogen, in dem das Wirtschaftsjahr endet. Gewerbetreibende, die keine Kaufleute sind, haben als Wirtschaftsjahr das Kalenderjahr (§ 4a Abs. 1 Satz 2 Nr. 3 EStG).

4. Einkommen und KSt

Das körperschaftlich zu versteuernde Einkommen, die festzusetzende KSt

Die Körperschaftsteuer ist eine Gemeinschaftsteuer nach § 196 Grundgesetz und stellt die Einkommensteuer der juristischen Personen dar. Die Körperschaftsteuer ist die Einkommensteuer für Körperschaften, Vereine und Vermögensmassen. Das Körperschaftsteuergesetz unterscheidet wie das Einkommensteuergesetz zwischen unbeschränkter Steuerpflicht nach § 1 KStG und beschränkter Steuerpflicht nach § 2 KStG. Der Gewinn als Einkommen der Gesellschaft unterliegt der Körperschaftsteuer.

4.1 Anwendungsbereiche der Körperschaftsteuer
Unbeschränkte Steuerpflicht

Nach § 1 Abs. 1 KStG sind bestimmte Körperschaften, Personenvereinigungen und Vermögensmassen unbeschränkt körperschaftsteuerpflichtig, wenn sie ihre Geschäftsleitung gemäß § 10 AO oder ihren Sitz nach § 11 AO im Inland haben. Somit wird eine Doppelbesteuerung von ausländischen Gesellschaften vermieden. Die der Körperschaftsteuer unterliegenden Gesellschaften sind in § 1 Abs. 1 Nr. 1–6 KStG aufgezählt, wobei die Aufzählung nicht mehr abschließend und es Ermessenssache der Finanzverwaltung ist. Die unbeschränkte Körperschaftsteuerpflicht erstreckt sich nach § 1 Abs. 2 KStG auf sämtliche Einkünfte hier spricht man wie auch bei der Einkommensteuer von dem Welteinkommensprinzip. Dies bedeutet, dass nach § 1 Abs. 2 KStG grundsätzlich sämtliche in- und ausländischen Einkünfte der Steuerpflicht unterliegen. Dieser Grundsatz ist jedoch durch Doppelbesteuerungsabkommen (DBA) stark eingeschränkt.

Beschränkte Steuerpflicht

Ist weder die Geschäftsleitung noch der Sitz im Inland gelegen, so sind Körperschaften, Personenvereinigungen und Vermögensmassen mit ihren inländischen Einkünften beschränkt steuerpflichtig nach § 2 Nr. 1 KStG, § 8 Abs. 1 KStG in Verbindung mit § 49 EStG.

Steuersubjekt	Wer unterliegt der Steuer?	Kapitalgesellschaften § 1 Abs.1 KStG
Steuergegenstand	Was wird besteuert?	Das Einkommen im Sinne des § 8 Abs.1 KStG
Bemessungsgrundlage	Worauf wird der Steuersatz angewendet?	Zu versteuernde Einkommen § 7 KStG
Tarif	Wie hoch ist die Steuer?	15% nach § 23 Abs.1 KStG

Beginn der Steuerpflicht

Die Steuerpflicht beginnt bei Kapitalgesellschaften nicht erst mit Erlangung der Rechtsfähigkeit durch Eintragung in das Handelsregister, sondern erstreckt sich auch auf die mit Abschluss des notariellen Gesellschaftsvertrages oder durch notarielle Feststellung der Satzung errichtete Vorgesellschaft, d. h. die Kapitalgesellschaft ist bereits im Gründungsstadium steuerpflichtig (H 2 „Beginn der Steuerpflicht" KStH).

Vor Abschluss der notariellen Urkunde besteht noch keine Körperschaftsteuerpflicht. Erzielt diese Vorgründungsgesellschaft Einkünfte, sind diese bei den Gesellschaftern nach den einkommensteuerlichen Grundsätzen zu erfassen.

Kommt es nach Abschluss des notariellen Gesellschaftsvertrages nicht zur Eintragung ins Handelsregister, entsteht keine Körperschaftsteuerpflicht. In diesem Fall wird die sog. unechte Vorgesellschaft endgültig

Einkommen und KSt

nach einkommensteuerlichen Aspekten behandelt (H 2 „Unechte Vorgesellschaft" KStH).

Gründungsstadien einer GmbH zivil- und steuerrechtlich		
	Zivilrechtlich	Steuerrechtlich
Gründungsbeschluss	Vorgründungsgesellschaft, EU, GbR oder OHG	keine Kapitalgesellschaft
Notarielle Beurkundung	Vorgesellschaft, EU, GbR oder OHG	GmbH in Gründung: Beginn der Körperschaftsteuerpflicht
Handelsregister	Entstehung der GmbH	Körperschaftsteuerpflicht

§ 5 KStG enthält in 23 Nummern eine Aufzählung von Körperschaften, die zwar unter § 1 Abs. 1 KStG fallen, aber nach § 5 Abs. 1 KStG von der Körperschaftsteuer befreit sind. Darunter fallen beispielsweise:
- Deutsche Bundesbank nach § 5 Nr. 2 KStG
- politische Parteien nach § 5 Nr. 7 KStG
- gemeinnützige Körperschaften nach § 5 Nr. 9 KStG
- Gewerkschaften nach § 5 Nr. 22 KStG

Von der Steuerbefreiung sind nach § 5 Abs. 2 Nr. 1 KStG die inländischen Kapitalerträge ausgenommen, von denen die Kapitalertragsteuer einbehalten wurde (partielle Steuerpflicht). Die auf diese Kapitalerträge entfallende Körperschaftsteuer ist durch den Steuerabzug abgegolten (§ 32 Abs. 1 Nr. 1 KStG).

4.2 Zu versteuerndes Einkommen

Das zu versteuernde Einkommen wird häufig wie folgt abgekürzt: zvE und bildet in Deutschland die Bemessungsgrundlage für die Steuerfestsetzung bei der Einkommensteuer und Körperschaftsteuer.

4.2.1 Ausgangsgröße handelsrechtlicher Jahresüberschuss

Bemessungsgrundlage für die Körperschaftsteuer ist wie bei der Einkommensteuer das zu versteuernde Einkommen nach § 7 Abs. 1 KStG. Es ist in § 7 Abs. 2 KStG als das um Freibeträge verminderte Einkommen definiert. Freibeträge stehen insbesondere Vereinen (§ 24 Nr. 2 KStG) und Erwerbs- und Wirtschaftsgenossenschaften sowie Vereinen zu, die Land- und Forstwirtschaft betreiben (§ 25 KStG).

Das Einkommen wird nach den Vorschriften des Einkommensteuergesetzes und des Körperschaftsteuergesetzes ermittelt. Hierzu benötigt man die in § 8 Abs. 1 Satz 1 KStG geregelte „Brückenvorschrift". Denn aufgrund der Tatsache, dass Körperschaften keine Privatsphäre haben, sind solche Vorschriften, die persönliche Verhältnisse natürlicher Personen und einen Privatbereich voraussetzen, nicht auf Körperschaften anwendbar. Hierzu zählen beispielsweise:
- Abgrenzung der Kosten privater Lebensführung nach § 12 EStG
- Sonderausgaben nach §§ 10 und 10c EStG
- außergewöhnliche Belastungen nach §§ 33, 33a und 33b EStG.

Eine gesetzliche Abgrenzung der für die Körperschaftsteuer anwendbaren Vorschriften des Einkommensteuergesetzes gibt es nicht. In R 32 Abs. 1 KStR ist jedoch eine Aufzählung anwendbarer Normen enthalten. Gemäß § 8 Abs. 2 KStG werden alle Einkünfte einer in § 1 Abs. 1 Nr. 1 bis 3 KStG aufgezählten, unbeschränkt steuerpflichtigen Körperschaft als gewerbliche Einkünfte behandelt.

Einkommen und KSt

4.2.2 Außerbilanzielle Korrekturen

Die zu berücksichtigenden Einkünfte können durch gesellschaftsrechtliche Einlagen, steuerfreie Erträge und nicht abziehbare Aufwendungen beeinflusst werden. Die erforderlichen Korrekturen sind in der Steuerbilanz durchzuführen. Wurde keine eigene Steuerbilanz aufgestellt, ist das handelsrechtliche Ergebnis unter Berücksichtigung der Korrekturen nach § 60 Abs. 2 EStDV maßgeblich. - Nach R 7.1 Abs.1 Satz 2 KStR ergibt sich für das zu versteuernde Einkommen das Ermittlungsschema:

	Gewinn/Verlust laut Steuerbilanz bzw. nach § 60 Abs. 2 EStDV korrigierter Jahresüberschuss/Jahresfehlbetrag laut Handelsbilanz
+	Hinzurechnung von vGA (§ 8 Abs. 3 Satz 2 KStG)
-	Abzug von Gewinnerhöhungen im Zusammenhang mit bereits in vorangegangenen Veranlagungszeiträumen versteuerten vGA
+	Berichtigungsbetrag nach § 1 AStG
-	Einlagen (§ 4 Abs. 1 Satz 5 EStG)
+	nichtabziehbare Aufwendungen (z. B. § 10 KStG, § 4 Abs. 5 EStG, § 160 AO)
+	Gesamtbetrag der Zuwendungen nach § 9 Abs. 1 Nr. 2 KStG
+/-	Kürzungen/Hinzurechnungen nach § 8b KStG und § 3c Abs. 1 EStG
-	sonstige inländische steuerfreie Einnahmen (z. B. Investitionszulagen)
+/-	Korrekturen bei körperschaftsteuerlicher Organschaft
+/-	Hinzurechnungen und Kürzungen bei ausländischen Einkünften
+/-	Hinzurechnungen und Kürzungen bei Umwandlung und dergleichen
+/-	sonstige Hinzurechnungen und Kürzungen (z. B. §§ 2b, 6b Abs. 7 und 15a EStG)
=	steuerlicher Gewinn
-	abzugsfähige Zuwendungen nach § 9 Abs. 1 Nr. 2 KStG
+/-	Korrekturen bei Organträgern und Organgesellschaften
=	Gesamtbetrag der Einkünfte i. S. des § 10d EStG
-	bei der übernehmenden Körperschaft im Jahr des Vermögensübergangs zu berücksichtigender Verlust nach § 12 Abs. 3 Satz 2 bzw. § 15 Abs. 4 UmwStG
-	Verlustabzug nach § 10d EStG
=	Einkommen
=	Einkommen
-	Freibetrag für bestimmte Körperschaften (§ 24 KStG)
-	Freibetrag für Erwerbs- und Wirtschaftsgenossenschaften sowie Vereine, die Land- und Forstwirtschaft betreiben (§ 25 KStG)
=	zu versteuerndes Einkommen

Der Katalog der nicht abziehbaren Betriebsausgaben des § 4 Abs. 5 EStG, der über § 8 Abs. 1 Satz 1 KStG anwendbar ist, wird durch § 10 KStG (vergleichbar mit § 12 EStG) ergänzt. § 10 KStG ist für alle Körperschaftsteuerpflichtigen anwendbar, nicht nur für Kapitalgesellschaften! Folgende Betriebsausgaben sind im Einzelnen von § 10 KStG betroffen:

Aufwendungen zur Erfüllung von Satzungszwecken nach § 10 Nr. 1 KStG

Nach § 10 Nr. 1 Satz 1 KStG sind Aufwendungen für die Erfüllung von Zwecken des Steuerpflichtigen, die durch Stiftungsgeschäft, Satzung oder sonstige Verfassung vorgeschrieben sind, nicht abzugsfähig, da insoweit eine Einkommensverwendung vorliegt. Der Spendenabzug nach § 9 Abs. 1 Nr. 2 KStG ist aufgrund des Vorbehalts des § 10 Nr. 1 Satz 2 KStG vom Abzugsverbot ausgeschlossen.

Nichtabziehbare Steuern nach § 10 Nr. 2 KStG

Nach § 10 Nr. 2 KStG dürfen insbesondere Steuern vom Einkommen (Körperschaftsteuer, Kapitalertragsteuer und Solidaritätszuschlag) sowie Personensteuern (z. B. Erbschaftsteuer bei Familienstiftungen) bei der Einkommensermittlung nicht abgezogen werden. Da diese Steuern innerhalb der Gewinnermittlung als Aufwand berücksichtigt sind, müssen sie im Rahmen der Einkommensermittlung außerhalb der Bilanz durch eine Zurechnung neutralisiert werden. Hierbei wird immer der Betrag zugerechnet, der innerhalb der Gewinnermittlung als Aufwand erfasst wurde.

Auch ausländische Steuern sind von der Norm des § 10 Nr. 2 KStG betroffen (H 10.1 „Nichtabziehbare Steuern" KStH). Steuerliche Nebenleistungen, wie Säumniszuschläge, Verspätungszuschläge und Zinsen, teilen nach § 10 Nr. 2 2. Halbsatz KStG das Schicksal der jeweiligen Steuer (R 10.1 Abs. 2 Satz 1 KStR).

Einkommen und KSt

Das Abzugsverbot erstreckt sich auch auf die Umsatzsteuer für Umsätze, die Entnahmen oder verdeckte Gewinnausschüttungen sind, und die Vorsteuerbeträge auf Aufwendungen, für die das Abzugsverbot des § 4 Abs. 5 EStG greift. Erstattungen von Steuern, die unter § 10 Nr. 2 KStG fallen, dürfen den steuerlichen Gewinn nicht erhöhen. Sie werden, sofern sie als Ertrag erfasst sind, außerbilanziell wieder abgerechnet. Etwas anderes gilt nur für Erstattungszinsen i. S. des § 233a AO (R 10.1 Abs. 2 Satz 2 KStR).

Geldstrafen und ähnliche Rechtsnachteile nach § 10 Nr. 3 KStG
Nach § 10 Nr. 3 KStG dürfen Strafen das Einkommen nicht mindern. Körperschaften können nach deutschem Rechtsverständnis aber keine Straftaten begehen, somit können gegen sie keine Strafen nach deutschem Recht verhängt werden (R 10.2 Satz 2 KStR). Von § 10 Nr. 3 sind damit nur solche Strafen betroffen, die von ausländischen Gerichten gegen inländische Körperschaften verhängt werden.
Gegen juristische Personen können jedoch sonstige Rechtsfolgen vermögensrechtlicher Art verhängt werden, bei denen der Strafcharakter überwiegt (§ 75 StGB). In Betracht kommt insbesondere die Einziehung von Gegenständen nach § 74 StGB (R 10.2 Satz 4 KStR).
Nicht unter das Abzugsverbot fallen die mit den Rechtsnachteilen zusammenhängenden Verfahrenskosten, insbesondere Gerichts- und Anwaltskosten (R 10.2 Satz 5 KStR), da diese weder eine Strafe noch eine strafähnliche Rechtsfolge darstellen.

Aufsichtsratsvergütungen nach § 10 Nr. 4 KStG
Nach § 10 Nr. 4 KStG ist die Hälfte der an die Überwachungsorgane von Körperschaften gezahlten Vergütungen nicht abzugsfähig. Betroffen sind Vergütungen jeder Art, die an Mitglieder des Aufsichtsrats, des Verwaltungsrats, Beirats oder andere mit der Überwachung der Geschäfts-

führung beauftragte Personen bezahlt werden. Nachgewiesene Einzelaufwendungen, wie Reisekosten, können jedoch nach R 10.3 Abs. 1 Satz 3 KStR erstattet werden, ohne dass eine Zurechnung erfolgt.

Die Hinzurechnung erfolgt vom Nettobetrag, wenn bei der Körperschaft der volle Vorsteuerabzug möglich ist (R 10.3 Abs. 2 Satz 1 KStR). Bei anteiligem oder keinem Vorsteuerabzug (wegen steuerfreier Umsätze) wird die Hälfte der anteilig nicht abzugsfähigen Vorsteuer ebenfalls zugerechnet (R 10.3 Abs. 2 Satz 2 KStR). Im Ergebnis erfolgt also stets die hälftige Zurechnung der Aufwendungen inklusive der als Aufwand gebuchten Vorsteuerbeträge.

Die **Zinsschranke** i. S. des § 8a KStG i. V. mit § 4h EStG ist ein Instrument, das den Betriebsausgabenabzug für Zinsaufwendungen einschränkt. Von der Zinsschrankenregelung sind nicht nur Kapitalgesellschaften, sondern alle Rechtsformen betroffen, also auch Einzelunternehmen und Personengesellschaften. Greift die Zinsschranke, werden Teile der Zinsaufwendungen bei der Ermittlung des steuerlichen Gewinns bzw. bei der Ermittlung des Einkommens bei Körperschaften als nicht abziehbare Betriebsausgabe durch eine außerbilanzielle Zurechnung neutralisiert. Nicht abzugsfähige Zinsaufwendungen gehen nicht verloren, sondern stehen als Zinsvortrag in späteren Veranlagungszeiträumen zur Verfügung (§ 4h Abs. 4 EStG). Allerdings kann es zu einer – zumindest temporären – Doppelbesteuerung kommen, wenn die Gesellschaft, die das Darlehen aufgenommen hat, ihre Zinsaufwendungen nicht voll abziehen kann, die Empfängergesellschaft aber ihre Zinserträge versteuern muss.

Zinsaufwendungen sind bis zur Höhe der Zinserträge in voller Höhe abzugsfähig. Damit kommt es zu keiner Zurechnung, wenn ein positives

Einkommen und KSt

Zinsergebnis erzielt wird. Sind die Zinsaufwendungen höher als die Zinserträge, können die Zinsaufwendungen nach § 4h Abs. 1 Sätze 1 und 2 EStG nur bis zur Höhe von 30 % des maßgeblichen Gewinns vor Zinsen, Steuern und vor Abschreibungen (Steuerlicher EBITDA) abgezogen werden. Maßgeblicher Gewinn ist der steuerliche Gewinn vor Anwendung der Zinsschranke.

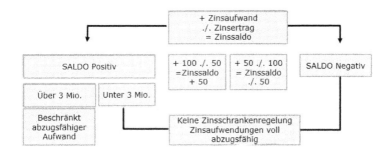

Nach § 4h Abs. 2 Satz 1 Buchst. a EStG kommt die Zinsschranke bis zu einer Freigrenze von 3.000.000 Euro nicht zur Anwendung. In der Nähe der Freigrenze kann es durch den sog. Fallbeileffekt zu gravierenden Auswirkungen kommen. Bei auch nur geringfügiger Überschreitung der Grenze werden alle Zinsaufwendungen oberhalb von 30 % des EBITDA außerbilanziell zugerechnet. Wird die Freigrenze nicht erreicht, bleibt es beim vollen Schuldzinsenabzug.

Die Freigrenze ist betriebsbezogen. Sie kann von Einzelunternehmern mit mehreren Betrieben entsprechend mehrmals ausgenutzt werden. Dagegen besteht bei einer Organschaft die Freigrenze für alle Betriebe des Organkreises insgesamt nur einmal.

Ist der maßgebliche Gewinn vor Abschreibungen und vor dem Zinsergebnis bereits negativ, können Zinsaufwendungen nur bis zur Höhe der Zinserträge abgezogen werden. Der nicht abzugsfähige Teil der Zinsen wird dann gesondert festgestellt und in spätere Veranlagungszeiträume vorgetragen (§ 4h Abs. 4 EStG).

Spendenabzug
Auch Körperschaften haben die Möglichkeit im Rahmen der Einkommensermittlung Spenden steuermindernd geltend zu machen. Dies geschieht in einem ersten Schritt dadurch, dass die Spenden als Betriebsausgabe erfasst werden. Da das Körperschaftsteuerrecht jedoch den Abzug von Spenden begrenzt, müssen diese in einem zweiten Schritt wieder außerbilanziell zugerechnet werden. In einem dritten Schritt erfolgt dann der tatsächliche Abzug bei der Einkommensermittlung nach § 9 Abs. 1 Nr. 2 KStG und § 9 Abs. 2 KStG.

Unter dem in § 9 Abs. 1 Nr. 2 KStG verwendeten Begriff „Zuwendungen" versteht man Spenden und Mitgliedsbeiträge an steuerbegünstigte Institutionen zur Förderung steuerbegünstigter Zwecke i. S. der §§ 52 bis 54 AO.
Von den Zuwendungen an folgende Körperschaften sind ausnahmsweise nur Spenden, nicht aber Mitgliedsbeiträge abzugsfähig (§ 9 Abs. 1 Nr. 2 Satz 8 KStG):
- Sportvereine
- Körperschaften, die kulturelle Betätigungen fördern, die in erster Linie der Freizeitgestaltung dienen
- Körperschaften, die Heimatkunde und Heimatpflege fö
- rdern
- Körperschaften im Sinne des § 52 Abs. 2 Nr. 23 AO.

Parteispenden sind nach § 8 Abs. 1 Satz 1 KStG i. V. mit § 4 Abs. 6 EStG nicht steuerlich abzugsfähig. Sie werden bei Körperschaften stets außerbilanziell zugerechnet. Sonderregelungen wie § 10b Abs. 2 EStG oder § 34g EStG existieren im Bereich des Körperschaftsteuerrechts nicht.
Wichtigste materielle Voraussetzung für den Spendenabzug ist der sog. Zuwendungsnachweis, den der Empfänger der Zuwendung nach amtlichem Vordruck auszustellen hat (§ 50 Abs. 1 EStDV).

Einkommen und KSt

In folgenden Sonderfällen genügt als Zuwendungsnachweis jedoch der Zahlungsbeleg:
- Spendeneinzahlungen auf spezielle Konten für Katastrophenfälle nach § 50 Abs. 2 Nr. 1 EStDV;
- Spenden bis 200,00 Euro unter den in § 50 Abs. 2 Nr. 2 EStDV aufgeführten Voraussetzungen.

Die begünstigten Zuwendungen sind insgesamt unter Berücksichtigung folgender Höchstbeträge abzugsfähig (§ 9 Abs. 1 Nr. 2 Satz 1 KStG):
- 20% des Einkommens oder
- 4 ‰ der Summe der gesamten Umsätze und der im Kalenderjahr aufgewendeten Löhne und Gehälter.
-

Abziehbare Beträge, die die Grenzen übersteigen, sind im Rahmen der Höchstbeträge in den zeitlich folgenden Veranlagungszeiträumen abziehbar (§ 9 Abs. 1 Nr. 2 Sätze 9 und 10 KStG).
Nach § 9 Abs. 2 Satz 2 KStG kann auch die Zuwendung eines Wirtschaftsguts bei der Einkommensermittlung als sog. Sachspende abgezogen werden. Je nachdem, mit welchem Wert das gespendete Wirtschaftsgut aus dem Betriebsvermögen der Kapitalgesellschaft ausscheidet, kann es nach § 9 Abs. 2 Satz 3 KStG
- entweder mit dem Teilwert nach § 6 Abs. 1 EStG
- oder mit dem Buchwert nach § 6 Abs. 1 EStG
im Rahmen der Höchstbeträge als Spende abgezogen werden.
Die höchstmögliche Einkommensminderung wird durch den Buchwertabgang innerhalb der Bilanz erreicht. Dieser Betrag kann sich aufgrund der Höchstbetragsberechnung noch zum Nachteil der Körperschaft mindern.

Bei der Teilwertmethode führt die Aufdeckung der stillen Reserven zunächst zu einer Einkommenserhöhung, die unter Umständen wegen der

Höchstbeträge für den Spendenabzug nicht ausgeglichen wird. Die Teilwertmethode kann somit zum gleichen Ergebnis wie die Buchwertmethode führen, ist aber häufig ungünstiger. In Aufgaben ist folglich stets die Buchwertmethode anzuwenden.

Nachfolgend ein kleiner Exkurs in Sachen Höchstbetragsrechnung, Teilwert- und Buchwert- und Kapitalanteilsmethode:

Höchstbetragsrechnung
Höchstbetragsrechnung, auch Günstiger-Prüfung genannt, wird beispielsweise bei der Berechnung der Spenden angewendet. Zunächst die zwei möglichen Varianten berechnet zum einen 20% vom Einkommen und 4‰ von den Umsätzen, Löhnen und Gehältern. Der wertmäßig größere Wert wird als Höchstbetrag bezeichnet und darf nun je nach Höhe der tatsächlich gezahlten Spenden in Abzug gebracht werden. Sind die tatsächlich gezahlten Spenden kleiner, werden diese in Abzug gebracht. Übersteigen die tatsächlich geleisteten Spenden den errechneten Höchstbetrag darf der Höchstbetrag in Abzug gebracht werden, die darüber hinaus geleisteten Spendenzahlungen nicht!

Teilwertmethode
Beim Teilwertverfahren handelt es sich um ein versicherungsmathematisches Bewertungsverfahren für Verpflichtungen aus betrieblicher Altersversorgung. Das Teilwertverfahren ist in § 6a Abs. 3 EStG geregelt. Der dort definierte Teilwert ist ein Spezialfall des steuerlichen Teilwertes nach § 6 EStG. Angewandt wird das Teilwertverfahren im deutschen Handels- und Steuerrecht, während in internationalen Rechnungslegungsstandards die Projected Unit Credit Method (PUCM) üblich ist. Beim Teilwertverfahren wird der Aufwand für den Aufbau einer Pensionsrückstellung über eine fiktive Prämie (Teilwertprämie) gleichmäßig über die Dienstzeit des begünstigten Arbeitnehmers verteilt. Dabei wird

Einkommen und KSt

unterstellt, dass die Pensionszusage bereits bei Eintritt in das Unternehmen bestanden hat. Änderungen der Zusage beeinflussen somit auch die Prämien der Vergangenheit. Das führt dazu, dass jede Änderung der Zusage eine sprunghafte Veränderung der Pensionsrückstellung zur Folge hat.

Buchwertmethode
Die Buchwertmethode ist durch folgende Vorgehensweise gekennzeichnet:
1) Die im Jahresabschluss des assoziierten Unternehmens ausgewiesenen Abschlussposten werden nicht in den Konzernabschluss übernommen.
2) Nach § 312 V Satz 1 HGB besteht ein Wahlrecht hinsichtlich der Vereinheitlichung der Bewertungsmethoden. Wird die Bewertung nicht angepasst, muss dies im Konzernanhang angegeben werden (§ 312 V Satz 2 HGB).
3) Ausgangspunkt für die Ermittlung des Wertansatzes ist nach § 312 I Satz 1 Nr. 1 HGB der Buchwert, der i.d.R. den Anschaffungskosten der Beteiligung entspricht.
4) Daran anschließend erfolgt – in einer statistischen Nebenrechnung – die Ermittlung eines Unterschiedsbetrags durch Aufrechnung des Buchwerts mit dem anteiligen Eigenkapital des assoziierten Unternehmens.
5) Der Wertansatz der Beteiligung und der Unterschiedsbeträge werden auf der Grundlage der Wertansätze zum Zeitpunkt des Erwerbs der Anteile oder der erstmaligen Einbeziehung des assoziierten Unternehmens in den Konzernabschluss oder bei Erwerb der Anteile zu verschiedenen Zeitpunkten zu dem Zeitpunkt, zu dem das Unternehmen assoziiertes Unternehmen geworden ist, ermittelt. Der gewählte Zeitpunkt ist im Konzernanhang anzugeben (§ 312 III HGB).
6) Ein auftretender Unterschiedsbetrag ist auf evtl. darin enthaltene stille Rücklagen/Lasten zu analysieren. Diese sind gem. § 312 II Satz I

HGB den Wertansätzen der Vermögensgegenstände und Schulden des Unternehmens – ebenfalls in einer statistischen Nebenrechnung – insoweit zuzuordnen, als deren Wert höher oder niedriger ist als der bisherige Wertansatz. Diese stillen Rücklagen/Lasten sind entsprechend der Behandlung der Wertansätze dieser Vermögensgegenstände und Schulden im Jahresabschluss des assoziierten Unternehmens im Konzernabschluss fortzuführen, abzuschreiben oder aufzulösen (§ 312 II Satz 2 HGB).

7) Für einen nach der Zuordnung gem. § 312 II Satz I HGB verbleibenden aktivischen oder passivischen Unterschiedsbetrag ist § 309 HGB entsprechend anzuwenden (§ 312 II Satz 3 HGB).

8) Im Rahmen der Buchwertmethode sind die aufzudeckenden stillen Rücklagen/Lasten und der Geschäfts- oder Firmenwert Bestandteil des Equity-Ansatzes. Der Unterschiedsbetrag zwischen dem Buchwert der Anteile und dem anteiligen Eigenkapital ist daher bei erstmaliger Anwendung entweder als Vorspaltenvermerk in der Konzernbilanz zu zeigen oder im Konzernanhang anzugeben (§ 312 I Satz 2 HGB).

9) In den Folgejahren ist der Wertansatz der Beteiligung um den Betrag der Eigenkapitalveränderungen, die den dem Mutterunternehmen gehörenden Anteilen am Kapital des assoziierten Unternehmens entsprechen, zu erhöhen oder zu vermindern. Auf die Beteiligung entfallende Gewinnausschüttungen sind vom Wertansatz abzusetzen (§ 312 IV Satz 1 HGB).

10) Gem. § 312 V Satz 3 HGB ist § 304 HGB über die Behandlung der Zwischenerfolge entsprechend anzuwenden, soweit die für die Beurteilung maßgeblichen Sachverhalte bekannt oder zugänglich sind. Zwischenerfolge dürfen jedoch auch anteilig weggelassen werden (§ 312 V Satz 4 HGB).

Einkommen und KSt

(11) Stellt das assoziierte Unternehmen seinerseits einen Konzernabschluss auf, so ist die oben beschriebene Vorgehensweise auf der Grundlage des letzten verfügbaren Konzernabschlusses vorzunehmen (§ 312 VI Satz 2 HGB).

Kapitalanteilsmethode
Die Kapitalanteilsmethode ist – abweichend von der Buchwertmethode – wie folgt charakterisiert:
1) Der Wertansatz der Beteiligung erfolgt in der Konzernbilanz mit dem Betrag, der dem anteiligen Kapital des assoziierten Unternehmens entspricht (§ 312 I Satz 1 Nr. 2 HGB).
2) Das Eigenkapital ist dabei mit dem Betrag anzusetzen, der sich ergibt, wenn die Vermögensgegenstände, Schulden, Rechnungsabgrenzungsposten, Bilanzierungshilfen und Sonderposten des assoziierten Unternehmens mit dem Wert angesetzt werden, der ihnen beizulegen ist. Dieser Betrag darf jedoch die Anschaffungskosten für die Anteile an dem assoziierten Unternehmen nicht überschreiten (§ 312 I Satz 3 HGB). Entsprechend der Neubewertungsmethode der Kapitalkonsolidierung müssen auch bei der Equity-Bewertung die stillen Rücklagen/Lasten in eine HB II bzw. HB III des assoziierten Unternehmens aufgedeckt werden, die anschließend die weitere Grundlage für die Equity-Bewertung bildet.
3) Ein sich bei der Aufrechnung von Anschaffungskosten und anteiligem Eigenkapital ergebende Unterschiedsbetrag hat i.d.R. den Charakter eines Geschäfts- oder Firmenwerts. Dieser Geschäfts- oder Firmenwert ist bei erstmaliger Anwendung in der Konzernbilanz gesondert auszuweisen oder im Konzernanhang anzugeben (§ 312 I Satz 3 HGB).

Verdeckte Gewinnausschüttung
Für eine verdeckte Gewinnausschüttung (vGA) muss eine Vermögensminderung oder eine verhinderte Vermögensmehrung bestehen und die folgenden Merkmale müssen ebenfalls alle erfüllt sein:

- die durch das Gesellschaftsverhältnis veranlasst ist,
- sich auf die Höhe des Einkommens auswirkt
- und nicht auf einem entsprechenden Gewinnverteilungsbeschluss beruht.

Verdeckte Gewinnausschüttungen dürfen das Einkommen gemäß § 8 Abs.3 Satz 2 KStG nicht mindern und müssen infolgedessen dem Gewinn außerhalb der Bilanz wieder hinzugerechnet werden um die steuerliche Bemessungsgrundlage zu erhöhen und wieder korrekt abzubilden. Verdeckte Gewinnausschüttungen liegen darüber hinaus bei einem beherrschenden Gesellschafter vor, wenn die folgenden formalen Erfordernisse nach R 8.5 Abs. 2 KStR nicht erfüllt sind:

Jede Vereinbarung zwischen Gesellschaft und Gesellschafter muss
- im Voraus abgeschlossen sein
- zivilrechtlich wirksam sein und
- klar sowie eindeutig sein.

Diese Vereinbarung muss enthalten
- ob ein Entgelt zu zahlen ist
- in welcher Höhe gegebenenfalls ein Entgelt zu zahlen ist und
- wie das Entgelt zu berechnen ist.
-

Wird nicht nach den getroffenen Vereinbarungen verfahren, so ist dies ein wichtiges Indiz dafür, dass diese nicht ernstlich gemeint sind und deshalb eine vGA vorliegt.

Liegt eine vGA vor, führt dies beim Gesellschafter zu Einkünften aus Kapitalvermögen (§ 20 Abs. 1 Nr. 1 Satz 2 EStG). Da die Kapitalerträge in diesem Fall im Voraus keinem Abzug der Kapitalertragsteuer unterlegen haben, sind diese bei der Veranlagung zur Einkommensteuer zwingend anzusetzen (§ 32d Abs. 3 EStG). Sie unterliegen grundsätzlich dem besonderen Steuersatz von 25 % (§ 32d Abs. 1 EStG).

Einkommen und KSt

Wird die Beteiligung im Betriebsvermögen gehalten, erfolgt aufgrund der Subsidiaritätsnorm des § 20 Abs. 8 EStG eine Umqualifizierung in gewerbliche Einkünfte. Diese fallen nach § 3 Nr. 40 Satz 1 Buchst. d Satz 2 EStG i. V. mit § 3 Nr. 40 Satz 2 EStG unter das Teileinkünfteverfahren.

Teileinkünfteverfahren
Die Anwendung von § 3c EStG auf Mitunternehmerschaften scheint auf den ersten Blick ungewöhnlich zu sein, handelt es sich doch um die Korrespondenzvorschrift zu § 3 Nr. 40 EStG.

Durch § 3c EStG werden die mit den Einnahmen des Teileinkünfteverfahrens zusammenhängenden Aufwendungen nur zu 60 % zum Abzug zugelassen. Das ist auch wirtschaftlich nachvollziehbar, weil das Teileinkünfteverfahren des § 3 Nr. 40 EStG die Einnahmen ebenfalls zu 40 % steuerfrei stellt.

Im Zuge der Unternehmen Steuerreform 2008 wurde die Einführung eines gesonderten Steuertarifs für Kapitaleinkünfte in Höhe von pauschal 25 % beschlossen, welcher zusammen mit den dadurch eingeführten Änderungen im Bereich der Kapitalertragsteuer auch als deutsche Abgeltungsteuer bezeichnet wird. Ausgenommen davon (und damit nach dem Teileinkünfteverfahren zu besteuern) sind Gewinne aus der Veräußerung von Anteilen an Kapitalgesellschaften im Sinne des § 17 EStG (Beteiligung von mind. 1 % am Gesellschaftskapital innerhalb der letzten fünf Jahre). Das Gleiche gilt für betriebliche Kapitalerträge: Werden Erträge aus Beteiligungen an Kapitalgesellschaften im Betriebsvermögen eines Einzelunternehmens oder von einer Personengesellschaft vereinnahmt, wird das Teileinkünfteverfahren angewendet.

Hinweis: Dividenden, GmbH-Gewinnanteile und entsprechende Veräußerungsgewinne sind zu 60 % in den steuerpflichtigen Gewinn einzubeziehen. Damit wird die bisherige hälftige Steuerbefreiung im Rahmen des Halbeinkünfteverfahrens auf eine Steuerfreistellung von 40 % zurückgeführt (§ 3 Nr 40 EStG). Korrespondierend wird der berücksichtigungsfähige Anteil der Werbungskosten nach § 3c Abs. 2 EStG auf 60 % angehoben. Die Senkung des Körperschaftsteuersatzes von 25 % auf 15 % und die Nichtabzugsfähigkeit der Gewerbesteuer ab 2008 wirken sich ebenfalls auf das Ergebnis aus.

§ 32a KStG enthält eine Norm zur formellen Korrespondenz von vGA und verdeckten Einlagen (vE) auf Gesellschafts- und Gesellschafterebene. Hierdurch wird sichergestellt, dass bei einer festgestellten vGA das Einkommen bei der Kapitalgesellschaft nach § 8 Abs. 3 Satz 2 KStG korrigiert und die Körperschaftsteuerfestsetzung geändert wird. Darüber hinaus wird der korrespondierende Steuerbescheid beim Gesellschafter aufgehoben, erlassen oder geändert.

Zudem enthält § 3 Nr. 40 Satz 1 Buchst. d Satz 3 EStG eine Norm zur materiellen Korrespondenz, die bezweckt, dass bei natürlichen Personen, die ihre Beteiligung im Betriebsvermögen halten, nur dann das Teileinkünfteverfahren zur Anwendung kommt, wenn die vGA bei der Kapitalgesellschaft dem Einkommen nach § 8 Abs. 3 Satz 2 KStG hinzugerechnet werden konnte.

Einkommen und KSt

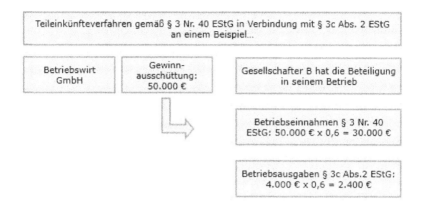

Verdeckte Einlagen

Eine verdeckte Einlage (vE) ist durch folgende Merkmale gekennzeichnet, die alle zeitgleich auftreten müssen:
- Zuwendung durch Gesellschafter oder eine ihm nahestehende Person,
- außerhalb der gesellschaftsrechtlichen Einlagen,
- Zuwendung eines einlagefähigen Vermögensvorteils und
- die Zuwendung ist durch das Gesellschaftsverhältnis veranlasst.
-

Verdeckte Einlagen dürfen das Einkommen nach § 8 Abs. 3 Satz 3 KStG nicht erhöhen und müssen aus diesem Grund dem Gewinn außerbilanziell wieder abgezogen werden um die steuerliche Bemessungsgrundlage zu reduzieren.

Ein einlagefähiger Vermögensvorteil, der Voraussetzung für eine vE ist, liegt nach H 40 „Einlagefähiger Vermögensvorteil" KStH vor, wenn dieser in der Steuerbilanz der Gesellschaft entweder
- zum Ansatz bzw. zur Erhöhung eines Aktivpostens oder
- zum Wegfall bzw. zur Minderung eines Passivpostens
geführt hat.

Betroffen sein können beispielsweise alle Arten von Wirtschaftsgütern wie Grundstücke, Forderungen und Anteile an anderen Kapitalgesellschaften. Eine verdeckte Einlage liegt auch vor, wenn der Gesellschafter gegenüber der Körperschaft auf eine Forderung verzichtet, z. B. auf einen bereits entstandenen Lohnanspruch.

Verzichtet jedoch beispielsweise ein Gesellschafter-Geschäftsführer im Voraus auf eine Entlohnung, ergeben sich hieraus keine steuerlichen Konsequenzen, weil die unentgeltliche Leistung kein Wirtschaftsgut ist, das eingelegt werden könnte. Es ist steuerlich nichts veranlasst (H 40 „Verzicht auf Tätigkeitsvergütungen – Verzicht vor Entstehung" KStH). Eine vE führt innerhalb der Bilanz zu einem außerordentlichen Ertrag, der außerhalb der Bilanz wieder zu neutralisieren ist.

Erfolgt die Buchung dagegen nicht gewinnwirksam, sondern erfolgsneutral als Zuführung zur Kapitalrücklage, hat sich der Gewinn nicht erhöht. In diesem Fall erfolgt keine außerbilanzielle Kürzung, da durch die verdeckte Einlage kein Ertrag entstanden ist.

Auf der Ebene des Gesellschafters führt eine vE grundsätzlich zu nachträglichen Anschaffungskosten der Beteiligung (§ 6 Abs. 6 Satz 2 EStG, H 40 „Behandlung beim Gesellschafter" KStH), die sich bei der Veräußerung der Beteiligung auf das Veräußerungsergebnis mindernd auswirken.

Verzichtet der Gesellschafter auf eine Forderung gegen eine Körperschaft, an der er beteiligt ist, ist es relevant, ob und inwieweit die Forderung im Zeitpunkt des Verzichts noch werthaltig war. Innerhalb der Bilanz ist der Wegfall der Verbindlichkeit zwar stets in voller Höhe gewinnerhöhend aufzulösen. Der Gesellschafter kann jedoch wirtschaftlich nur werthaltige Forderungen erlassen. Den wertlosen Teil hätte er nicht

Einkommen und KSt

mehr realisieren können. Deshalb liegt nach H 8.9 „Forderungsverzicht" KStH eine verdeckte Einlage auch nur in Höhe des werthaltigen Teilbetrags vor. Die in § 32a KStG dargestellte formelle und materielle (§ 8 Abs. 3 Sätze 3 bis 6 KStG) Korrespondenz gilt bei der vE entsprechend.

Beteiligung an anderen Kapitalgesellschaften
Um bei mehrgliedrigen Kapitalgesellschaften eine Mehrfachbesteuerung von Dividenden und anderen Ausschüttungserträgen zu vermeiden, stellt § 8b Abs. 1 KStG diese steuerfrei. Die Steuerbefreiung gilt für in- und ausländische Dividendenerträge und wird außerbilanziell vorgenommen.

Aufgrund des *Gesetzes zur Umsetzung des EuGH-Urteils vom 20.10.2011* sind wegen einer Neuregelung des § 8b Abs. 4 KStG Bezüge i. S. des § 8b Abs. 1 KStG, also offene und verdeckte Gewinnausschüttungen, in vollem Umfang bei der Ermittlung des Einkommens beim Ausschüttungsempfänger zu berücksichtigen, wenn die Beteiligung zu Beginn des Jahres weniger als 10 % des Grund- oder Stammkapitals beträgt. Die Neuregelung ist erstmals auf Gewinnausschüttungen anzuwenden, die nach dem 28.2.2013 zufließen (§ 34 Abs. 7a KStG).

Erfolgt unterjährig der Erwerb einer Beteiligung von mindestens 10 %, gilt er als zu Beginn des Kalenderjahres vorgenommen (§ 8b Abs. 4 Satz 6 KStG), sodass die Besteuerung der Gewinnausschüttung unterbleibt. Gesetzlich nicht geregelt ist die Konstellation, dass der Hinzuwerwerb von Anteilen während eines Jahres auch auf den Beginn des jeweiligen Jahres zurückwirkt.Mittelbare Beteiligungen über eine Mitunternehmerschaft sind nach § 8b Abs. 4 Satz 4 KStG dem jeweiligen Mitunternehmer anteilig zuzurechnen. Sie gelten für die Anwendung des § 8b Abs. 4 KStG als unmittelbare Beteiligung (§ 8b Abs. 4 Satz 5 KStG).

Die mit den steuerfreien Dividendenerträgen im Zusammenhang stehenden Betriebsausgaben (z. B. Finanzierungskosten) sind aus steuersystematischen Gründen nicht abzugsfähig (vgl. § 3c Abs. 2 EStG). Aus Vereinfachungsgründen gelten jedoch nach § 8b Abs. 5 KStG 5 % der Dividendeneinnahmen als nicht abzugsfähige Betriebsausgabe. Auch hier erfolgt die Korrektur außerhalb der Bilanz. Im Ergebnis sind somit 95 % des Dividendenertrags steuerfrei.

Werden Anteile an Kapitalgesellschaften veräußert, werden grundsätzlich die gleichen steuerlichen Wirkungen wie bei Dividendenzuflüssen ausgelöst. Aus diesem Grund stellt § 8b Abs. 2 KStG Veräußerungsgewinne steuerfrei. Die entsprechende Abrechnung wird außerhalb der Bilanz vorgenommen. Auch werden nach § 8b Abs. 3 Satz 1 KStG 5 % des abgerechneten Veräußerungsgewinns als nicht abzugsfähige Betriebsausgabe ebenfalls außerbilanziell berücksichtigt. Im Ergebnis sind somit 95 % des Veräußerungsgewinns steuerfrei.

Veräußerungsverluste sind nach § 8b Abs. 3 Satz 3 KStG in voller Höhe nicht abzugsfähig. Eine pauschale Berücksichtigung von nicht abzugsfähigen Betriebsausgaben findet nicht statt.

Gemäß § 8b Abs. 6 KStG gelten die Abs. 1 bis 5 auch für die dort genannten Bezüge, Gewinne und Gewinnminderungen, die dem Steuerpflichtigen im Rahmen des Gewinnanteils aus einer Mitunternehmerschaft zugerechnet werden, sowie für die Gewinne und Verluste, soweit sie bei der Veräußerung oder Aufgabe eines Mitunternehmeranteils auf Anteile an Körperschaften entfallen.

Einkommen und KSt

4.3 Verluste, Rückträge und Verlustvorträge

Zur Ermittlung des Einkommens einer Körperschaft sind nach § 8 Abs. 1 Satz 1 KStG die einkommensteuerlichen Vorschriften anzuwenden. Aus diesem Grund gilt § 10d EStG zur Behandlung eines etwaigen Verlustabzugs auch für Körperschaften. Grundsätzliche Voraussetzung für den Verlustabzug ist die zivilrechtliche und wirtschaftliche Identität der Körperschaft. Nach § 8c KStG geht der Verlustabzug allein aufgrund eines schädlichen Anteilswechsels verloren.

Anteilsübertragungen bis zu 25 % sind unschädlich. Bei Anteilsübertragungen von über 25 % bis 50 % erfolgt eine anteilige Kürzung des Verlustabzugs. Werden mehr als 50 % der Anteile übertragen, verfällt der Verlustabzug komplett.

§ 8c KStG findet gemäß § 34 Abs. 7b KStG erstmals für den Veranlagungszeitraum 2008 und auf Beteiligungserwerbe Anwendung, bei denen das wirtschaftliche Eigentum nach dem 31.12.2007 übergeht. Die zeitlichen Voraussetzungen müssen kumulativ vorliegen.

Zur Ermittlung des schädlichen Beteiligungserwerbs nach § 8c Abs. 1 Satz 1 KStG werden alle Erwerbe durch den Erwerberkreis innerhalb eines Fünf-Jahres-Zeitraums zusammengefasst. Ein Fünf-Jahres-Zeitraum beginnt mit dem ersten unmittelbaren oder mittelbaren Beteiligungserwerb an der Verlustgesellschaft durch einen Erwerberkreis. Zu diesem Zeitpunkt muss noch kein Verlustvortrag der späteren Verlustgesellschaft vorhanden sein.

Wird die 25%-Grenze durch einen Erwerberkreis überschritten, beginnt mit dem nächsten Beteiligungserwerb ein neuer Fünf-Jahres-Zeitraum i. S. des § 8c Abs. 1 Satz 1 KStG für diesen Erwerberkreis; unabhängig davon, ob zu diesem Zeitpunkt ein nicht genutzter Verlust vorliegt. Die

83

mehrfache Übertragung der Anteile ist schädlich, soweit sie je Erwerberkreis die Beteiligungsgrenzen des § 8c KStG übersteigt. Wird mit einer unmittelbaren Übertragung einer Verlustgesellschaft gleichzeitig im Erwerberkreis auch eine mittelbare Übertragung verwirklicht, wird bei der Ermittlung der übertragenen Quote nur die unmittelbare Übertragung berücksichtigt.

Erfolgt der schädliche Beteiligungserwerb während des laufenden Wirtschaftsjahres, unterliegt auch ein bis zu diesem Zeitpunkt erzielter Verlust der Verlustabzugsbeschränkung nach § 8c KStG.

4.4 Tarifbelastung

Seit 2008 beträgt nach § 23 Abs. 1 KStG der Körperschaftsteuersatz 15% des zu versteuernden Einkommens. Für bestimmte Körperschaften ergeben sich Freibeträge nach §§ 24 und 25 KStG. Da diese jedoch nicht für Kapitalgesellschaften anwendbar sind, wird hierauf nicht näher eingegangen.

Einkommen und KSt

4.5 Steuerliches Einlagekonto

In § 27 KStG finden sich Regelungen über das sog. steuerliche Einlagekonto. Es ist erforderlich ein steuerliches Einlagekonto zu führen, da im Falle der Rückgewähr die Einlagen eines Gesellschafters in die Gesellschaft nicht der Besteuerung beim Anteilseigner zu unterwerfen sind. Diese Beträge sind nach § 20 Abs. 1 Nr. 1 Satz 3 EStG nicht steuerbar. Außerdem mindern sich beim Gesellschafter infolge der Rückzahlung der Einlagen die Anschaffungskosten auf seine Beteiligung.
Einlagen in das Nennkapital, wie etwa bei Gründung einer Kapitalgesellschaft, werden nicht auf dem steuerlichen Einlagekonto erfasst, obwohl die entsprechende Auskehrung auch nicht steuerbar ist.

Auskehrung Nennkapital
Wird das Nennkapital im Anschluss an die Kapitalherabsetzung an die Anteilseigner zurückgezahlt, bestimmt § 28 Abs. 2 Satz 2 KStG, dass der Anteilseigner insoweit Bezüge i.s.v. § 20 Abs. 1 Nr. 2 EStG erzielt, als der Sonderausweis durch die Kapitalherabsetzung gemindert wurde. Diese Einkommensteile unterliegen der Abgeltungsteuer bzw. dem Teileinkünfteverfahren. Der übersteigende Betrag führt auf Ebene der Kapitalgesellschaft zur Minderung des steuerlichen Einlagekontos (Steuerliches Einlagekonto) und ist gem. § 20 Abs. 1 Nr. 1 Satz 3 EStG nicht einkommen- bzw. körperschaftsteuerpflichtig.
Vielmehr sind im steuerlichen Einlagekonto zu erfassen:
- insbesondere offene Einlagen in die Kapitalrücklage gemäß § 272 Abs. 2 Nr. 4 HGB
- verdeckte Einlagen
- organschaftliche Minder- und Mehrabführungen (§ 27 Abs. 6 KStG) sowie
- Nennkapitalherabsetzungen und -erhöhungen (§ 28 Abs. 2 Satz 1 KStG).

Das steuerliche Einlagekonto kann jedoch nicht negativ werden. Das steuerliche Einlagekonto ist nach § 27 Abs. 2 Satz 1 KStG zum Ende eines jeden Wirtschaftsjahres gesondert festzustellen. Der Bescheid über die gesonderte Feststellung des steuerlichen Einlagekontos ist nach § 27 Abs. 2 Satz 2 KStG Grundlagenbescheid für die Feststellung des steuerlichen Einlagekontos zum Schluss des zeitlich folgenden Wirtschaftsjahres.

Gemäß § 27 Abs. 2 Satz 4 KStG ist für die gesonderte Feststellung des steuerlichen Einlagekontos eine Feststellungserklärung abzugeben, die vom gesetzlichen Vertreter der Kapitalgesellschaft eigenhändig zu unterschreiben ist (§ 27 Abs. 2 Satz 5 KStG).

Das steuerliche Einlagekonto darf nur für Leistungen an die Gesellschafter verwendet werden, wenn die Summe der Leistungen den ausschüttbaren Gewinn übersteigt, der auf den Schluss des vorangegangenen Wirtschaftsjahres ermittelt wurde. Nach § 27 Abs. 1 Satz 5 gilt als ausschüttbarer Gewinn das um das gezeichnete Kapital geminderte in der Steuerbilanz ausgewiesene Eigenkapital abzüglich des Bestands des steuerlichen Einlagekontos.

Einkommen und KSt

4.6 Steuerberechnung zum Zwecke der Rückstellungsbildung oder zur Ermittlung eines Erstattungsanspruchs

Die Körperschaftsteuer entsteht gemäß § 30 KStG
1. für Steuerabzugsbeträge in dem Zeitpunkt, in dem die steuerpflichtigen Einkünfte zufließen;
2. für Vorauszahlungen mit Beginn des Kalendervierteljahres, in dem die Vorauszahlungen zu entrichten sind, oder -wenn die Steuerpflicht erst im Laufe des Kalenderjahres begründet wird- mit Begründung der Steuerpflicht;
3. für die veranlagte Steuer mit Ablauf des Veranlagungszeitraums, soweit nicht die zuvor genannten Tatbestände greifen.

Der zahlenmäßige Anspruch der Körperschaftsteuer wird durch einen Körperschaftsteuerbescheid festgesetzt.

Abschlusszahlung bzw. Erstattung

Die Körperschaftsteuerabschlusszahlung bzw. -erstattung errechnet sich nachfolgendem Schema:

	vorläufiger Jahresüberschuss
+	nicht abziehbare Aufwendungen
=	zu versteuerndes Einkommen
×	15 % (Steuersatz)
=	tarifliche Körperschaftsteuer
-	anzurechnende ausländische Steuer
=	Tarifbelastung
-	KSt-Minderungsbetrag
+	KSt-Erhöhungsbetrag
=	festzusetzende Körperschaftsteuer

	bereits geleistete Vorauszahlungen auf die festgesetzte Körperschaftsteuer
=	zu erstattende oder nachzuzahlende Körperschaftsteuer

Nach § 31 Abs. 1 KStG i. V. mit § 37 Abs. 1 EStG sind jeweils am 10. 3., 10. 6., 10. 9. und 10. 12. Vorauszahlungen auf die Jahressteuerschuld zu leisten.

Rückstellung bzw. Erstattungsanspruch
Ergibt sich nach der im Schema dargestellten Berechnung ein Erstattungsanspruch, ist im jeweiligen Jahresabschluss eine Forderung zu aktivieren. Ist noch eine Zahlung zu leisten, muss eine Rückstellung passiviert werden.

5. Regelungen in Abhängigkeit von der Rechtsform

Erläuterung der Regelungen des KStG und des EStG in Abhängigkeit von der Rechtsform eines Unternehmens

5.1 Unterschiede zwischen Einzelunternehmen, Personengesellschaften, Genossenschaften und Kapitalgesellschaften

Gesellschaft bürgerlichen Rechts
Die Gesellschaft bürgerlichen Rechts (GbR, auch: GdbR oder BGB-Gesellschaft) ist die Grundform aller Personengesellschaften. In der GbR schließen sich mindestens zwei Personen zur Verfolgung mindestens eines gemeinsamen Zieles zusammen (§ 705 BGB). Dies kann formlos oder gar stillschweigend geschehen. Dieselben Personen können mehrere GbR nebeneinander – sog. Schwesterpersonengesellschaften – gründen. Grundsätzlich haben gemäß § 706 Abs. 1 BGB alle Gesellschafter den gleichen Beitrag zu leisten. Werden Gegenstände von einem Gesellschafter in die Gesellschaft eingebracht, gelten diese gemäß § 706 Abs. 2 BGB regelmäßig als gemeinschaftliches Eigentum (Gesamthandsvermögen).

Die GbR ist grundsätzlich keine mit eigener Rechtsfähigkeit ausgestattete juristische Person, sondern eine Gesamthandsgemeinschaft. Diese ist jedoch als Außengesellschaft teilrechtsfähig (sie bekommt also in bestimmten Teilen eine Rechtsfähigkeit zugesprochen) und kann durch Teilnahme am Rechtsverkehr eigene Rechte und Pflichten begründen. Eine GbR kann sich somit auch an anderen Gesellschaften beteiligen oder als Eigentümerin in das Grundbuch eingetragen werden.

Die Geschäftsführung obliegt gemäß § 709 Abs. 1 BGB allen Gesellschaftern. Die Geschäftsführung kann aber nach § 710 BGB auf einen oder mehrere Gesellschafter übertragen werden.

Die Gewinnverteilung erfolgt zu gleichen Teilen, also nach Köpfen gemäß § 722 BGB. Im Gesellschaftsvertrag kann davon abgewichen werden. Der Gestaltungsspielraum ist hierbei sehr groß.

Die GbR endet, wenn
- der Gesellschaftszweck erreicht ist nach § 726 BGB,
- der Gesellschaftszweck nicht mehr erreicht werden kann nach § 726 BGB,
- ein Gesellschafter verstirbt nach § 727 BGB; hier sind Ausnahmen möglich nach § 727 in Verbindung mit § 736 BGB,
- ein Gesellschafter kündigt; Ausnahmen möglich nach § 736 BGB.

Verbleibt bei der Auflösung der Gesellschaft (sog. Auseinandersetzung) ein Überschuss, so wird dieser gemäß § 734 BGB unter den Gesellschaftern verteilt. Dies geschieht regelmäßig in vier Phasen:
1. Rückgabe der Gegenstände, die von Gesellschaftern zur Nutzung überlassen waren, sowie der Gegenstände, die nicht zum Gesellschaftsvermögen gehören (§ 732 BGB)
2. Gemeinschaftliche Tilgung der Schulden der Gesellschaft (§ 733 Abs. 1 BGB)
3. Rückzahlung der Gesellschaftereinlagen; bei nicht ausreichendem Vermögen anteilig (§ 733 Abs. 2 BGB)
4. Verteilung eines etwaigen Überschusses an die Gesellschafter (§ 734 BGB) zu gleichen Teilen, wenn vertraglich nicht anderes vereinbart wurde.

Ein etwaiger Minusbetrag bei der Auseinandersetzung führt gemäß § 735 BGB zu einer Nachschusspflicht und wird solidarisch auf die Gesellschafter aufgeteilt.

Regelungen in Abhängigkeit von der Rechtsform

Offene Handelsgesellschaft
Schließen sich mehrere Personen zusammen, um unter gemeinsamer Firma ein Handelsgewerbe zu betreiben, liegt, wenn kein Gesellschafter im Außenverhältnis begrenzt haftet, nach § 105 Abs. 1 HGB eine offene Handelsgesellschaft (OHG) vor. Grundsätzlich finden auf die OHG die Vorschriften des BGB Anwendung (§ 105 Abs. 3 HGB), sofern im HGB keine entgegensprechenden Normen enthalten sind.

Die Gründung einer OHG ist grundsätzlich formlos möglich. Bei der Einlage von Grundstücken ist allerdings die notarielle Beurkundung des ganzen Gesellschaftsvertrags erforderlich (§ 311b Abs. 1 BGB). Die OHG ist gemäß § 106 Abs. 1 HGB beim zuständigen Handelsregister anzumelden. Dieser Meldung sind Angaben über die Gesellschafter, den Sitz, die Firma und den Tätigkeitsbeginn beizufügen. Bei Änderung dieser Daten ist dies dem Handelsregister gemäß § 107 HGB mitzuteilen. Die Gesellschafter einer OHG unterliegen gemäß § 112 HGB dem Wettbewerbsverbot. Das bedeutet, dass sie ohne Einwilligung der anderen Gesellschafter nicht in dem Handelszweig der OHG auf eigene Rechnung Geschäfte machen können.

Wie auch bei der GbR ist eine gemeinsame Geschäftsführung vorgesehen (§ 709 BGB in Verbindung mit § 114 Abs. 1 HGB), bei Delegation der Geschäftsführung auf Einzelne sind die Übrigen von der Geschäftsführung ausgeschlossen (§ 114 Abs. 2 HGB). Gemäß § 116 Abs. 1 HGB ist die Geschäftsführung grundsätzlich auf das Tagesgeschäft reduziert. Bei weiterreichenden Handlungen (z. B. Immobilienerwerb, Bestellung einer Prokura) ist ein Beschluss aller Gesellschafter erforderlich (§ 116 Abs. 2 und 3 HGB).

Die Gewinnverteilung ist bei der OHG anders geregelt als bei der BGB-Gesellschaft. Bei der OHG wird nach § 121 Abs. 1 HGB vorweg jedem Gesellschafter ein Gewinnanteil von 4 % des Kapitalanteils zugesprochen. Der dann noch verbleibende Gewinn wird gemäß § 121 Abs. 3 HGB nach Köpfen verteilt. Ein Verlust wird direkt nach Köpfen verteilt. In der Praxis ist die gesetzliche Gewinnverteilung nur äußerst selten anzutreffen, da üblicherweise im Gesellschaftsvertrag anderslautende Regelungen getroffen sind.

Die OHG entsteht zivilrechtlich im Außenverhältnis erst mit Eintragung in das Handelsregister und wird damit wirksam (§ 123 Abs. 1 HGB). Hier hat die Eintragung konstitutive Wirkung. Wird aber der Geschäftsbetrieb schon vor Eintragung aufgenommen, tritt ihre Wirksamkeit bereits zu diesem Zeitpunkt ein (§ 123 Abs. 2 HGB). Die Eintragung in das Handelsregister hat in diesem Fall also nur eine deklaratorische Wirkung.

Die OHG kann selbst Rechte und Grundstücke erwerben und Verbindlichkeiten eingehen (§ 124 Abs. 1 HGB). Eine Haftungsbeschränkung ist bei der OHG nicht möglich. Selbst neu eintretende Gesellschafter haften nach § 130 HGB für Altschulden der Gesellschaft.

Gemäß § 131 Abs. 1 HGB wird die OHG aufgelöst durch
- den Ablauf des Zeitraums, für welchen sie eingetragen ist bzw. welcher von den Gesellschaftern vereinbart wurde,
- Beschluss der Gesellschafter,
- die Eröffnung des Insolvenzverfahrens über das Vermögen der Gesellschaft oder
- gerichtliche Entscheidung.

Außerdem ist eine Auflösung durch die in § 131 Abs. 2 HGB genannten Gründe möglich.

Regelungen in Abhängigkeit von der Rechtsform

Eine offene Handelsgesellschaft, bei der kein persönlich haftender Gesellschafter eine natürliche Person ist, wird ferner aufgelöst:
1. Mit der Rechtskraft des Beschlusses, durch den die Eröffnung des Insolvenzverfahrens mangels Masse abgelehnt worden ist;
2. Durch die Löschung wegen Vermögenslosigkeit nach § 394 HGB über das Verfahren in Familiensachen und in den Angelegenheiten der freiwilligen Gerichtsbarkeit.

Dies gilt nicht, wenn zu den persönlich haftenden Gesellschaftern eine andere offene Handelsgesellschaft oder Kommanditgesellschaft gehört, bei der ein persönlich haftender Gesellschafter eine natürliche Person ist.

Scheiden ein oder mehrere Gesellschafter aus der OHG aus, ist dies nicht zwangsläufig ein Auflösungsgrund, wenn nach dem Ausscheiden nicht nur ein Gesellschafter übrigbleibt. Bei Tod eines Gesellschafters führt dies mangels abweichender vertraglicher Bestimmungen nach § 131 Abs. 3 HGB zum Wegfall dessen Anteils.

Kommanditgesellschaft
Da grundsätzlich auf die Kommanditgesellschaft (KG) die Vorschriften über die OHG Anwendung finden (§ 161 Abs. 2 HGB), wird hier im Folgenden nur auf die wichtigsten Unterschiede eingegangen. Der wesentliche Unterschied zur OHG ist, dass die Haftung bei einem oder mehreren Gesellschaftern begrenzt ist. Eine KG muss aber mindestens einen Gesellschafter ohne Haftungsbeschränkung haben (§ 161 Abs. 1 HGB). Die vollhaftenden Gesellschafter heißen Komplementäre, die nur mit ihrer Einlage haftenden Gesellschafter Kommanditisten.

Auch die KG muss in das Handelsregister eingetragen werden, wobei bzgl. der Kommanditisten lediglich die Gesamtzahl und die Gesamteinlage aller Kommanditisten bekannt gemacht werden (§ 162 Abs. 2 HGB).

Gemäß § 164 HGB sind die Kommanditisten von der Geschäftsführung ausgeschlossen. Im gewöhnlichen Geschäftsbetrieb haben sie kein Widerspruchsrecht gegen die Handlungen der Komplementäre. Die Kommanditisten unterliegen gemäß § 165 HGB nicht dem Wettbewerbsverbot des § 112 HGB. Die Kontrollrechte des Kommanditisten sind gemäß § 166 Abs. 1 HGB auf das Verlangen einer Abschrift des Jahresabschlusses und Prüfung desselben begrenzt.

Die Gewinn- und Verlustverteilung bei der KG ist unter Einschränkung der §§ 167 Abs. 2 und 3 HGB gemäß § 167 Abs. 1 HGB genauso wie bei der OHG vorzunehmen. Da ein Kommanditist nur bis zur Höhe seiner Einlage haftet, kann er nur am Verlust partizipieren, bis sein Kapitalkonto Null erreicht hat. Ein Kommanditist darf gemäß § 169 Abs. 1 HGB nur Gewinnentnahmen vornehmen, wenn sein Kapitalkonto dadurch nicht unter den Einlagebetrag sinkt.

Bei Tod eines Kommanditisten führt dies nicht wie bei der OHG (§ 131 Abs. 3 HGB) zum Wegfall dessen Anteils. Die Gesellschaft wird vielmehr mit dessen Erben fortgesetzt.

Die GmbH & Co. KG
Diee GmbH & Co. KG ist eine Sonderform der KG. Die Besonderheit liegt darin, dass die GmbH als Komplementär der Gesellschaft selbst in der Haftung beschränkt ist. Durch § 264a HGB wird die GmbH & Co. KG bezüglich der Rechnungslegungs-, Prüfungs- und Offenlegungspflichten den Kapitalgesellschaften gleichgestellt. Die häufigste Form der GmbH & Co. KG ist die „echte" GmbH & Co. KG. Hier sind die Gesellschafter der Komplementär-GmbH zugleich die Kommanditisten. Die GmbH ist hier alleiniger Komplementär, dessen Tätigkeit sich auf die Beteiligung an der KG beschränkt. Neben der GmbH & Co. KG ist auch die Rechtsform der AG & Co. KG sowie die UG & Co. KG denkbar.

Regelungen in Abhängigkeit von der Rechtsform

GmbH & Co.KG
Kommanditgesellschaft (KG)

Komplementär	Kommanditist
= Vollhafter	= Teilhafter
Hier GmbH, also auch nur mit Unternehmensvermögen	natürliche Person haftet grundsätzlich nur in Höhe der Einlage

Bei der GmbH & Co. KG ist genauso wie bei anderen Personengesellschaften neben dem Gesamthandsvermögen auch Sonderbetriebsvermögen möglich. Anteile an der Komplementär-GmbH, die von den Kommanditisten gehalten werden, stellen bei diesen grundsätzlich notwendiges Sonderbetriebsvermögen II dar -vergleiche hierzu H 4.2 Abs. 2 „Anteile an Kapitalgesellschaften" 2. Spiegelstrich EStH. Dieser Grundsatz ist immer anzuwenden, wenn sich die Tätigkeit der GmbH auf die Geschäftsführung beschränkt bzw. ein eigener Geschäftsbetrieb bei der GmbH nur eine untergeordnete Rolle hat.

Gemäß § 170 HGB ist der Kommanditist nicht zur Vertretung der KG berechtigt. Nach § 164 HGB sind Kommanditisten von der Führung der Geschäfte der Gesellschaft ausgeschlossen. Dies bedeutet, dass die Geschäftsführung dem Komplementär, also bei der GmbH & Co. KG der GmbH vorbehalten ist. Da die GmbH nicht selbst handeln kann, wird sie durch einen Geschäftsführer tätig.

Über § 163 HGB besteht die Möglichkeit, entgegen § 164 HGB einen Kommanditisten per Gesellschaftsvertrag als Geschäftsführer einzusetzen. In diesen Fällen ist die GmbH meistens vertraglich ausdrücklich von der Geschäftsführung ausgeschlossen. Der als Geschäftsführer eingesetzte Kommanditist erhält dann unmittelbar von der GmbH & Co. KG seine Vergütung, die gewerbliche Einkünfte i. S. des § 15 Abs. 1 Satz 1 Nr. 2 EStG darstellen. Wird die Vergütung dem Kommanditisten von der GmbH gezahlt, erfolgt nach Ansicht des BFH keine hiervon abweichende Behandlung. Passiviert die GmbH oder die KG eine Pensionszusage an einen Kommanditisten, erfolgt ein korrigierender Ansatz in einer Sonderbilanz.

Stille Gesellschaft
Erfolgt eine Beteiligung an einem Handelsgewerbe als stiller Gesellschafter, erfolgt gemäß § 230 HGB lediglich eine Vermögenseinlage, nicht eine Kapitaleinlage. Die Vermögenseinlage des stillen Gesellschafters kann in Form einer Geld-, Sach- oder Dienstleistung erbracht werden. Diese Vermögenseinlage geht in das Betriebsvermögen des Betriebsinhabers über. Ein stiller Gesellschafter ist nie an den vor Entstehung der stillen Gesellschaft bereits entstandenen stillen Reserven beteiligt.

Der stille Gesellschafter hat bei der typisch stillen Gesellschaft gegenüber dem Betriebsinhaber nur eine Kapitalforderung, die ihm zwingend eine Gewinnbeteiligung einbringt. Eine Beteiligung des stillen Gesellschafters am Verlust ist nach § 231 Abs. 2 HGB vorgesehen, kann aber per Gesellschaftsvertrag auch ausgeschlossen werden.

Regelungen in Abhängigkeit von der Rechtsform

Ist ein stiller Gesellschafter an den stillen Reserven der stillen Gesellschaft beteiligt, die nach ihrer Gründung entstehen, liegt eine atypisch stille Gesellschaft vor. Der atypisch stille Gesellschafter gilt dann als Mitunternehmer i. S. des § 15 Abs. 1 Satz 1 Nr. 2 EStG (vgl. auch H 15.8 Abs. 1 „Stiller Gesellschafter" EStH). Der Beitrag eines stillen Gesellschafters kann nicht nur in Geld, sondern auch in Form einer Dienstleistung erfolgen. Ebenso ist ein immaterieller Beitrag durch Überlassung von Geschäftsgeheimnissen oder Kundschaft denkbar.

Über die stille Gesellschaft ist der stille Gesellschafter an dem Handelsgewerbe des Inhabers beteiligt. Da die stille Gesellschaft eine reine Innengesellschaft ist, handelt es sich bei der Einlage grundsätzlich um eine passivierungsfähige Schuld des Inhabers. Ob dieses „Einlagekonto" innerhalb des Eigenkapitals oder als langfristige Verbindlichkeit ausgewiesen wird, ist in der Literatur umstritten. Für den Ausweis innerhalb oder unmittelbar unterhalb des Eigenkapitals spricht, dass es sich bei der Einlage um eigenkapitalähnliche Beiträge handelt, die oftmals im Insolvenzfall nachrangig bedient werden. Dagegen spricht für den Ausweis als langfristige Verbindlichkeit, dass es sich bei der stillen Gesellschaft um eine reine Innengesellschaft handelt. Die Zuordnung dürfte oftmals eine Einzelfallentscheidung sein – abhängig davon, wie der Gesellschaftsvertrag ausgestaltet ist.

Der Vertrag über die Errichtung einer stillen Gesellschaft ist mit einem *Teilergebnisabführungsvertrag* vergleichbar. Die Gewinnanteile sind somit laufender Aufwand des Wirtschaftsjahres, das sie betreffen, und werden je nach gesellschaftsvertraglicher Regelung als Verbindlichkeit berücksichtigt oder dem Einlagekonto gutgeschrieben. Verlustanteile, die zu Lasten des Einlagekontos des stillen Gesellschafters gehen, sind dagegen als Ertrag zu erfassen, falls die Beteiligung an den Verlusten überhaupt vereinbart wurde. Ist das Einlagekonto durch Verluste aufgebraucht, erfolgt grundsätzlich keine weitere Erfassung der Verluste auf dem Einlagekonto, da der Gesellschaftsvertrag im Regelfall keine Nachschussverpflichtung vorsehen dürfte.

Der typisch stille Gesellschafter erzielt gemäß § 20 Abs. 1 Nr. 4 EStG Einkünfte aus Kapitalvermögen. Bei der Zuweisung eines Verlustanteils liegen Werbungskosten vor. Wird die Einlage in einem Betriebsvermögen gehalten, liegen gemäß § 20 Abs. 8 EStG Einkünfte aus Gewerbebetrieb vor. Die Gewinnanteile des typisch stillen Gesellschafters unterliegen gemäß § 43 Abs. 1 Nr. 3 EStG der Kapitalertragsteuer und wird damit an der Quelle besteuert. Auf die Kapitalertragsteuer entfallen dann wie gehabt 5,5 % Solidaritätszuschlag.

Der atypisch stille Gesellschafter erzielt gemäß § 15 Abs. 1 Satz 1 Nr. 2 EStG Einkünfte aus Gewerbebetrieb. Die Einlage sowie die Gewinnanteile sind im Sonderbetriebsvermögen II des atypisch stillen Gesellschafters zu erfassen. Erzielt der stille Gesellschafter Verluste, die seine Einlage übersteigen, können diese steuerlich nur mit künftigen Erträgen aus dieser Beteiligung verrechnet werden (§ 15a Abs. 5 Nr. 1 EStG bzw. § 20 Abs. 1 Nr. 4 Satz 2 EStG).

Gesellschaft mit beschränkter Haftung
Die Gesellschaft mit beschränkter Haftung (GmbH) ist eine mit eigener Rechtspersönlichkeit ausgestattete juristische Person, an der sich der oder die Gesellschafter (vgl. § 1 GmbHG) mit Einlagen auf das in Stammanteile zerlegte Stammkapital beteiligen. Die Gesellschafter haften nicht persönlich für die Verbindlichkeiten der Gesellschaft.

Regelungen in Abhängigkeit von der Rechtsform

Die GmbH entsteht zivilrechtlich grundsätzlich mit Eintragung in das Handelsregister (§ 11 Abs. 1 GmbHG). Bis diese Eintragung möglich ist, durchläuft sie ein mehrstufiges Gründungsverfahren.
1. Als erstes entsteht eine Vorgründungsgesellschaft. Diese ist eine eigenständige Gesellschaft, die zivilrechtlich nicht mit der späteren GmbH identisch ist. Sie wird als BGB-Innengesellschaft angesehen, wenn sie nicht nach außen hin tätig wird. Wird bereits ein Handelsgewerbe betrieben, liegt eine OHG vor. Die Gesellschafter haften in diesem Stadium noch persönlich und unbeschränkt (§ 11 Abs. 2 GmbHG).
2. Ist der Gesellschaftsvertrag formgültig i. S. des § 2 GmbHG abgeschlossen worden, entsteht die Vorgesellschaft. Diese ist weitestgehend mit der späteren GmbH identisch, die Haftungsbeschränkung des § 13 GmbHG greift jedoch mangels Eintragung noch nicht. Diese entsteht erst bei Eintragung in das Handelsregister.
3. Mit Eintragung in das Handelsregister entsteht dann letztendlich die zivilrechtliche Gesellschaft mit beschränkter Haftung.

Im Gesellschaftsvertrag müssen die Firma, der Sitz der Gesellschaft, der Unternehmensgegenstand, der Betrag des Stammkapitals und die Angabe der Stammeinlage aufgeführt sein (§ 3 Abs. 1 GmbHG). Das Stammkapital muss mindestens 25.000 Euro betragen (§ 5 Abs. 1 GmbHG).

Eine Gesellschaft, die mit einem geringeren Stammkapital gegründet wird, muss gemäß § 5a Abs. 1 GmbHG in der Firma abweichend von § 4 GmbHG die Bezeichnung „**Unternehmergesellschaft** (haftungsbeschränkt)" bzw. „UG (haftungsbeschränkt)" führen. Eine dieser beiden Bezeichnungen ist zwingend, eine Abkürzung des Wortes „haftungsbeschränkt" ist nicht zulässig.

Das Stammkapital einer „Mini-GmbH" liegt also zwischen 1 Euro und 24.999 Euro. Gemäß § 5a Abs. 2 GmbHG darf die Anmeldung der Unternehmergesellschaft erst erfolgen, wenn das Stammkapital in voller Höhe eingezahlt worden ist.

Gemäß § 5a Abs. 3 GmbHG muss die Unternehmergesellschaft in der Bilanz eine gesetzliche Rücklage bilden, in die ein Viertel des um einen Verlustvortrag aus dem Vorjahr geminderten Jahresüberschusses einzustellen ist. Die Norm ist zwingend. Die Rücklage darf (bis zu ihrer Auflösung bzw. Umwandlung bei Erreichen des notwenigen Betrags für das Mindestkapital) gemäß § 5a Abs. 3 Satz 2 GmbHG nur für folgende Zwecke verwendet werden:
- Kapitalerhöhung aus Gesellschaftsmitteln nach § 57c GmbHG;
- zum Ausgleich eines Jahresfehlbetrags, sofern dieser nicht durch einen Gewinnvortrag aus dem Vorjahr gedeckt ist;
- zum Ausgleich eines Verlustvortrags, sofern dieser nicht durch einen Jahresüberschuss gedeckt ist.

Durch diese Maßnahme soll eine angemessene Eigenkapitalausstattung der Gesellschaft erreicht werden. Ein Verstoß gegen § 5a Abs. 3 GmbHG führt zur Nichtigkeit des Jahresabschlusses. Erhöht die Gesellschaft ihr Kapital, sodass es den Betrag des Mindestkapitals erreicht oder übersteigt, finden gemäß § 5a Abs. 5 GmbHG die Vorschriften der Absätze 1 bis 4 keine Anwendung mehr.

Wird das Stammkapital einer GmbH erhöht, muss die Gesellschafterversammlung einen Beschluss mit Drei-Viertel-Mehrheit fassen (§ 53 GmbHG). Dieser ist notariell zu beurkunden. Werden neue Gesellschafter aufgenommen, ist neben der Stammeinlage meist ein Aufgeld (= Agio) zu entrichten, da neue Gesellschafter an den vorhandenen Rücklagen, Gewinnvorträgen und stillen Reserven partizipieren. Um das Agio zu berechnen, muss i. d. R. eine Unternehmensbewertung erfolgen.

Regelungen in Abhängigkeit von der Rechtsform

Aktiengesellschaft

Die Aktiengesellschaft (AG) ist ebenfalls eine rechtsfähige, juristische Person des Privatrechts. Die rechtliche Grundlage für die AG ist das AktG. Die Gründung der AG kann durch einen oder mehrere Gesellschafter erfolgen (§ 2 AktG). Zur Gründung muss eine Satzung in notariell beurkundeter Form festgestellt werden (§ 23 Abs. 1 AktG). In der Satzung sind u. a. die Gründer, der eingezahlte Betrag des Grundkapitals, die Firma, der Gegenstand des Unternehmens und die Zahl der Mitglieder des Vorstands anzugeben (§ 23 Abs. 2 und 3 AktG).

Das Grundkapital einer AG beträgt mindestens 50.000 Euro (§ 7 AktG) und ist in Nennbetrags- oder Stückaktien zerlegt (§ 8 Abs. 1 AktG). Nennbetragsaktien, auch als Nominalaktien bezeichnet, lauten auf einen bestimmten Nennbetrag. Dieser muss mindestens auf 1 Euro lauten (§ 8 Abs. 2 Satz 1 AktG). Die Nennbeträge der von einem Anteilseigner gehaltenen Aktien dienen als Bemessungsgrundlage für das Stimmrecht und die Gewinnverteilung. Stückaktien lauten auf keinen Nennwert und werden daher auch als nennwertlose Aktien bezeichnet. Ihr Anteil am Grundkapital bestimmt sich anhand der Division des Grundkapitals durch die Anzahl der ausgegebenen Aktien.

Eine Kapitalerhöhung gegen Einlagen -auch als ordentliche Kapitalerhöhung bezeichnet- kann durchgeführt werden, wenn mindestens drei Viertel der bei der Beschlussfassung vertretenen Halter/innen des Grundkapitals eine entsprechende Änderung der Satzung beschließen (§ 182 Abs. 1 Satz 1 AktG) und die Kapitalerhöhung beginnend mit der Zeichnung der Aktien durchgeführt wird (§ 185 AktG). Im Rahmen einer Kapitalerhöhung ist von den Erwerbern der Aktien i. d. R. ein Agio zu entrichten (vgl. Ausführungen zur GmbH). Eine Kapitalerhöhung kann auch als bedingte Kapitalerhöhung durchgeführt werden. Hierbei kann das bedingte Kapital je nach Hauptversammlungsbeschluss nur zweckgebunden eingesetzt werden, beispielsweise für die Vorbereitung einer Fusion.

Nach § 150 Abs. 2 AktG sind bei einer AG so lange 5 % des Jahresüberschusses in die gesetzliche Gewinnrücklage einzustellen, bis diese zusammen mit den Beträgen, die nach § 272 Abs. 2 Nr. 1 bis 3 HGB in die Kapitalrücklage eingestellt werden, 10 % des Grundkapitals erreicht hat.

Europäische Aktiengesellschaft
Die Europäische Aktiengesellschaft (**Societas Europaea, SE**) ist eine Gesellschaftsform nach europäischem Gemeinschaftsrecht. Die SE ermöglicht europaweit agierenden Unternehmen, ihre Gesellschaftsstruktur zu vereinheitlichen. So wird auch die Sitzverlagerung einer Gesellschaft von einem in einen anderen EU-Mitgliedstaat vereinfacht. Die nationalstaatlichen Grundlagen für die SE finden sich im Gesetz zur Einführung der Europäischen Gesellschaft (SEEG). Das Grundkapital der SE muss sich auf mindestens 120.000 Euro belaufen.

Die SE kann nicht durch Sach- oder Bargründung von natürlichen Personen oder Personengesellschaften, sondern nur auf folgenden Wegen gegründet werden:
- Verschmelzung von mindestens zwei Aktiengesellschaften aus mindestens zwei EU-Mitgliedstaaten zu einer SE durch Aufnahme oder zur Neugründung
- Gründung einer Holding-SE, an der Kapitalgesellschaften aus mindestens zwei EU-Staaten beteiligt sind
- Gründung einer gemeinsamen Tochter-SE durch Kapitalgesellschaften aus mindestens zwei Mitgliedstaaten der EU
- Formwechsel einer AG, die seit mindestens zwei Jahren eine Tochtergesellschaft in einem anderen Mitgliedstaat unterhält, in eine SE.

Regelungen in Abhängigkeit von der Rechtsform

5.2 Besteuerung verschiedener Rechtsformen

5.2.1 Besteuerung von Mitunternehmerschaften

Steuerrechtlich wird eine Personengesellschaft unabhängig von der Qualifikation als Handelsgesellschaft nicht als Rechtssubjekt anerkannt. Das bedeutet, dass sämtliche Erträge, die die Personengesellschaft und der Gesellschafter aus der Personengesellschaft erwirtschaften, einheitlich beim Gesellschafter versteuert werden (vgl. hierzu § 15 Abs. 1 Nr. 2 EStG). Folglich ist sie weder in der abschließenden Aufzählung der §§ 1 und 2 KStG noch als Steuersubjekt in § 1 EStG enthalten. Die Einkünfte der Personengesellschaft werden somit nicht von dieser selbst versteuert, sondern vielmehr ihren Gesellschaftern unmittelbar als originäre eigene Einkünfte zugerechnet. Das Kapital einer Personengesellschaft wird den einzelnen Gesellschaftern in Form von Kapitalanteilen zugeordnet, deren Höhe sich auf Auseinandersetzungsansprüche und auf die Gewinnverteilung auswirken kann.

Handelsrechtlich gilt die Personengesellschaft im Verhältnis zu den Gesellschaftern als eigenes Rechtssubjekt. Dies ermöglicht der Personengesellschaft den Abschluss von uneingeschränkt anerkannten Verträgen mit den Gesellschaftern. Voraussetzung ist lediglich, dass die Verträge zu fremdüblichen Bedingungen geschlossen werden.
Die Trennung von Gesellschafts- und Gesellschafterebene wird als Trennungstheorie bezeichnet. Diese Verknüpfung von Gesellschafts- und Gesellschafterebene wird als Einheitstheorie bezeichnet.

Zentrale Rechtsnorm im Bereich der Besteuerung der Personengesellschaften ist § 15 Abs. 1 Nr. 2 EStG. Gemäß § 13 Abs. 7 EStG bzw. § 18 Abs. 4 Satz 2 EStG gilt die Funktionalität der Vorschrift auch im Bereich der nichtgewerblichen Gewinneinkunftsarten.

Gewinnanteile

Zu den „Gewinnanteilen" i. S. des § 15 Abs. 1 Nr. 2 Satz 1 1. Halbsatz EStG zählt der Anteil des jeweiligen Gesellschafters am laufenden Gewinn oder Verlust der Gesellschaft. Grundlage hierfür ist die Steuerbilanz der Gesellschaft, die ebenso wie die Handelsbilanz sämtliche schuldrechtlichen Beziehungen zwischen dem Gesellschafter und der Gesellschaft abbildet. Neben der Steuerbilanz der Gesellschaft ist hier bereits das Ergebnis einer etwaigen Ergänzungsbilanz zu berücksichtigen.

Grundlage der ersten Stufe der Gewinnermittlung ist der Gewinn der Personengesellschaft als solcher, der sich aus ihrer Steuerbilanz ergibt. Hierunter fallen die Gewinnanteile, die den Mitunternehmern des Betriebs der Personengesellschaft nach § 15 Abs. 1 Satz 1 Nr. 2 EStG unmittelbar zur Besteuerung zugerechnet werden. Die Höhe dieses Gewinnanteils richtet sich nach dem handelsrechtlichen Gewinnverteilungsschlüssel. Auf der ersten Stufe wird das Ergebnis mitberücksichtigt einer etwaigen Ergänzungsbilanz für den einzelnen Mitunternehmer, in der Wertkorrekturen zu den Ansätzen der Steuerbilanz der Gesellschaft erfasst sind. Der Anteil eines Gesellschafters am Steuerbilanzgewinn der Gesellschaft und das Ergebnis aus der Ergänzungsbilanz machen zusammen den Gewinnanteil im Sinne des § 15 Abs. 1 Satz 1 Nr. 2 Satz 1 1. Halbsatz EStG aus.

Auf der zweiten Stufe der Gewinnermittlung (§ 15 Abs. 1 Nr. 2 Satz 1 2. Halbsatz EStG) werden die Vergütungen erfasst, die die Gesellschaft aufgrund schuldrechtlicher Verträge an den Gesellschafter geleistet hat. Zu diesen Vergütungen zählen beispielsweise Gehaltszahlungen, Zinsen und Mieten. Durch diese neben dem Gewinn gewährten Sondervergütungen, wird eine persönliche Leistung des Gesellschafters honoriert.

Regelungen in Abhängigkeit von der Rechtsform

Die Leistung und die dieser Leistung eventuell zugrundeliegenden Wirtschaftsgüter (Darlehen, Grundstück) wurden nicht gesamthänderisch erwirtschaftet. Folglich dürfen sie in der Gesamthandsbilanz nicht erscheinen. Sie werden dagegen in einer Sonderbilanz erfasst (vgl. R 4.2 Abs. 2 und Abs. 12 EStR sowie H 4.7 „Sonderbetriebseinnahmen und -ausgaben" EStH).

Beruht die Tätigkeitsvergütung auf einer gesellschaftsrechtlichen Regelung, ist keine Aufwandsbuchung vorzunehmen. Der Vorabgewinn wird bei der Gewinnverteilung i. d. R. durch eine entsprechende Zurechnung berücksichtigt. Bei Auszahlung ist dann eine entsprechende Entnahme zu buchen (z. B. Kapital II an Bank). Beruht die Tätigkeitsvergütung dagegen auf einer schuldrechtlichen Vereinbarung (Arbeitsvertrag), so ist zu beachten, dass sie den Gewinn der Gesellschaft mittels einer aufwandswirksamen Buchung (Lohn- und Gehaltsaufwand an Bank) vermindert hat. Innerhalb der einheitlichen und gesonderten Gewinnfeststellung ist der betreffende Betrag dem Gewinn der Gesellschaft wieder hinzuzurechnen und dem jeweiligen Mitunternehmer mit steuerlicher Wirkung zuzuweisen. Dies gilt auch, wenn eine Personengesellschaft einem Gesellschafter aufgrund eines mit ihm geschlossenen Arbeitsvertrags eine Pension zusagt.

Die Vergütungen, die ein Gesellschafter für Leistungen erhält, die er im Rahmen seines eigenen Gewerbebetriebs erbringt, zählen auf jeden Fall zu den Einkünften aus Gewerbebetrieb. Es ist lediglich zu klären, ob diese Einkünfte aus Gewerbebetrieb nach § 15 Abs. 1 Nr. 2 Satz 1 2. Halbsatz EStG oder nach § 15 Abs. 1 Nr. 1 Satz 1 EStG darstellen. Grundsätzlich wird der Subsidiaritätsnorm des § 15 Abs. 1 Nr. 2 Satz 1 2. Halbsatz EStG Vorrang gegeben. Das bedeutet, dass die Vergütungen nicht Einnahmen des Gewerbebetriebs des A darstellen, sondern dem A als Einkünfte aus der Personengesellschaft zuzurechnen sind.

Eine Ausnahme wird nur für Vergütungen, die aus dem üblichen Geschäftsverkehr des Einzelunternehmens (z. B. Warengeschäfte) resultieren, gesehen (vgl. H 15.8 Abs. 3 „Tätigkeitsvergütungen" 2. Spiegelstrich EStH).
Ergänzungsbilanzen der Gesellschafter weisen Wertkorrekturen gegenüber den Vermögensansätzen in der Handelsbilanz aus.

Beteiligung der Gesellschafter an Gewinn und Verlust der Gesellschaft
Die Gesellschafter einer Personengesellschaft partizipieren grundsätzlich sowohl am Gewinn als auch am Verlust der Gesellschaft. Ein etwaiger Verlustanteil wird beim Gesellschafter von dessen Kapitalkonto abgebucht. Während die Gesellschafter einer OHG und der Komplementär einer KG über seine Einlage hinaus für die Schulden der Gesellschaft haftet, beschränkt sich die Haftung eines Kommanditisten auf seine Einlage. Ein Ausgleich von übersteigenden Verlusten findet nur mit künftigen Gewinnen statt.
Aus diesem Grund sind nach § 15a EStG Verluste bei beschränkter Haftung nur in Höhe der Kapitalkonten der Gesellschafter ausgleichsfähig. In die Berechnung des Verlustausgleichsvolumens sind Wertkorrekturen in steuerlichen Ergänzungsbilanzen zu übernehmen, während Ergebnisse aus Sonderbilanzen nicht einbezogen werden (H 15a „Saldierung Sonderbetriebsvermögen" EStH).

5.2.2 Besteuerung von Kapitalgesellschaften
In den Kapiteln 5 und 5.1 enthalten.

5.3 Besteuerungsunterschiede bei Gesellschaft und Gesellschafter

Die Besonderheiten hierzu sind im Wesentlichen in den Kapiteln zu den jeweiligen Gesellschaftsformen dargestellt. Aus diesem Grund wird hier nur noch auf die Besonderheiten des Teileinkünfteverfahrens und der Anteilsveräußerung hingewiesen:
Werden Dividendenerträge i. S. des § 20 Abs. 2 Satz 1 Nr. 1 Satz 1 EStG im Betriebsvermögen erzielt, kommt das Teileinkünfteverfahren zur Anwendung. Dies bedeutet, dass Dividendenerträge, die eine natürliche Person im Rahmen eines Betriebsvermögens erzielt, zu 60 % steuerpflichtig sind (§ 3 Nr. 40 Satz 1 Buchst. d i. V. mit Satz 2 EStG). Mit den Erträgen in Zusammenhang stehende Aufwendungen können zu 60 % geltend gemacht werden (§ 3c Abs. 2 Satz 1 EStG). Die Besteuerung erfolgt mit dem regulären Steuersatz und nicht durch den pauschalen Steuersatz.

Gemäß § 17 Abs. 1 Satz 1 EStG gehört zu den Einkünften aus Gewerbebetrieb auch der Gewinn aus der
- Veräußerung,
- von Anteilen an einer Kapitalgesellschaft,
- die zum Privatvermögen gehören – vergleiche hierzu R 17 Abs. 1 Satz 1 EStR,
- bei Vorliegen einer mindestens 1%igen Beteiligung des Veräußerers,
- innerhalb der letzten fünf Jahre vor der Veräußerung.

In § 17 Abs. 1 Satz 3 EStG sind die Anteile an Kapitalgesellschaften abschließend aufgezählt. Betroffen sind Aktien, GmbH-Anteile, Genussscheine und ähnliche Beteiligungen. Unter § 17 EStG fallen jedoch nur Genussscheine, die eine Beteiligung am Liquidationserlös enthalten, da nur insofern körperschaftsteuerliches Eigenkapital vorliegt (H 17 Abs. 2 „Genussrechte" EStH). Ähnliche Beteiligungen sind beispielsweise Anteile an ausländischen Kapitalgesellschaften (vgl. H 17 Abs. 2 „Ausländische Kapitalgesellschaft" EStH), jedoch keine stillen Beteiligungen.

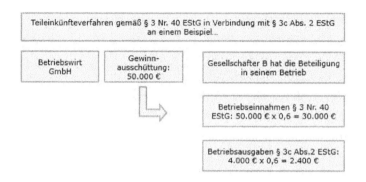

§ 17 Abs. 1 Satz 1 EStG setzt das Vorliegen einer mindestens 1%igen Beteiligung voraus. Hierbei wird die nominelle Beteiligungsquote am gezeichneten Kapital betrachtet (H 17 Abs. 2 „Nominelle Beteiligung" EStH). Der Umfang der Stimmrechte ist nicht relevant. Eigenkapitalersetzende Maßnahmen, wie z. B. eigenkapitalersetzende Darlehen, erhöhen den Anteil an der Kapitalgesellschaft nicht - vergleiche hierzu H 17 Abs. 5 „Darlehensverluste" EStH, sie können aber zu nachträglichen Anschaffungskosten einer bestehenden Beteiligung führen.

Hat ein Anteilseigner Bezugsrechte und übt er diese durch den Erwerb neuer Anteile aus, ändert sich an der Beteiligungshöhe nichts. Werden die Bezugsrechte jedoch veräußert, fällt ein entstehender Gewinn unter § 17 EStG, wenn der Veräußerer vor der Kapitalerhöhung zu mindestens 1 % beteiligt war (H 17 Abs. 4 „Bezugsrechte" EStH).

Regelungen in Abhängigkeit von der Rechtsform

Liegt neben einer unmittelbaren Beteiligung eine mittelbare Beteiligung über eine andere Gesellschaft vor, sind die Beteiligungen zur Ermittlung der Beteiligungshöhe zusammenzurechnen. Es ist hierbei nicht relevant, ob der Steuerpflichtige die Gesellschaft, über die er beteiligt ist, beherrscht (H 17 Abs. 2 „Mittelbare Beteiligung" 1. Spiegelstrich EStH).

Obwohl von der Vorschrift des § 17 EStG nur Anteile, die im Privatvermögen gehalten werden, betroffen sind, werden bei der Ermittlung der maßgeblichen Beteiligungshöhe Anteile des Betriebsvermögens mit eingerechnet (H 17 Abs. 2 „Anteile im Betriebsvermögen" EStH). Werden von der Kapitalgesellschaft eigene Anteile gehalten, werden diese bei der Ermittlung der maßgeblichen Beteiligungshöhe von dem Nennkapital der Kapitalgesellschaft abgezogen (H 17 Abs. 2 „Eigene Anteile" EStH).

Es ist nicht erforderlich, dass im Zeitpunkt der Veräußerung eine Beteiligungshöhe von mindestens 1 % besteht. Vielmehr genügt es, wenn die Mindestbeteiligungshöhe zu irgendeinem Zeitpunkt innerhalb der letzten fünf Jahre vorgelegen hat (§ 17 Abs. 1 Satz 1 EStG). Es ist auch ausreichend, wenn das Beteiligungskriterium nur für kurze Zeit erfüllt war (H 17 Abs. 2 „Kurzfristige Beteiligung" EStH). Selbst Anteile, die am Tag des Erwerbs veräußert werden, zählen mit.

6. Gewerbesteuerliche Aspekte

Hier finden sich die Entwicklung der gewerbesteuerlichen Bemessungsgrundlage, Aufbereitung für die Gewerbesteuererklärung sowie die Berechnung der Gewerbesteuer und der Gewerbesteuerrückstellung.

6.1 Anwendungsbereiche Gewerbesteuer

Die Gewerbesteuer ist die wichtigste originäre Einnahmequelle der Gemeinden in Deutschland. Es handelt sich nach § 3 Abs. 2 AO um eine Realsteuer oder Sachsteuer, auch wenn diese Einordnung nach der Abschaffung der Gewerbekapitalsteuer und der Lohnsummensteuer umstritten ist. Die Gewerbesteuer zählt zu den Gemeindesteuern und den Objektsteuern.

Besteuert werden Gewerbebetriebe, die entweder über ihre gewerbliche Betätigung (Handwerksbetrieb), ihre Rechtsform (Kapitalgesellschaft) oder ihren wirtschaftlichen Geschäftsbetrieb (Verein mit öffentlicher Gaststätte) Einnahmen erzielen. Dabei wird nach § 11 Abs. 1 Nr. 1 GewStG für natürliche Personen und Personengesellschaften ein Freibetrag von 24.500 Euro gewährt. Nach § 11 Abs. 1 Nr. 2 GewStG gilt für sonstige juristische Personen des privaten Rechts (Vereine) sowie nichtrechtsfähige Vereine ein Freibetrag von 5.000 Euro. Freiberuflich Tätige unterliegen nicht der Gewerbesteuer. Ausgangsbasis für die Bemessung der Gewerbesteuer ist der Gewerbeertrag. Dies ist der nach Einkommensteuer- bzw. Körperschaftsteuerrecht zu bestimmende Gewinn. Der Gewinn bzw. Verlust wird im Allgemeinen übernommen und im Einzelnen um bestimmte Beträge erhöht (Hinzurechnungen nach § 8 GewStG) oder vermindert (Kürzungen nach § 9 GewStG). Somit ist der Gewerbeertrag nicht gleich dem Gewinn aus Gewerbebetrieb.

Steuersubjekt	Wer unterliegt der Steuer?	Gewerbebetrieb § 2 Abs. 1 GewStG sowie § 15 Abs. 2 EStG
Steuergegenstand	Was wird besteuert?	Gewerbeertrag nach § 6 in Verbindung mit § 7 GewStG
Bemessungsgrundlage	Worauf wird der Steuersatz angewendet?	Steuermessbetrag
Tarif	Wie hoch ist die Steuer?	Messbetrag x Hebesatz

Die Besteuerungsgrundlagen zur Ermittlung der Gewerbesteuer beruhten lange Zeit auf den Säulen:
- Der Gewerbeertrag spiegelt die objektive Ertragskraft eines Gewerbebetriebs wider
- Das Gewerbekapital verdeutlicht die Substanz eines Unternehmens
- Die Lohnsumme war das Ergebnis der Summe der Bruttolöhne und -gehälter, die ein Unternehmen an seine Mitarbeiter auszahlte

Die aufgrund negativer Wirkung für den Arbeitsmarkt abgeschaffte Lohnsummensteuer führte insbesondere bei arbeitsintensiven Betrieben zu einer spürbaren Entlastung. Sie sollte wie auch die im Jahr 1998 abgeschaffte Gewerbekapitalsteuer die Investitionsbereitschaft der in- und ausländischen Investoren steigern. Die Ermittlung der Gewerbesteuer findet seit 1999 ausschließlich anhand des Gewerbeertrags statt. Der Gewerbeertrag ergibt sich durch Hinzurechnungen nach § 8 GewStG) zum oder Kürzungen nach § 9 GewStG vom laufenden einkommen- oder körperschaftsteuerlichen Gewinn. Der ggf. um einen Freibetrag gemäß § 11 Abs. 1 GewStG gekürzte Steuermessbetrag wird dann durch Multiplikation des Gewerbeertrags nach § 7 GewStG mit der Steu-

Gewerbesteuerliche Aspekte

ermesszahl von 3,5 % (§ 11 Abs. 2 GewStG) ermittelt. Durch anschließende Multiplikation des Gewerbesteuermessbetrags mit dem in der Haushaltssatzung einer Gemeinde festgelegten Hebesatzes ergibt sich die festzusetzende Gewerbesteuer.

	Einkommen- bzw. körperschaftsteuerlicher Gewinn
+	Zurechnungen
-	Kürzungen
-	Freibetrag
=	Gewerbeertrag
×	Steuermesszahl (3,5 %)
=	Gewerbesteuermessbetrag
×	Hebesatz
=	Gewerbesteuer

Seit dem Erhebungszeitraum 2004 sind die Gemeinden verpflichtet, eine Gewerbesteuer zu erheben. Die Regelung hatte den Zweck, den nicht akzeptablen Steuerwettbewerb unter den Gemeinden durch die Schaffung von Steueroasen beispielsweise Norderfriedrichskoog in Schleswig Holstein mit einem Hebesatz von 0 % zu verhindern. Erreicht wurde dies durch die Einführung eines Mindesthebesatzes von 200 % (§ 16 Abs. 4 Satz 2 GewStG).

Steuergegenstand ist ein im Inland betriebener stehender Gewerbebetrieb. Nach § 2 Abs. 1 Satz 2 GewStG ist ein Gewerbebetrieb ein gewerbliches Unternehmen im Sinne des Einkommensteuergesetzes (§ 15 Abs. 2 EStG). Eine eigenständige gewerbesteuerliche Begriffsbestimmung fehlt. Der Gewerbebetrieb wird im Inland betrieben, soweit für ihn im Inland eine Betriebsstätte (§ 2 Abs. 1 Satz 3 GewStG) unterhalten wird.

Erstreckt sich der Gewerbebetrieb auch auf das Ausland, werden nur die im Inland befindlichen Betriebsstätten der Besteuerung unterworfen.

Als Betriebsstätte gilt nach § 12 AO jede feste Geschäftseinrichtung oder Anlage, die der Tätigkeit eines Unternehmens dient. Betriebsstätten sind insbesondere:
- Stätte der Geschäftsleitung,
- Zweigniederlassung,
- Geschäftsstellen,
- Fabrikations- oder Werkstätten,
- Ein- oder Verkaufsstellen.
-

Ein Betrieb erfüllt dann die Voraussetzungen eines Gewerbebetriebs, wenn kein Reisegewerbe i. S. des § 35a Abs. 2 GewStG vorliegt. Typische Reisegewerbetreibende sind beispielsweise Schausteller. Im Gegensatz zu einer gewerblichen Betätigung ist zur Ausübung des Schaustellergewerbes keine Gewerbeanzeige, sondern eine Reisegewerbekarte (§§ 55 ff. GewO) erforderlich. Zu beachten ist hierbei, dass die Vorschriften über die Zerlegung des Messbetrags nach §§ 28 ff. GewStG vorbehaltlich des § 35a GewStG keine Anwendung finden.

Ein Gewerbebetrieb kraft gewerblicher Betätigung ist nach dem EStG durch vier positive Abgrenzungsmerkmale charakterisiert, die zeitgleich erfüllt sein müssen:
- Selbständig
- Nachhaltig
- Teilnahme am allgemeinen wirtschaftlichen Verkehr
- Gewinnerzielungsabsicht.

Gewerbesteuerliche Aspekte

Die **sachliche Selbständigkeit** ist vor allem für die Gewerbesteuer im Sinne der Eigenständigkeit des Betriebs als Objekt der Gewerbebesteuerung von Bedeutung, insbesondere für § 10a GewStG und den Freibetrag des § 11 GewStG. Liegen mehrere Betriebe vor, kann ein Gewerbetreibender als Einzelunternehmer und natürliche Person mehrere Betriebe verschiedener Art oder mehrere Betriebe gleicher Art besitzen.

Die Abgrenzung, ob sachlich ein oder mehrere Gewerbebetriebe vorliegen, sind im Rahmen einer Würdigung der nachfolgenden Kriterien zu ermitteln:
- Organisatorischer Zusammenhang: Unterschiedliche Tätigkeiten erfolgen im selben Geschäftslokal, gemeinsame Nutzung der angeschafften Betriebsmittel, Einsatz der gleichen Arbeitnehmer für unterschiedliche Unternehmensbereiche
- Wirtschaftlicher Zusammenhang: Wenn zwei oder mehrere Unternehmensbereiche sich wirtschaftlich ergänzen
- Finanzieller Zusammenhang: Führen gemeinsamer Bankkonten sowie die Erstellung gemeinsamer Bilanzen und Gewinn- und Verlustrechnungen.

Eine **nachhaltige Betätigung** ist anzunehmen, wenn die Tätigkeit auf eine bestimmte Dauer und regelmäßig auf Wiederholung angelegt ist. Zur Feststellung der Wiederholungsabsicht kommt es auf die tatsächlichen Umstände des Einzelfalls an. Im Streitfall mit dem Finanzamt obliegt die Würdigung der Nachhaltigkeit dem Finanzgericht als Tatsacheninstanz.

Die **Teilnahme am allgemeinen wirtschaftlichen Verkehr** bedeutet, dass das betreffende Unternehmen nach außen am Markt in Erscheinung tritt und erkennbar Lieferungen oder Leistungen gegen Entgelt anbietet bzw. erbringt. Dabei kommt es nicht auf die Anzahl der Leistungsempfänger an. Zur Teilnahme am allgemeinen wirtschaftlichen Verkehr genügt es, wenn die Leistung an einen Abnehmer erbracht wird.

Die Frage der **Gewinnerzielungsabsicht** ist nach steuerrechtlichen Gesichtspunkten zu bewerten. Der Betrieb muss einen Totalgewinn erwirtschaften. Kalkulatorische Leistungen und Kosten fließen insofern in die Ermittlung nicht ein.

Der Totalgewinn wird durch Betriebsvermögensvergleich (§ 4 Abs. 1 EStG) oder Einnahme-Überschussrechnung (§ 4 Abs. 3 EStG) ermittelt. Der dafür in Betracht zu ziehende Zeitraum umfasst den Zeitpunkt der Betriebsgründung bis zum Zeitpunkt der Betriebsaufgabe.

Beginn der Steuerpflicht

Die Gewerbesteuerpflicht beginnt zu dem Zeitpunkt, in dem erstmals alle Voraussetzungen erfüllt sind, insbesondere die Aufnahme einer nach außen gerichteten Tätigkeit (R 2.5 GewStR). Bloße Vorbereitungshandlungen begründen die Gewerbesteuerpflicht noch nicht. Die Voraussetzungen für die Annahme eines Gewerbebetriebs sind im EStG geregelt. Die dazu in § 15 Abs. 2 EStG aufgezählten Abgrenzungsmerkmale werden von Einzelunternehmen und Personengesellschaften (z. B. OHG, KG, GbR) erfüllt, soweit sie eine gewerbliche Tätigkeit ausüben. Sie werden auch als „natürliche" Gewerbebetriebe bezeichnet. Mit Aufgabe der werbenden Tätigkeit endet die Gewerbesteuerpflicht (R 2.6 GewStR). Die Aufgabe liegt bereits vor, wenn der Betrieb für eine gewisse Dauer tatsächlich aufgegeben wird. Ausnahmen hierzu bilden vorübergehende Unterbrechungen wie bei Saisonbetrieben üblich. Sie haben keinen Einfluss auf die Fortdauer der Gewerbesteuerpflicht.

Die in der nachfolgenden Aufzählung dargestellten Betriebe werden kraft Rechtsform als Gewerbebetriebe eingestuft. Danach gilt die Tätigkeit von

- Kapitalgesellschaften,
- Erwerbs- und Wirtschaftsgenossenschaften und
- Versicherungsvereinen auf Gegenseitigkeit

Gewerbesteuerliche Aspekte

als „fingierter" Gewerbebetrieb. Bei Kapitalgesellschaften beginnt die Gewerbesteuerpflicht spätestens mit der Eintragung ins Handelsregister und endet mit Abschluss des Liquidationsverfahrens. Erwerbs- und Wirtschaftsgenossenschaften sind gewerbesteuerpflichtig ab dem Zeitpunkt der Eintragung in das Genossenschaftsregister, Versicherungsvereine auf Gegenseitigkeit mit aufsichtsbehördlicher Erlaubnis zum Geschäftsbetrieb.

Die Gewerbesteuerpflicht erlischt bei Einzelgewerbetreibenden und bei Personengesellschaften mit der tatsächlichen Einstellung des Betriebs (R 2.6 Abs. 1 Satz 1 GewStR). Bei Kapitalgesellschaften erlischt die Gewerbesteuerpflicht erst mit dem Aufhören jeglicher Tätigkeit überhaupt. Das ist grundsätzlich der Zeitpunkt, in dem das Vermögen an die Gesellschafter verteilt worden ist (R 2.6 Abs. 2 GewStR).
Die Gewerbesteuerpflicht wird durch die Eröffnung des Insolvenzverfahrens über das Vermögen des Unternehmens nicht berührt (§ 4 Abs. 2 GewStDV).

Befreiungen
§ 3 GewStG beinhaltet zahlreiche Befreiungen von der Gewerbesteuerpflicht. Inhaltlich korrespondiert diese Regelung mit § 5 KStG. Von der Gewerbesteuer sind beispielsweise bestimmte Unternehmen des Bundes und der Länder mit hoheitlichen Aufgaben befreit (§ 3 Nr. 1, 2, 3 GewStG). Gleiches gilt für gemeinnützige, mildtätige und kirchliche Körperschaften (§ 3 Nr. 6 GewStG).

Sofern andere Gesetze oder Verordnungen Befreiungstatbestände vorsehen, sind diese auch ohne eine entsprechende Regelung im GewStG anzuwenden (R 3.0 GewStR).

Hebeberechtigte Gemeinde, Steuerschuldner
Das Finanzamt berechnet anhand der durch das Unternehmen eingereichten Gewerbesteuererklärung einen Steuermessbetrag. Der daraus festgesetzte Gewerbesteuermessbescheid wird an den Steuerpflichtigen sowie die Gemeinde bekanntgegeben. Dieser ist Grundlagenbescheid für die durch die Gemeinde festgesetzte Gewerbesteuer. Der Folgebescheid (Gewerbesteuerfestsetzung) kann wie auch der Grundlagenbescheid angefochten werden. Befindet sich die Fehlerquelle im Gewerbesteuermessbescheid so ist gegen den Grundlagenbescheid beim Finanzamt Einspruch einzulegen. Die Kommune korrigiert die bisher festgesetzte Gewerbesteuer von Amts wegen. Liegt der Berechnungsfehler bei der Gemeinde beispielsweise durch Ansatz eines der Höhe nach unzutreffenden Hebesatzes, so ist das Rechtsmittel gegen den fehlerhaften Gewerbesteuerbescheid der Widerspruch. Im Klagefall sind die Finanz- bzw. Verwaltungsgerichte zuständig.

Gemäß § 4 Abs. 1 GewStG ist die Gemeinde zur Erhebung einer Gewerbesteuer berechtigt, wenn in ihrer Gemeinde eine Betriebsstätte zur Ausübung des stehenden Gewerbes unterhalten wird. Existieren Betriebsstätten desselben Gewerbebetriebs in mehreren Gemeinden, so wird eine Zerlegung des auf sie entfallenden Steuermessbetrags vorgenommen. Schuldner der Gewerbesteuer ist der Unternehmer (§ 5 Abs. 1 Satz 1 GewStG). Als Unternehmer gilt der, für dessen Rechnung das Gewerbe betrieben wird.

Gewerbesteuerliche Aspekte

6.2 Gewerbeertrag als Bemessungsgrundlage unter Beachtung wesentlicher Hinzurechnungs- und Kürzungsvorschriften

Besteuerungsgrundlage für die Gewerbesteuer ist der Gewerbeertrag gemäß § 6 GewStG.

Gewinn nach EStG und KStG

Ausgangspunkt für die Gewerbesteuer ist bei Einzelunternehmen und Personengesellschaften der Gewinn (§§ 4, 5 EStG) laut Einkommensteuererklärung bzw. laut Erklärung zur gesonderten und einheitlichen Feststellung der Einkünfte (§ 7 GewStG).
Bei Kapitalgesellschaften, Genossenschaften und Versicherungsvereinen auf Gegenseitigkeit, die nach HGB buchführungspflichtig sind, gilt als das zu ermittelnde Einkommen im Sinne des § 8 Abs. 1 KStG der Gewinn aus Gewerbebetrieb, der nach den Vorschriften des EStG und KStG ermittelt worden ist. Der Gewinn umfasst nach § 8 Abs. 2 KStG alle durch den jeweiligen Gesellschaftstypus erzielten Einkünfte.
Die Ergebnisse der Einkommensteuer- bzw. Körperschaftsteuerveranlagung entfalten keine Bindungswirkung für die Ermittlung des Gewerbeertrags. Das heißt: Der Einkommensteuer- bzw. Körperschaftsteuerbescheid ist kein Grundlagenbescheid für die Festsetzung des Gewerbesteuermessbescheids. Denn für deren Erteilung müssen im Vorfeld noch diverse Hinzurechnungen und Kürzungen vorgenommen werden.

Hinzurechnungen

Grundgedanke ist die Erfassung des objektiven Gewebeertrags ungeachtet der Kapitalausstattung (eigen- bzw. fremdfinanziertes Kapital). Durch Hinzurechnungen bzw. Kürzungen werden einerseits gewerbesteuerliche Doppel- und Nichtbesteuerungen vermieden. Andererseits stellen sie den Inlandscharakter der Gewerbesteuer sicher und dienen der Umsetzung von sozial- und wirtschaftspolitischen Zielen. Des Weiteren verhindern die Vorschriften eine Doppelbelastung durch die Wechselwirkung von Grundsteuer und Gewerbesteuer auf ein und denselben Sachverhalt.

Dem Gewinn werden die in § 8 GewStG aufgezählten Beträge wieder hinzugerechnet, sofern sie bei der Ermittlung des Gewinns abgezogen worden sind. Nach § 8 Nr. 1 GewStG ist folgendes zu beachten: Es wird jeweils ein Viertel (25 %) des Finanzierungsentgelts der unter § 8 Nr. 1a bis f GewStG subsumierten Vergütungen für die Überlassung von Geld und Sachkapital hinzugerechnet:

§ 8 Nr. 1a GewStG - Entgelte für Schulden

Jedes Schuldverhältnis ist für sich isoliert zu betrachten. Eine Saldierung mit Forderungen bzw. Bankguthaben ist ausgeschlossen. Unbeachtlich ist, ob es sich um Zinsen für einen kurzfristigen oder langfristigen Kredit handelt. Auf jeden Fall muss es sich um eine Betriebsschuld handeln, die wirtschaftlich durch den Betrieb verursacht ist. Durchlaufende Kredite erfüllen die Voraussetzungen nicht. Die Hinzurechnung unterbleibt, soweit die Zinsschranke (siehe Kapitel 4.4) nach § 4h EStG bzw. § 8a KStG zu einem Abzugsverbot der Zinsen führt.

Zu den Entgelten für Zinsen gehören beispielsweise Vergütungen aus partiarischen Darlehen, Genussrechten, Gewinnobligationen und das Damnum. Nicht zu den Entgelten gehören Kreditvermittlungsprovisionen und Maklergebühren, Währungsverluste, Mahngebühren sowie Kurssicherungs- und Zinssicherungsgeschäfte, Bereitstellungszinsen und -provisionen. Skonti stellen eine gesonderte Vereinbarung zur Begleichung von Rechnungsbeträgen innerhalb einer bestimmten Frist dar. Sie gelten nicht als Entgelt, sofern die Vereinbarung dem Grunde und der

Gewerbesteuerliche Aspekte

Höhe nach geschäftsüblich ist. Vorteilsgewährungen, die über die geschäftsübliche Zahlungsfrist hinausgehen oder die übliche Skontohöhe überschreiten, sind hinzuzurechnen, da der Finanzierungsaspekt in den Vordergrund tritt.

§ 8 Nr. 1b GewStG - Renten und dauernde Lasten.
Wiederkehrende Leistungen, die den gewerblichen Gewinn gemindert haben, sind insbesondere betriebliche Veräußerungsrenten. Der Grund hierfür ist, dass sich die betrieblichen Veräußerungsrenten aus einem Zins- und einem Tilgungsanteil zusammensetzen. Der Zinsanteil stellt das Entgelt für die Überlassung des Betriebskapitals dar.

Ab dem Erhebungszeitraum 2008 sind grundsätzlich sämtliche Renten und dauernde Lasten zu erfassen. Eine Ausnahme hierzu bilden die privaten Versorgungsleistungen, da sie mangels betrieblicher Veranlassung nicht Bestandteil bei der Ermittlung des Gewerbeertrags nach § 7 GewStG werden. Pensionsverpflichtungen aus Direktzusagen gegenüber Arbeitnehmern werden explizit durch die gesetzliche Regelung in § 8 Nr. 1b GewStG nicht hinzugerechnet.
Erbbauzinsen stellen ein Entgelt für die Überlassung des Grundstücks zur Nutzung dar. Die Aufwendungen sind demzufolge nicht unter § 8 Nr. 1b GewStG, sondern unter § 8 Nr. 1e GewStG zu erfassen.

§ 8 Nr. 1c GewStG - Gewinnanteile des stillen Gesellschafters
Sie sind Bestandteil des objektiven Gewerbeertrags und daher hinzuzurechnen. Aufgrund europarechtlicher Vorgaben sind die Gewinnanteile hinzuzurechnen, unabhängig von der steuerlichen Behandlung der Entgelte beim Gläubiger.

§ 8 Nr. 1d GewStG – Miet- und Pachtzinsen von beweglichen Wirtschaftsgütern

Ein Fünftel also 20 % der Miet- und Pachtzinsen einschließlich Leasingraten für die Benutzung von beweglichen Wirtschaftsgütern des Anlagevermögens. Die reale Hinzurechnung beträgt unter Berücksichtigung der Vorschrift des § 8 Nr. 1 GewStG 5 %. Bewegliche Wirtschaftsgüter (§ 90 BGB) sind Gegenstände, die nicht unbebaute oder bebaute Grundstücke bzw. Grundstücksbestandteile sind. Dazu gehören auch Scheinbestandteile i. S. des § 95 BGB und Betriebsvorrichtungen nach § 68 Abs. 2 Nr. 2 BewG (H 7.1 „Betriebsvorrichtungen" EStH).

Die Zugehörigkeit zum Anlagevermögen der überlassenen Wirtschaftsgüter bedeutet, dass trotz fehlenden Eigentums an diesen der Status des Anlagevermögens für gewerbesteuerliche Zwecke fingiert wird. Die Miet- und Pachtzinsen umfassen zudem alle Leistungen einschließlich der Nebenleistungen, die der Mieter bzw. Pächter für den Gebrauch der Sache zu erbringen hat.

§ 8 Nr. 1e GewStG – Miet- und Pachtzinsen von unbeweglichen Wirtschaftsgütern

Die Hälfte der Miet- und Pachtzinsen einschließlich Leasingraten für die Benutzung von unbeweglichen Wirtschaftsgütern des Anlagevermögens. Die reale Hinzurechnung beträgt unter Berücksichtigung der Vorschrift des § 8 Nr. 1 GewStG 12,5 %. Unbewegliche Wirtschaftsgüter sind ausschließlich Grundstücke. Immaterielle Wirtschaftsgüter fallen nicht darunter.

§ 8 Nr. 1f GewStG - zeitlich befristete Überlassung von Rechten

Ein Viertel der Aufwendungen für die zeitlich befristete Überlassung von Rechten (Lizenzen, Konzessionen, Urheberrechte, ungeschützte Erfindungen und/oder Ideen). Ausgenommen hiervon sind Vertriebslizenzen, die ausschließlich dazu berechtigen, daraus abgeleitete Rechte Dritten

Gewerbesteuerliche Aspekte

zu überlassen. Ziel der Vorschrift ist es, Gewinnverlagerungen durch (überhöhte) Lizenzzahlungen an ausländische Muttergesellschaften (Strategieträger und als solcher grundsätzliche Rechteinhaber) für beispielsweise Namensrechte zu verhindern. Die reale Hinzurechnung beläuft sich unter Berücksichtigung der Vorschrift des § 8 Nr. 1 GewStG auf 6,25 %.

Hinzurechnungen werden nur dann vorgenommen, soweit die Summe der kompletten Hinzurechnungen nach § 8 Nr. 1 GewStG den Betrag von 100.000 Euro übersteigt, hier sprechen wir umgangssprachlich von einem „Hinzurechnungsfreibetrag". Intention des Gesetzgebers war, durch die Freibetragsregelung eine Entlastung der kleinen und mittleren Unternehmen zu schaffen.

§ 8 Nr. 4 GewStG – Gewinnanteile des persönlich haftenden Gesellschafters

Hinzurechnung der Gewinnanteile, die an den persönlich haftenden Gesellschafter einer KGaA als Gegenleistung für seine Geschäftsführertätigkeit gezahlt worden sind.

§ 8 Nr. 5 GewStG – „Streubesitzdividenden"

führt zu Hinzurechnungen der Gewinnanteile an in- und ausländischen Kapitalgesellschaften bei einer Beteiligungshöhe von weniger als 15 % (§ 9 Nr. 2a GewStG; sog. „Streubesitzdividenden") seit Beginn des Erhebungszeitraums. Eine gewerbesteuerliche Doppelbesteuerung soll letztlich nur bei Schachteldividenden (>= 15 %) unterbleiben. Die mit den Gewinnanteilen („Streubesitzdividenden") zusammenhängenden Betriebsausgaben sind entgegen der Vorschriften nach § 3c Abs. 2 EStG und § 8b Abs. 5 KStG der Höhe nach unbegrenzt abziehbar. Die Betriebsausgaben können daher höher sein als der dazugehörige Gewinnanteil. Das Ergebnis wäre in dem Fall ein zuzurechnender Negativbetrag. Das pauschale Abzugsverbot nach § 8b Abs. 5 KStG wirkt sich über § 7 Satz 1 GewStG auch auf die Gewerbesteuer aus. Dem gewerblichen Gewinn sind daher lediglich 95 % der von der Körperschaftsteuer befreiten Einnahmen hinzuzurechnen. Ausgenommen von der Hinzurechnung sind die Gewinne aus der Veräußerung von Kapitalanteilen.

§ 8 Nr. 8 GewStG – Verlustanteile an in- oder ausländischen Personengesellschaften
Anteile am Verlust einer in- oder ausländischen Personengesellschaft, die zur Verringerung des ermittelten Gewinns geführt haben, sind hinzuzurechnen. Ansonsten würden sie doppelt erfasst.

§ 8 Nr. 9 GewStG - Spenden
Durch die Vorschrift erfolgt die Hinzurechnung von Spenden, um die gewerbesteuerliche Gleichstellung einkommensteuerlicher und körperschaftsteuerlicher Gewerbetreibender zu erreichen. Bei Einzelunternehmen und Personengesellschaften (Mitunternehmer) sind getätigte Spenden nur im Rahmen des Sonderausgabenabzugs nach § 10b EStG als Spenden abzugsfähig. Kapitalgesellschaften hingegen mindern durch die Spende ihren Gewinn und somit die Ausgangsgröße zur Ermittlung des Steuermessbetrags nach dem Gewerbeertrag. Zu beachten ist diesbezüglich allerdings die korrespondierende Kürzungsvorschrift nach § 9 Nr. 5 GewStG.

§ 8 Nr. 10 GewStG - Gewinnminderungen
Gewinnminderungen, die durch
- Teilwertabschreibungen von Anteilen an einer Körperschaft,
- Veräußerung oder Entnahme eines Anteils an einer Körperschaft beziehungsweise
- Auflösung oder Herabsetzung des Kapitals der Körperschaft

Gewerbesteuerliche Aspekte

entstanden sind, werden dem Gewinn aus Gewerbebetrieb wieder hinzugerechnet, soweit diese auf Gewinnausschüttungen der Körperschaft oder organschaftliche Gewinnabführungen zurückzuführen sind. Eine Gewinnminderung ist nicht entstanden, wenn die Teilwertabschreibung nach § 8b Abs. 3 KStG neutralisiert wurde. Die Vorschrift des § 8 Nr. 10 GewStG entfaltet ihre Wirkung daher nur in Fällen des § 3 Nr. 40 Satz 1 Buchst. a i. V. mit § 3c Abs. 2 Satz 1 EStG. Da hier nur 40 % der Abschreibung auf die Beteiligung beim Gewinn aus Gewerbebetrieb neutralisiert werden, begrenzt sich die Anwendung des § 8 Nr. 10 GewStG auf den ergebnismindernden Anteil von 60 %.

§ 8 Nr. 12 GewStG – Ausländische Steuern

Die Vorschrift sieht die Hinzurechnung der ausländischen Steuern in den Fällen vor, soweit sie auf Gewinne entfallen, die bei der Ermittlung des Gewerbeertrags außer Ansatz gelassen oder nach § 9 GewStG gekürzt werden. Hintergrund der Hinzurechnung sind die Kürzungsnormen nach § 9 Nr. 7 bzw. 8 GewStG. Die Kürzung der Dividende mit dem Bruttobetrag sowie der Betriebsausgabenabzug für die ausländische Steuer würden ansonsten zu einer doppelten Begünstigung führen.

Kürzungen

Die Summe des Gewinns und der Zurechnungen wird um die folgenden Kürzungen gemindert. Hierdurch soll eine Doppelbelastung mit Grund- und Gewerbesteuer vermieden werden.

§ 9 Nr. 1 GewStG – Grundbesitz

1,2 % des Einheitswerts für Grundbesitz i. S. des § 121a BewG (140 %), der zum Betriebsvermögen gehört, ist zu kürzen. Die Kürzung erfolgt zur Vermeidung einer Doppelbelastung mit Gewerbe- und Grundsteuer. Daher gilt die Kürzung nicht für Grundstücke, die von der Grundsteuer befreit sind. § 9 Nr. 1 Satz 1 GewStG bringt eine pauschale Kürzung i. H.

von 1,2 % vom Einheitswert zum Ausdruck. Unterdessen spricht § 9 Nr. 1 Satz 2 GewStG von einer erweiterten Kürzung für Grundstücksunternehmen. Die erweiterte Kürzung sollte Unternehmen begünstigen, die kraft Rechtsform gewerbesteuerpflichtig sind, jedoch aufgrund der Art ihrer Tätigkeit das Kriterium grundsätzlich nicht erfüllen.

Die erweiterte Kürzung kann allerdings nur bei Erfüllung der Voraussetzung auf Antrag gewährt werden. Voraussetzung ist die ausschließliche Verwaltung und Nutzung von eigenem Grundbesitz und die in Zusammenhang stehende Verwaltung und Nutzung von Kapitalvermögen. Ausschließlich bedeutet, dass das Unternehmen keine anderen Tätigkeiten als die der Grundstücksverwaltung ausüben darf. Nebentätigkeiten dürfen in diesem Zusammenhang nur von untergeordneter Bedeutung sein. Keinen Einfluss auf die erweiterte Kürzung hat die Neubautätigkeit sowie die Verwaltung und Veräußerung von Wohnungen. Bei Sondervergütungen für Gesellschafter scheidet hingegen eine erweiterte Kürzung gemäß § 9 Nr. 1 Satz 5 Nr. 1a GewStG aus. Dies betrifft ausschließlich Grundstücksunternehmen in der Rechtsform von Personengesellschaften.

Die pauschale Kürzung erfolgt nur für Grundbesitz im Betriebsvermögen und wird dem wirtschaftlichen Eigentümer i. S. des § 39 AO gewährt (R 9.1 Abs. 1 Satz 6 GewStR). Gehört nur ein Teil des Grundstücks zum Betriebsvermögen, darf nur dieser Teil vom Einheitswert gekürzt werden. Die Ermittlung des Anteils erfolgt nach dem Verhältnis der Jahresrohmiete.Maßgebend für die Kürzung sind die Verhältnisse zu Beginn des Kalenderjahres. Liegen die Voraussetzungen für die Gewerbesteuerpflicht erst im Laufe des Erhebungszeitraums vor, so kommt analog wie bei einem nach dem 1. 1. erworbenen Grundstück im Betriebsvermögen keine Kürzung nach § 9 Nr. 1 Satz 1 GewStG in Betracht (R 9.1 Abs. 1 Satz 11 GewStR).

Gewerbesteuerliche Aspekte

§ 9 Nr. 2 GewStG - Gewinnanteile an einer im Betriebsvermögen gehaltenen Beteiligung an einer Personengesellschaft

Gewinnanteile an einer im Betriebsvermögen gehaltenen Beteiligung an einer Personengesellschaft sind zu kürzen.
Die korrespondierende Vorschrift bei Verlustanteilen ist § 8 Nr. 8 GewStG. Ziel ist auch hier, eine zutreffende Objektbesteuerung zu gewährleisten. Hält eine natürliche Person im Rahmen ihres Einzelunternehmens Anteile an einer Personengesellschaft, würde bei Außerachtlassen dieser Vorschrift der Gewinnanteil zweimal mit Gewerbesteuer belastet. Nach § 15 Abs. 1 Satz 1 Nr. 2 EStG wird der Gewinnanteil beim Einzelunternehmen im Rahmen der Gewinnermittlung erfasst. Durch die Anknüpfung des § 7 GewStG an das EStG ist der Gewinnanteil zur Vermeidung einer Doppelbesteuerung nach § 9 Nr. 2 GewStG zu kürzen.

§ 9 Nr. 2a GewStG - Gewinnanteile an einer im Betriebsvermögen gehaltenen Beteiligung an einer Kapitalgesellschaft

Gewinnanteile an einer im Betriebsvermögen gehaltenen Beteiligung an einer Kapitalgesellschaft (AG, KGaA, GmbH), wenn die Beteiligung mindestens 15 % („Schachtelbeteiligung") beträgt, sind ebenfalls zu kürzen. Die korrespondierende Vorschrift bei den Hinzurechnungen ist § 8 Nr. 5 GewStG. Dabei müssen folgende Voraussetzungen vorliegen: Die Kapitalgesellschaft darf nicht steuerbefreit sein und die Mindestbeteiligungsquote am Grund- oder Stammkapital muss zu Beginn des Erhebungszeitraums mindestens 15 % betragen.
Es gilt das Stichtagsprinzip. Veränderungen beim Beteiligungsbesitz während des Erhebungszeitraums sind unbeachtlich. Mittelbarer Anteilsbesitz genügt, um die Voraussetzungen zu erfüllen.
Die Mindestbeteiligungsquote wurde ab dem Erhebungszeitraum 2008 von 10 % auf 15 % angehoben.

§ 9 Nr. 2b GewStG - Tantiemen

Nach § 8 Nr. 4 GewStG hinzugerechnete Tantiemen bzw. Gewinnanteile für die Geschäftsführung an persönlich haftende Gesellschafter sind nach § 9 Nr. 2b GewStG zu kürzen. Ziel ist die Vermeidung einer gewerbesteuerlichen Doppelbesteuerung, wenn der persönlich haftende Gesellschafter einen eigenen Gewerbebetrieb unterhält oder kraft Rechtsform gewerbesteuerpflichtig ist. Die Vorschrift greift für alle persönlich haftenden Gesellschafter einer KGaA.

§ 9 Nr. 3 GewStG – Gewinne und Verluste einer ausländischen Betriebsstätte

Gewinne oder Verluste einer ausländischen Betriebsstätte sind zu kürzen. Der Gewerbesteuer unterliegen nur Gewerbebetriebe, die im Inland betrieben werden. Betriebsstätten im Sinne der Vorschrift sind weder ausländische Kapitalgesellschaften noch ausländische Personengesellschaften. § 9 Nr. 3 GewStG spricht unmissverständlich vom Betriebsstättenbegriff des § 12 AO.

§ 9 Nr. 5 GewStG - Spenden

Spenden bis zu einem Höchstbetrag von 20 % des Gewinns aus Gewerbebetrieb zuzüglich der zugerechneten Spenden (§ 8 Nr. 9 GewStG) oder alternativ von 4 ‰ der Summe der gesamten Umsätze, Löhne und Gehälter können gekürzt werden.

Der Kürzungstatbestand ist erfüllt, wenn zeitgleich
- die Ausgaben aus Mitteln des Gewerbebetriebs geleistet werden,
- sie zur Förderung steuerbegünstigter Zwecke im Sinne des §§ 52 bis 54 AO dienen und
- die Spendenempfänger juristische Personen des öffentlichen Rechts oder andere öffentliche Dienststellen sowie nach § 5 Abs. 1 Nr. 9 KStG befreite Körperschaften, Personenvereinigungen und Vermögensmassen sind.

Gewerbesteuerliche Aspekte

Überschreiten die Spenden oder Mitgliedsbeiträge den relativen Kürzungshöchstbetrag, so fließen die verbleibenden Zuwendungen in die Höchstbetragsberechnung der folgenden Erhebungszeiträume ein und können dort abgezogen werden. Ein Spendenrücktrag ist nicht möglich. Einzelunternehmen und Personengesellschaften erhalten auf Antrag nach § 9 Nr. 5 Satz 9 GewStG einen besonderen Kürzungsbetrag bei Zuwendungen in den Vermögensstock von Stiftungen von insgesamt 1 Mio. Euro im Erhebungszeitraum und in den darauf folgenden neun Erhebungszeiträumen. Wird der Höchstbetrag innerhalb des Zehnjahreszeitraums durch weitere Zuwendungen überschritten, so ist der übersteigende Betrag bis zum Ablauf der Zehnjahresfrist von der Kürzung ausgeschlossen. Die Berechnungen zur Feststellung des Kürzungshöchstbetrags nach § 9 Nr. 5 Satz 1 GewStG finden insoweit keine Anwendung.

Die bisherige Vorschrift des § 9 Nr. 5 GewStG wurde mittlerweile um Satz 2 Buchstaben a, b und c ergänzt. Der EuGH sah in der bisherigen gesetzlichen Regelung, die eine Kürzung lediglich bei Zuwendungen an inländische Empfänger zuließ, einen Verstoß gegen die Kapitalverkehrsfreiheit innerhalb der EU. Der Kreis der bisher ausschließlich inländisch begünstigten Zuwendungsempfänger wurde infolgedessen auf Zuwendungsempfänger der EU und des EWR erweitert.

Mitgliedsstaaten der Europäischen Union (EU)
Zu den Mitgliedsstaaten der Europäischen Union gehören:
- Belgien
- Bulgarien
- Dänemark
- Deutschland
- Estland
- Finnland
- Frankreich
- Griechenland
- Irland
- Italien
- Kroatien
- Lettland
- Litauen
- Luxemburg
- Malta
- Niederlande
- Österreich
- Polen
- Portugal
- Rumänien
- Schweden
- Slowakei
- Slowenien
- Spanien
- Tschechien
- Ungarn
- Vereinigtes Königreich
- Zypern

Gewerbesteuerliche Aspekte

Europäischer Wirtschaftsraum (EWR)
Zum Europäischen Wirtschaftsraum gehören:
- Die Mitgliedstaaten der Europäischen Union (EU),
- die EFTA-Mitgliedsstaaten (ohne die Schweiz), sowie
- Island
- Liechtenstein
- Norwegen

§ 9 Nr. 7 GewStG - Gewinne aus Beteiligungen an ausländischen Tochtergesellschaften
Gewinne aus Beteiligungen an ausländischen Tochtergesellschaften sind zu kürzen. Die ausländische Gesellschaft muss hierzu mit einer deutschen Kapitalgesellschaft vergleichbar sein. Die Regelung korrespondiert mit der Hinzurechnung gemäß § 8 Nr. 5 GewStG. Hat der Steuerpflichtige bereits ein Schachtelprivileg nach einem DBA in Anspruch genommen, so sind die Gewinnanteile nicht Bestandteil der Gewinnermittlung. Eine Kürzung nach § 9 Nr. 7 GewStG scheidet in diesem Fall aus.

Zum Thema Schachtelprivileg folgt nun eine Erläuterung:

Schachtelprivileg
Als Schachtelprivileg bezeichnet man in erster Linie die steuerliche Begünstigung von Ausschüttungen einer im Ausland ansässigen Kapitalgesellschaft auf eine qualifizierte Beteiligung ihres inländischen Gesellschafters in der Rechtsform einer Kapitalgesellschaft. Das Ziel ist, eine Doppelbesteuerung der Ausschüttungen zu mildern oder zu beseitigen.

Körperschaftsteuerliches Schachtelprivileg
Nach der Vorschrift des § 8b Abs. 4 KStG in Verbindung mit § 8b Abs. 1 KStG bleiben in- und ausländische Dividenden aus Beteiligungen an Kapitalgesellschaften außer Ansatz, wenn die unmittelbare Beteiligung am Grund- oder Stammkapital zu Beginn des Kalenderjahres

mindestens 10 % beträgt. In diesen Fällen wird der Beteiligungsertrag außerhalb der Bilanz vom steuerlichen Gewinn abgezogen. Gemäß § 8b Abs. 5 KStG sind 5 % der Beteiligungserträge dem Gewinn außerbilanziell hinzuzurechnen, so dass die Differenz 95 % der Erträge steuerfrei bleiben. Die Hinzurechnung von 5 % soll den Abzug von Betriebsausgaben, die mit den Beteiligungserträgen zusammenhängen, pauschal rückgängig machen.

Gewerbesteuerliches Schachtelprivileg
Der Gewerbeertrag ist die Bemessungsgrundlage für die Gewerbesteuer. Ausgangsgröße für den Gewerbeertrag ist gemäß § 8 Abs.1 Satz 1 KStG der nach den Vorschriften des Einkommensteuergesetzes und des Körperschaftsteuergesetzes ermittelte Gewinn aus Gewerbebetrieb. Werden im Betriebsvermögen Anteile an einer Körperschaft gehalten, sind die von ihr erhaltenen Ausschüttungen zu Beginn als Betriebseinnahmen zu erfassen. Natürliche Personen können diese Erträge außerhalb der Bilanz um 40 % kürzen, während Körperschaften diese Erträge in beinahe vollem Umfang steuerfrei behandeln können, 5 % gelten hier als nicht abziehbare Betriebsausgaben. Im Gewinn aus Gewerbebetrieb sind somit die Ausschüttungserträge bei natürlichen Personen zu 60 % und bei Körperschaften zu 5 % enthalten.
Da die Ausschüttung binnen der ausschüttenden Körperschaft allemal der Gewerbesteuer unterliegt, würde eine erneute Besteuerung im Zuge der empfangenden Körperschaft auf eine Doppelbesteuerung hinauslaufen. Deswegen realisiert das Gesetz unter spezifischen Bedingungen eine Kürzung jener Beteiligungserträge, soweit sie im Gewinn enthalten sind.
In der Gewerbesteuer gibt es das
- nationale Schachtelprivileg
- internationale Schachtelprivileg

mit jeweils eigenen Voraussetzungen.

Gewerbesteuerliche Aspekte

Nationales Schachtelprivileg
Die tatbestandlichen Voraussetzungen ergeben sich aus § 9 Nr. 2a GewStG wie folgt:
- Gewinne aus gehaltenen Anteilen
- an einer nicht steuerbefreiten also gewerbesteuerpflichtigen
- inländischen
- Kapitalgesellschaft
- wenn die Beteiligung zu Beginn des Erhebungszeitraumes (also nur 1-mal zu Beginn, innerhalb des Erhebungszeitraumes nicht zwingend)
- mindestens 15 % des Grund- oder Stammkapitals beträgt
- und die Gewinne bei der Gewinnermittlung angesetzt wurden

Die Privilegierung der Ausschüttungen wird dabei durch das internationale Schachtelprivileg sichergestellt. Das internationale Schachtelprivileg ist in vielen von Deutschland abgeschlossenen Doppelbesteuerungsabkommen sowie innerhalb der EU darüber hinaus durch die Mutter-Tochter-Richtlinie fixiert.

Internationales Schachtelprivileg
Die tatbestandlichen Voraussetzungen ergeben sich aus § 9 Nr. 7 GewStG wie folgt:
- Gewinne aus Anteilen
- an einer Kapitalgesellschaft
- mit Sitz im Ausland
- wenn die Beteiligung seit Beginn des Erhebungszeitraumes (also OHNE Unterbrechung)
- bei einer Beteiligung an EU-Kapitalgesellschaften mindestens 10 % des Nennkapitals bzw. bei einer Beteiligung an Nicht-EU-Kapitalgesellschaften mindestens 15 % des Nennkapitals beträgt

- und ihre Erträge (fast) ausschließlich aus Beteiligungen von mindestens einem Viertel bezieht
- und weitere Nachweise erbringen kann.

Gewinnausschüttungen einer ausländischen Kapitalgesellschaft unterliegen grundsätzlich in ihrem Ansässigkeitsstaat einer Quellenbesteuerung, die nur von den im Quellenstaat ansässigen Anteilseignern nach dem jeweils geltenden Recht auf ihre dortige Einkommen- oder Körperschaftsteuer angerechnet, entsprechend der Anrechnungsmethode, oder gegen die Körperschaftsteuer der Gesellschaft verrechnet, entsprechend der Freistellungsmethode, werden kann. Für ausländische Anteilseigner wird diese Quellensteuer – vorbehaltlich einer (Teil-)Erstattung nach einem Doppelbesteuerungsabkommen (DBA) -sicher. Eine Ausnahme gilt hier für Ausschüttungen auf Anteile, die in einer Betriebsstätte im Quellenstaat gehalten werden, da hier regelmäßig die Möglichkeit einer Anrechnung der Quellensteuer auf die Betriebsstättengewinne bestehen wird (sog. Betriebsstättenvorbehalt).

Die nationalen Quellensteuersätze bewegen sich zwischen 35 v.H (Schweiz) und 10 v.H. (Rumänien). Keine Quellensteuer auf Ausschüttungen erheben Großbritannien, Griechenland, Irland und Zypern.

DBA sind insoweit dem OECD Musterabkommen weitestgehend nachgebildet. Durch sie werden für Dividenden, die an ausländische Anteilseigner gezahlt wurden, die nach nationalem Steuerrecht bestehenden Quellensteuersätze reduziert. Das OECD-Musterabkommen begrenzt die Höhe des Steuersatzes im Quellenstaat bei Schachteldividenden auf lediglich 5 v.H. des Bruttobetrags der Dividende. Allerdings sehen einzelne DBA höhere Quellensteuersätze vor.

Gewerbesteuerliche Aspekte

Voraussetzung für diese Privilegierung ist zunächst, dass der Empfänger der Dividende als „Nutzungberechtigter" eine juristische Person oder ein Rechtsträger ist, der für Zwecke der Besteuerung wie eine juristische Person behandelt wird. Als „Nutzungsberechtigter" soll dabei derjenige anzusehen sein, der entweder über das zur Nutzung zur Verfügung gestellte Kapital oder die Verwendung der Erträge nach Belieben verfügen kann und der in seinem Wohnsitzstaat als Bezieher der Dividenden besteuert wird. Bloße Treuhänder oder Verwalter der Beteiligungen gelten nicht als Nutzungsberechtigte.

Voraussetzung für eine Quellensteuerermäßigung im Ansässigkeitsstaat der ausschüttenden Kapitalgesellschaft ist, dass die jeweilige Ausschüttung den Dividendenbegriff des jeweils anzuwendenden DBA erfüllt.

Nach der Musterbestimmung des OECD-Musterabkommen, welches als Grundlage für die meisten deutschen Doppelbesteuerungsabkommen dient, sind folgende Dividenden Einkünfte
- aus Aktien, Genussrechten oder Genussscheinen, Kuxen, Gründeranteilen,
- aus anderen Rechten – ausgenommen Forderungen – mit Gewinnbeteiligung,
- aus sonstigen Gesellschaftsanteilen, die nach dem Recht des Staates, in dem die ausschüttende Gesellschaft ansässig ist, den Aktien steuerlich gleichgestellt sind,

zu verstehen.

Ob eine „Gesellschaft" in diesem Sinne als selbständiger Rechtsträger vorliegt, ist nach dem Recht des jeweiligen Ansässigkeitsstaates zu entscheiden. Unter den Begriff der Gesellschaft können demnach auch Personengesellschaften fallen, die nach dem Recht des Ansässigkeitsstaates – zulässigerweise – zur Körperschaftsteuer optiert haben.

Eine privilegierte Schachtelbeteiligung besteht **regelmäßig** bei einer Mindestbeteiligung von 25 v.H. **Ausnahmen** gelten für Dänemark, Frankreich, Kanada, Kuwait, Malta, Mexiko, Mongolei, Namibia, Österreich, Russische Föderation, Schweden, Türkei, USA, Vereinigte Arabische Emirate (10 v.H.), Venezuela (15 v.H.), Pakistan, Schweiz, Ukraine (20 v.H.). Voraussetzung ist jeweils eine unmittelbare Beteiligung nach Höhe der stimmberechtigten Anteile. Eine mittelbare Beteiligung reicht lediglich nach dem DBA Japan aus.

Der höchst zulässige Quellensteuersatz für Schachteldividenden beträgt
- 25 v.H. in Griechenland und Israel,
- 20 v.H. in Thailand (bei nicht-industriellen Unternehmen),
- 15 v.H. in Ägypten, Argentinien, Australien, Bangladesch, Belgien, Bolivien, Brasilien (DBA gekündigt zum 01.01.2006), Bulgarien, Ecuador, Elfenbeinküste, Großbritannien, Iran, Kenia, Kroatien, Neuseeland, Portugal, Slowenien, Sri Lanka, Thailand (für industrielle Unternehmen), Türkei, Uruguay und die Nachfolgestaaten der ehemaligen UdSSR.
- 10 v.H. in China, Finnland, Indien, Indonesien, Italien, Jamaika, Japan, Liberia, Luxemburg, Namibia, Niederlande, Pakistan, Philippinen, Rumänien, Simbabwe, Spanien, Trinidad und Tobago, Tunesien, Vietnam (für Beteiligungen zwischen 25 und 70 v.H.) und Zypern.
- 7,5 v.H. gilt in Süd-Afrika.

Die DBA mit Dänemark, Estland, Island, Kanada, Kasachstan, Korea, Kuwait, Lettland, Litauen, Malta, Marokko, Mauritius, Mexiko, Mongolei,

Gewerbesteuerliche Aspekte

Österreich, Polen, Russische Föderation, Sambia, Schweiz, Slowakei, Tschechien, Ukraine, Ungarn, USA, Usbekistan, Venezuela, Vereinigte Arabische Emirate und Vietnam (Beteiligungen über 70 v.H.) sehen einen Höchstsatz von 5 v.H. vor.

Auf Schachtelbeteiligungen an Gesellschaften in Frankreich, Irland, Malaysia, Norwegen, Schweden und Singapur fällt keine Quellensteuer an.

Keine Beschränkung des Quellensteuersatzes gilt im Verhältnis zu Bosnien-Herzegowina, Kroatien, Mazedonien, Serbien und Montenegro (DBA mit dem ehemaligen Jugoslawien).

Regelmäßig wird der nach dem innerstaatlichen Recht des Quellenstaates vorgesehene Quellensteuersatz vom ausländischen Fiskus einbehalten und der Empfänger der Dividenden darauf verwiesen, sich die Differenz zum abkommensrechtlich zulässigen Höchstsatz erstatten zu lassen. Einige DBA (z.B. Australien, Japan, Niederlande, Norwegen, Schweden und USA) sehen ein besonderes Freistellungsverfahren vom Quellensteuerabzug vor.

Die vom Ansässigkeitsstaat der ausländischen Gesellschaft auf ihre Dividenden erhobene Quellensteuer kann innerhalb der EU auch durch die Mutter-Tochter-Richtlinie begrenzt sein, die bis zum 31.12.2004 in nationales Recht der Mitgliedstaaten umzusetzen war. Durch die Änderungsrichtlinie vom 22.12.2003 (123/EG) ist die Mindestbeteiligungsquote von ursprünglich 25 v.H. stufenweise abgesenkt worden. Sie beträgt
- vom 01.01.2005 bis 31.12.2006: 20 v.H.
- vom 01.01.2007 bis 31.12.2008: 15 v.H.
- ab 01.01.2009: 10 v.H.

Die Richtlinie betrifft Schachteldividenden, die eine in einem EU-Staat ansässige Tochtergesellschaft an ihre in einem anderen Mitgliedstaat ansässige Muttergesellschaft ausschüttet.

Das in der Richtlinie geregelte Schachtelprivileg geht den in den bilateralen DBA vereinbarten Schachtelprivilegien vor, soweit die Abkommen weniger weitreichende Regelungen enthalten.

Unmittelbare Beteiligung
Zeitgleich erfüllte Voraussetzungen für eine unmittelbare Beteiligung:
- Geschäftsleitung und Sitz der Kapitalgesellschaft (Tochtergesellschaft) müssen im Ausland sein.
- Die Beteiligung muss sich im Betriebsvermögen des beteiligten Unternehmens befinden und seit Beginn des Erhebungszeitraums nach § 9 Nr. 7 Satz 1 Halbsatz 1 GewStG ununterbrochen zu mindestens 15 % bestanden haben. Ununterbrochen bedeutet, dass die Beteiligung bis zum Ende des Wirtschaftsjahres der Gesellschaft bestehen muss, wenn das Wirtschaftsjahr das Kalenderjahr ist.
- Die Bruttoerträge der Tochtergesellschaft müssen ausschließlich oder fast ausschließlich aus unter § 8 Abs. 1 Nr. 1 bis 6 AStG fallende Tätigkeiten stammen (sog. „Aktivitätsklausel"). Fast ausschließlich heißt, dass 90 % der Einkünfte aktiv sein müssen. Im Umkehrschluss liegt die Geringfügigkeitsgrenze bei 10 %. Hierbei handelt es sich um eine Ableitung einer vom Gesetzgeber häufig angewandten Formel. Der Begriff „fast ausschließlich" ist in § 9 Nr. 7 GewStG nicht definiert.
- Die Beteiligungen, aus denen die Erträge der Tochtergesellschaft ebenfalls stammen dürfen, sind Landes- oder Funktionsschachtelbeteiligungen.

Gewerbesteuerliche Aspekte

Funktionsbeteiligung
Funktionsbeteiligungen dienen der Spezialisierung und Bündelung betrieblicher Aufgaben.

Landesbeteiligung
Die Aufgabe der Gesellschaften mit Landesbeteiligung besteht vordergründig darin, bei der Umsetzung von wichtigen arbeitsmarkt-, landesentwicklungs-, struktur- und wirtschaftspolitischen Zielsetzungen mitzuwirken. Das Land kann sich mit seinen Beteiligungen also nicht in erster Linie Gewinnorientiert ausrichten.

Dabei ist zu berücksichtigen, dass sich der Staat nur dort in privatrechtlicher Organisationsform betätigen soll, wo diese Aufgaben nicht durch die Verwaltung in den vorhandenen Strukturen oder durch Private zumindest ebenso gut erfüllt werden können. Das führt dazu, dass sich der Staat in Konkurrenzsituation mit Privaten aus der unternehmerischen Betätigung zurückzieht und damit gleichzeitig einen Beitrag zur Konsolidierung der Staatsfinanzen leistet.

Mittelbare Beteiligung
Voraussetzungen für eine mittelbare Beteiligung
- Die Kürzung erfolgt auf Antrag.
- Auch muss die Beteiligung über eine ausländische Kapitalgesellschaft (Tochtergesellschaft) erfolgen. Bedingung ist allerdings nicht mehr, dass sie eine aktive Tätigkeit i. S. des § 8 Abs. 1 Nr. 1 bis 6 AStG ausüben muss.
- Die über die Tochtergesellschaft im Anteilsbesitz befindliche Enkelgesellschaft hingegen muss wiederum die Voraussetzungen des § 8 Abs. 1 Nr. 1 bis 6 AStG erfüllen (§ 9 Nr. 7 Satz 6 GewStG).
- Die Beteiligung an der Tochtergesellschaft muss mittelbar oder unmittelbar zu mindestens 15 % bestehen. Gleiches gilt wiederum für

die mittelbare Beteiligung der Muttergesellschaft an der Enkelgesellschaft. Der dreistufige Konzernaufbau erfordert zur Inanspruchnahme der Kürzung immer einen unmittelbaren oder mittelbaren Beteiligungsbesitz i. H. von 15 %.
- Hat die Tochtergesellschaft neben den Gewinnanteilen einer Enkelgesellschaft noch andere Erträge erhalten, so findet die Kürzung nur für den Teil Anwendung, der dem Verhältnis der Gewinnanteile zu der Summe der Gewinnanteile und der übrigen Erträge entspricht. Der maximal zulässige Kürzungsbetrag ist auf die Höhe der ausgeschütteten Dividenden durch die Enkelgesellschaft begrenzt.

§ 9 Nr. 8 GewStG – Gewinne aus Anteilen an einer ausländischen Gesellschaft in einem DBA-Staat

Die Kürzungsvorschrift erfordert gleichlautend wie § 9 Nr. 2a und Nr. 7 GewStG eine Mindestbeteiligung von 15 % („Schachtelbeteiligung"). Sollte die Anteilshöhe unter 15 % liegen, so ist dies unschädlich für die Kürzung, sofern durch ein DBA eine niedrigere Mindestbeteiligung vereinbart ist. Die Beteiligung muss im Betriebsvermögen eines inländischen Gewerbebetriebs bestehen. Der Begriff "ausländische Gesellschaften" beinhaltet nicht nur ausländische Kapitalgesellschaften, sondern auch Personenvereinigungen oder Vermögensmassen i. S. des § 1 Abs. 1 KStG. Das DBA bevorzugt allerdings bezüglich des „Schachtelprivilegs" regelmäßig die Rechtsform der Kapitalgesellschaft.

Gewerbesteuerliche Aspekte

6.3 Gewerbeverluste

Ein basierend auf den Vorschriften des EStG bzw. KStG ermittelter Gewerbeverlust ist auf die folgenden Erhebungszeiträume vorzutragen und vom maßgebenden Gewerbeertrag abzuziehen. Ein Verlustrücktrag ist nach § 10a GewStG ausgeschlossen. Hintergrund ist, die Planungssicherheit der Gemeinden zur Haushaltsaufstellung zu gewährleisten. Ein Verlustrücktrag würde dieses Vorhaben konterkarieren. § 10a GewStG stellt insoweit eine Spezialregelung zu § 10d EStG dar.

Die Abzugsfähigkeit des Gewerbeverlusts ist seit dem Erhebungszeitraum 2004 nur noch bis zu einem Betrag in Höhe von 1 Mio. Euro unbeschränkt möglich. Soweit der maßgebende Gewerbeertrag 1 Mio. Euro übersteigt, dürfen nur noch 60 % des verbleibenden maßgeblichen Gewerbeertrags abgezogen werden.

Die Höhe der vortragsfähigen Fehlbeträge ist gemäß § 10a Satz 6 GewStG gesondert festzustellen.

Materiell rechtliche Voraussetzung für den gewerbesteuerlichen Verlustabzug sind bei Einzelunternehmen und Personengesellschaften sowohl die Unternehmensidentität als auch die sog. Unternehmeridentität.

Unternehmensidentität

Unternehmensidentität oder Unternehmensgleichheit bedeutet, dass der Betrieb in dem Jahr, in dem der Verlustvortrag durchgeführt werden soll, identisch ist mit dem Betrieb, der im Jahr der Entstehung des Verlustes bestanden hat (R 10a.2 GewStR).

Unternehmensidentität bedeutet, dass der im Anrechnungsjahr bestehende Gewerbebetrieb identisch ist mit dem Gewerbebetrieb, der im Jahr der Entstehung des Verlustes bestanden hat. Dabei ist unter Gewerbebetrieb die ausgeübte gewerbliche Betätigung zu verstehen. Ob diese die gleiche geblieben ist, ist nach dem Gesamtbild zu beurteilen, das sich aus ihren wesentlichen Merkmalen ergibt, wie insbesondere der

Art der Betätigung, dem Kunden- und Lieferantenkreis, der Arbeitnehmerschaft, der Geschäftsleitung, den Betriebsstätten sowie dem Umfang und der Zusammensetzung des Aktivvermögens.

Unter Berücksichtigung dieser Merkmale muss ein wirtschaftlicher, organisatorischer und finanzieller Zusammenhang zwischen den Betätigungen bestehen. Betriebsbedingte auch strukturelle - Anpassungen der gewerblichen Betätigung an veränderte wirtschaftliche Verhältnisse stehen der Annahme einer identischen Tätigkeit jedoch nicht entgegen.Das heißt also, dass der im Anrechnungsjahr bestehende Gewerbebetrieb identisch ist mit dem Gewerbebetrieb, der im Jahr der Entstehung des Verlustes bestanden hat. Dabei ist unter Gewerbebetrieb die ausgeübte gewerbliche Betätigung zu verstehen. Ob diese die gleiche geblieben ist, ist nach dem Gesamtbild zu beurteilen, das sich aus ihren wesentlichen Merkmalen ergibt, wie insbesondere der Art der Betätigung, dem Kunden- und Lieferantenkreis, der Arbeitnehmerschaft, der Geschäftsleitung, den Betriebsstätten sowie dem Umfang und der Zusammensetzung des Aktivvermögens. Unter Berücksichtigung dieser Merkmale muss ein wirtschaftlicher, organisatorischer und *finanzieller* Zusammenhang zwischen den Betätigungen bestehen. Betriebsbedingte auch strukturelle - Anpassungen der gewerblichen Betätigung an veränderte wirtschaftliche Verhältnisse stehen der Annahme einer identischen Tätigkeit jedoch nicht entgegen.

Aufgrund der Selbständigkeit eines jeden Gewerbebetriebs kommt ein Ausgleich von Fehlbeträgen eines Gewerbebetriebs mit positiven Gewerbeerträgen eines anderen Gewerbebetriebs grundsätzlich nicht in Betracht. Ein einheitlicher Gewerbebetrieb ist zu verneinen, wenn die wesentlichen Veränderungen einen sachlichen Zusammenhang zwischen den Tätigkeiten nicht mehr erkennen lassen. Wesentliche Veränderungen treten dann ein, wenn die Art der Betätigung, der Kunden- und

Gewerbesteuerliche Aspekte

Lieferantenkreis, die Arbeitnehmerschaft, die Geschäftsleitung, die Betriebsstätten sowie der Umfang und die Zusammensetzung des Aktivvermögens (R 10a.2 Satz 3 GewStR) nicht mehr gleich sind. Im Ergebnis muss ein wirtschaftlicher, organisatorischer und finanzieller Zusammenhang zwischen den Betätigungen existieren.

Mehrere Betriebe liegen beispielsweise vor, wenn eine natürliche Person Einzelunternehmer und zugleich Anteilseigner einer Personengesellschaft ist. Aufgrund der sachlichen Selbständigkeit beider Unternehmen ist ein Verlust des Einzelunternehmens beim Gewerbeertrag der Personengesellschaft nicht anzusetzen und umgekehrt.

Gemäß § 2 Abs. 2 Satz 1 GewStG ist die Tätigkeit von Kapitalgesellschaften stets und in vollem Umfang als Gewerbebetrieb einzustufen. Unternehmerin ist die Kapitalgesellschaft. Sie unterhält einen Betrieb unabhängig von der Anzahl und der Art der Tätigkeiten. Bei Kapitalgesellschaften ist somit das Kriterium der Unternehmensidentität immer erfüllt.

Ein Gesellschafterwechsel innerhalb der Kapitalgesellschaft hat aufgrund der unterstellten Unternehmensidentität grundsätzlich keine Auswirkung auf den gewerbesteuerlichen Verlustvortrag. Die Fehlbeträge der Körperschaft wurden bis zum Veranlagungszeitraum 2007 durch die Regelungen des Mantelkaufs nach § 8 Abs. 4 KStG beschränkt. Ab dem 1.1.2008 wurde § 8 Abs. 4 KStG durch die neu eingeführte Verlustabzugsbeschränkung nach § 8c KStG (§ 10a Satz 10 GewStG) ersetzt. Die gewerbesteuerlichen Verlustvorträge werden insofern analog zu den körperschaftsteuerlichen Verlustvorträgen behandelt.

Unternehmeridentität

Unternehmeridentität bedeutet, dass der Steuerpflichtige, der den Verlustabzug in Anspruch nimmt, den Gewerbeverlust zuvor in eigener Person erlitten haben muss (R 10a.3 Abs. 1 Satz 1 GewStR). Der Steuerpflichtige muss danach sowohl zur Zeit der Verlustentstehung als auch im Jahr der Entstehung des positiven Gewerbeertrags Unternehmensinhaber gewesen sein.

Wird ein Einzelunternehmen auf einen anderen Einzelunternehmer, auf eine Kapitalgesellschaft oder auf eine Personengesellschaft, an der der bisherige Einzelunternehmer nicht beteiligt ist, übertragen, so gehen Fehlbeträge, die bei dem bisherigen Inhaber entstanden waren, gemäß § 10a Satz 8 i. V. mit § 2 Abs. 5 GewStG mit dem Unternehmerwechsel unter.

Personengesellschaften können nur einen einzigen Gewerbebetrieb unterhalten. Für einen weiteren Gewerbebetriebe muss dann auch eine neue Personengesellschaft gegründet werden. Unternehmer sind die Gesellschafter (Mitunternehmer) und somit die Träger des Rechtes auf Verlustabzug. Die Anteilsübertragung eines Mitunternehmeranteiles an gewerblich tätige Personengesellschaften führt somit aufgrund der fehlenden Unternehmeridentität zum Untergang des gewerbesteuerlichen Verlustvortrags. Die Regelungen nach § 10a Satz 10 GewStG finden keine Anwendung.

Gewerbesteuerliche Aspekte

6.4 Zerlegung

Hat ein Unternehmen Betriebsstätten in mehreren Gemeinden, so ist der (einheitliche) Gewerbesteuermessbetrag des Unternehmens in die auf die einzelnen Gemeinden entfallenden Anteile zu zerlegen. Aufteilungs- bzw. Zerlegungsmaßstab ist gemäß § 29 GewStG das Verhältnis der Summe der Arbeitslöhne zu den in den einzelnen Betriebsstätten gezahlten Arbeitslöhnen. Der Arbeitslohn wird nach § 31 GewStG wie folgt ermittelt:

	Bruttolöhne (§ 19 Abs. 1 Nr. 1 EStG)
+	Zuschläge für Mehrarbeit und Sonntags-, Feiertags- und Nachtarbeit
-	Ausbildungsvergütungen
-	einmalige Vergütungen (z. B. Tantiemen, Gratifikationen)
-	sonstige Vergütungen, sofern sie bei einem einzelnen Arbeitnehmer 50 TEuro übersteigen
+	fiktiver Unternehmerlohn bei nicht juristischen Personen von insgesamt 25 TEuro jährlich
=	Arbeitslohn für die Zerlegung (abzurunden auf volle 1.000 Euro gemäß § 29 Abs. 3 GewStG)

6.5 Steuerzahllast, Steuererstattung, Rückstellung

Die **Gewerbesteuermesszahl** beträgt ab dem Veranlagungszeitraum 2008 einheitlich 3,5 % (§ 11 Abs. 2 GewStG). Zur Ermittlung der Gewerbesteuer ist der Gewerbesteuermessbetrag festzustellen. Dieser ist durch Anwendung der Steuermesszahl auf den Gewerbeertrag zu ermitteln. Der Gewerbeertrag wird hierbei auf volle 100 Euro nach unten abgerundet (§ 11 Abs. 1 Satz 3 GewStG).

Einzelunternehmen und Personengesellschaften erhalten betriebsbezogen im Erhebungszeitraum einen Freibetrag von 24.500 Euro (§ 11 Abs. 1 Satz 3 Nr. 1 GewStG). Bei sonstigen juristischen Personen und nicht rechtsfähigen Vereinen liegt der Freibetrag bei 5.000 Euro. Kapitalgesellschaften erhalten diesbezüglich keinerlei Vergünstigung. Der Freibetrag darf jedoch nicht zu einem negativen Gewerbeertrag führen. Bis 2007 war die Gewerbesteuer handels- und steuerrechtlich eine abziehbare Betriebsausgabe. Mit der Unternehmenssteuerreform 2008 blieb die Grundstruktur der Gewerbesteuer erhalten. Allerdings ist die Abzugsfähigkeit der Gewerbesteuer als Betriebsausgabe durch Inkrafttreten des § 4 Abs. 5b EStG entfallen. Bei Gewerbesteuerzahlungen für Veranlagungszeiträume ab 2008 ist der innerbilanzielle Gewerbesteueraufwand steuerlich durch eine außerbilanzielle Zurechnung zu neutralisieren.

Die bis zum Veranlagungszeitraum 2007 gültige Gewerbesteuermesszahl bei Kapitalgesellschaften betrug 5 %. Bei natürlichen Personen und Personengesellschaften war die Steuermesszahl beginnend in 1 %-Schritten pro 12.000 Euro Gewerbeertrag gestaffelt. Ab 48.000 Euro Gewerbeertrag lag die Gewerbesteuermesszahl einheitlich bei 5 %. Ab dem Erhebungszeitraum 2008 wurde der Staffeltarif abgeschafft und die Gewerbesteuermesszahl unabhängig von der Gesellschaftsform auf einheitlich 3,5 % festgelegt (§ 11 Abs. 2 GewStG).

Gewerbesteuerliche Aspekte

Gewerbliche Einkünfte unterliegen durch die Gewerbesteuer einer Doppelbelastung. Die Anrechnung der Gewerbesteuer auf die Einkommensteuer nach § 35 EStG soll diesen Nachteil kompensieren. Allerdings ist der Abzug des Steuerermäßigungsbetrags auf die tatsächlich zu zahlende Gewerbesteuer beschränkt (§ 35 Abs. 1 Satz 5 EStG). Liegt die festgesetzte Gewerbesteuer aufgrund des hohen Hebesatzes einer Gemeinde über dem maximalen Anrechnungsvolumen (3,8 × GewSt-Messbetrag), so verbleibt hinsichtlich der Differenz eine Restbelastung. Durch Hinzurechnungen nach § 8 GewStG wird dieser Effekt nochmals verstärkt. Betroffen davon sind insbesondere ertragsschwache Unternehmen mit hohem Fremdfinanzierungsanteil. Anrechnungsüberhänge können nicht auf andere Perioden übertragen werden.

Der Anrechnungsfaktor wurde 2008 von bisher 1,8 auf 3,8 erhöht. Bei Kapitalgesellschaften hingegen ist eine Anrechnung auf die Körperschaftsteuer nicht möglich.

6.6 Entstehung, Festsetzung, Erhebung

Gewinnermittlungszeitraum ist grundsätzlich das Kalenderjahr (§ 10 Abs. 1 GewStG). Bei abweichendem Wirtschaftsjahr gilt der Gewinn in dem Erhebungszeitraum bezogen, in dem das Wirtschaftsjahr endet (§ 10 Abs. 2 GewStG). In einem Rumpfwirtschaftsjahr wird der Freibetrag nach § 11 GewStG nicht anteilig gekürzt.

Grundsätzlicher Erhebungszeitraum für den Gewerbesteuermessbetrag ist das Kalenderjahr. Besteht die Gewerbesteuerpflicht nicht während einen ganzen Kalenderjahres, so ist der abgekürzte Erhebungszeitraum maßgebend (§ 14 Satz 3 GewStG).

Die hebeberechtigte Gemeinde wendet auf den Gewerbesteuermessbetrag den für die Gemeinde in der Haushaltssatzung festgelegten **Hebesatz** an (§ 16 Abs. 1 GewStG). Der Hebesatz beträgt gemäß § 16 Abs. 4 GewStG mindestens 200 %. Der Hebesatz kann für ein oder mehrere Kalenderjahre festgesetzt werden. Der sich nach Anwendung des Hebesatzes auf die Steuermesszahl ergebende Betrag stellt die Gewerbesteuer des Unternehmens für den Erhebungszeitraum (§ 18 GewStG) dar.

Der Steuerschuldner gemäß § 5 GewStG hat am 15. Februar, 15. Mai, 15. August und 15. November Vorauszahlungen zu entrichten. Die Vorauszahlungen sind der Höhe nach mit einem Viertel der Steuer zu leisten, die sich bei der letzten Veranlagung ergeben hat (§ 19 Abs. 2 GewStG). Die Gemeinden können die Höhe der Vorauszahlungen aufgrund veränderter Ertragsentwicklungen der Unternehmen anpassen.

Nach § 20 Abs. 1 GewStG werden die entrichteten Vorauszahlungen auf die Steuerschuld für den Erhebungszeitraum angerechnet. Ist die ermit-

Gewerbesteuerliche Aspekte

telte Gewerbesteuer höher als die Summe der anzurechnenden Vorauszahlungen, so ist die Abschlusszahlung innerhalb eines Monats nach Bekanntgabe des Steuerbescheides zu entrichten (§ 20 Abs. 2 GewStG). Im Umkehrschluss führt eine niedrigere Gewerbesteuer hinsichtlich des Unterschiedsbetrags zur Aufrechnung oder Zurückzahlung der bisher entrichteten Gewerbesteuervorauszahlungen. Die Vorauszahlungen entstehen mit Beginn des Kalendervierteljahres, in dem die Vorauszahlungen zu entrichten sind (§ 21 GewStG).

7. Umsatzsteuerliche Aspekte

Hier finden sich die Entwicklung der umsatzsteuerlichen Relevanz im Zusammenhang mit Vorsteuer und Umsatzsteuervoranmeldung sowie die Umsatzsteuererklärung.

7.1 Allphasen-Netto-Umsatzsteuersystem

Die Umsatzsteuer ist eine Netto-Allphasen-Umsatzsteuer mit Vorsteuerabzug, d. h. die Besteuerung findet grundsätzlich auf jeder Wirtschaftsstufe (Phase) statt. Die Umsatzsteuer ist eine Sachsteuer, das bedeutet persönliche Verhältnisse sind nicht zu berücksichtigen. Es handelt sich um eine Verkehrsteuer, da wirtschaftliche Verkehrsvorgänge (Umsätze) besteuert werden sowie eine indirekte Steuer, da Steuerschuldner (Unternehmer) und Steuerträger (Endverbraucher) nicht identisch sind. Jeder Unternehmer berechnet von der Produktion bis zum Verkauf an den Endverbraucher bzw. Konsumenten die Umsatzsteuer vom Nettoentgelt seiner Lieferung bzw. sonstigen Leistung und führt die Umsatzsteuer an das Finanzamt ab.

Der Leistungsempfänger (mit Ausnahme des Endverbrauchers) holt sich die Vorsteuer aus dem Einkauf bzw. der bezogenen Leistung vom Finanzamt wieder. Das bedeutet, dass jeder Unternehmer immer nur den Mehrwert (Differenz zwischen Netto-Verkaufspreis und Netto-Einkaufspreis) an das Finanzamt abführen und damit zahlen muss.

Steuergegenstand der USt ist gemäß § 1 UStG der steuerbare Umsatz. Nur die im § 1 Abs. 1 UStG abschließend aufgeführten Umsätze sind steuerbar;

- Lieferungen und sonstige Leistungen (§ 1 Abs.1 Nr.1 UStG)
- Einfuhr von Gegenständen im Inland (§ 1 Abs.1 Nr. 4 UStG)
- Innergemeinschaftlicher Erwerb (§ 1 Abs.1 Nr.5 UStG)

Steuersubjekt	Wer unterliegt der Steuer?	Unternehmer § 2 UStG Natürliche Personen und Endverbraucher
Steuergegenstand	Was wird besteuert?	Steuerbare Umsätze § 1 bis 3 UStG Steuerpflicht sofern keine Umsatzsteuerbefreiung nach § 4 UStG vorliegt
Bemessungsgrundlage	Worauf wird der Steuersatz angewendet?	Entgelt § 10 UStG
Tarif	Wie hoch ist die Steuer?	Steuersatz 7% bzw. 19% nach § 12 Abs. 1 UStG

Inland

Inland ist gemäß § 1 Abs. 2 Satz 1 UStG das Gebiet der Bundesrepublik Deutschland mit Ausnahme des Gebiets von Büsingen, der Insel Helgoland, der Freizonen des Kontrolltyps I nach § 1 Abs. 1 Satz 1 des Zollverwaltungsgesetzes (Freihäfen), der Gewässer und Watten zwischen der Hoheitsgrenze und der jeweiligen Strandlinie sowie der deutschen Schiffe und der deutschen Luftfahrzeuge in Gebieten, die zu keinem Zollgebiet gehören. Das umsatzsteuerliche Inland ist somit kleiner als das Staatsgebiet der Bundesrepublik Deutschland.

Gemeinschaftsgebiet

Das Gemeinschaftsgebiet umfasst gemäß § 1 Abs. 2a Satz 1 UStG das Inland und die Gebiete der übrigen Mitgliedstaaten der Europäischen Gemeinschaft, die nach dem Gemeinschaftsrecht als Inland dieser Mitgliedstaaten gelten (übriges Gemeinschaftsgebiet). In A 1. 10 Abs. 1 UStAE ist eine Aufzählung aller übrigen Mitgliedstaaten zu finden:
- Belgien
- Bulgarien
- Dänemark (ohne Grönland und die Färöer)
- Estland

Umsatzsteuerliche Aspekte

- Finnland (ohne die Åland-Inseln)
- Frankreich (ohne die überseeischen Departements Guadeloupe, Guyana, Martinique und Réunion und ohne die Inseln Saint-Martin und Saint-Barthélemy) zuzüglich des Fürstentums Monaco
- Griechenland (ohne Berg Athos)
- Irland
- Italien (ohne Livigno, Campione d'Italia, San Marino und den zum italienischen Hoheitsgebiet gehörenden Teil des Luganer Sees)
- Kroatien (seit 01.07.2013)
- Lettland
- Litauen
- Luxemburg
- Malta
- Niederlande (ohne das überseeische Gebiet Aruba und ohne die Inseln Curaçao, Sint Maarten, Bonaire, Saba und Sint Eustatius)
- Österreich
- Polen
- Portugal (einschließlich Madeira und der Azoren)
- Rumänien
- Schweden
- Slowakei
- Slowenien
- Spanien (einschließlich Balearen, ohne Kanarische Inseln, Ceuta und Melilla)
- Tschechien
- Ungarn
- Vereinigtes Königreich Großbritannien und Nordirland (ohne die überseeischen Länder und Gebiete und die Selbstverwaltungsgebiete der Kanalinseln Jersey und Guernsey) zuzüglich der Insel Man

- Zypern (ohne die Landesteile, in denen die Regierung der Republik Zypern keine tatsächliche Kontrolle ausübt) einschließlich der Hoheitszonen des Vereinigten Königreichs Großbritannien und Nordirland (Akrotiri und Dhekalia) auf Zypern

Ausland

Ausland ist nach § 1 Abs. 2 Satz 2 UStG das Gebiet, das nicht Inland ist.

Drittland

Drittlandsgebiet ist nach § 1 Abs. 2a Satz 3 UStG das Gebiet, das nicht Gemeinschaftsgebiet ist.

Umsatzsteuerliche Aspekte

7.2 Steuerbarkeit

Steuergegenstand der Umsatzsteuer ist gemäß § 1 UStG der steuerbare Umsatz. Nur die in § 1 Abs. 1 UStG abschließend aufgeführten Umsätze sind steuerbar:
- Lieferungen und sonstige Leistungen;
- Einfuhr von Gegenständen im Inland oder in den österreichischen Gebieten Jungholz und Mittelberg (Einfuhrumsatzsteuer);
- innergemeinschaftlicher Erwerb.

Der Umsatzsteuer unterliegen die Lieferungen und sonstigen Leistungen, die ein Unternehmer im Inland gegen Entgelt im Rahmen seines Unternehmens ausführt.

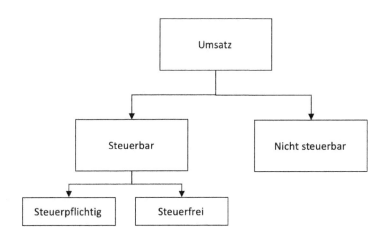

7.2.1 Unternehmereigenschaft im Rahmen des Unternehmens
Der umsatzsteuerliche Unternehmensbegriff des § 2 Abs. 1 UStG ist ein zentraler Begriff im Umsatzsteuerrecht und unterscheidet sich von der Auffassung des Einkommensteuerrechts. Das Einkommensteuerrecht (und auch das Körperschaftsteuerrecht) stellt darauf ab, wem Einkünfte wirtschaftlich zuzurechnen sind. Hier wird auf das nach außen hin nicht immer ersichtliche Innenverhältnis abgestellt.

Anders ist dies beim Umsatzsteuerrecht, bei dem es auf das Außenverhältnis ankommt, also wer nach außen hin unternehmerisch auftritt. Zum Unternehmen gehören sämtliche Betriebe oder berufliche Tätigkeiten desselben Unternehmers (A 2.7 Abs. 1 Satz 1 UStAE). Im Einkommensteuerrecht wird meist der Begriff „Betrieb" verwendet, während der Begriff „Unternehmen" eher umsatzsteuerrechtlich geprägt ist.

Zur umsatzsteuerlichen Behandlung als Unternehmer muss keine Gewinnerzielungsabsicht vorliegen. Unternehmer i. S. des § 2 Abs. 1 Satz 1 UStG ist, wer eine gewerbliche oder berufliche Tätigkeit selbständig ausübt. In diesem Zusammenhang muss untersucht werden, wer umsatzsteuerfähig ist, also Träger von Rechten und Pflichten im umsatzsteuerlichen Sinne sein kann.

Umsatzsteuerfähig können sein (siehe hierzu A 2.1 Abs. 1 UStAE):
- natürliche Personen,
- Personenzusammenschlüsse beispielsweise GbR, OHG oder KG,
- juristische Personen des privaten Rechts beispielsweise GmbH, AG, eingetragene Vereine und
- juristische Personen des öffentlichen Rechts wie Bund, Land und Kommune

Gemäß § 1 Abs. 2 Satz 3 UStG ist es *unerheblich*, ob der Unternehmer deutscher Staatsangehöriger ist, seinen Wohnsitz oder Sitz im Inland

Umsatzsteuerliche Aspekte

hat, im Inland eine Betriebsstätte unterhält, die Rechnung erteilt oder die Zahlung empfängt. Reine Innengesellschaften, beispielsweise eine stille Gesellschaft, können mangels Auftretens nach außen kein Unternehmer sein (A 2.1 Abs. 5 Satz 1 UStAE).

Eine gewerbliche oder berufliche Tätigkeit liegt nach § 2 Abs. 1 Satz 3 UStG vor, wenn die Tätigkeit nachhaltig zur Erzielung von *Einnahmen* ausgeübt wird. Eine Gewinnerzielungsabsicht muss nicht vorliegen. Nachhaltig ist eine Tätigkeit, wenn sie auf Dauer angelegt ist (A 2.3 Abs. 5 Satz 1 UStAE). Kriterien für die Nachhaltigkeit einer Tätigkeit sind aus diesem Grund beispielsweise (A 2.3 Abs. 5 Satz 4 UStAE):
- mehrjährige Tätigkeiten
- auf Wiederholung angelegte Tätigkeit beispielsweise bei Vermietung
- langfristige Duldung eines Eingriffs in den eigenen Rechtskreis
- Auftreten wie ein Händler
- Unterhalten eines Geschäftslokals.

Eine Tätigkeit wird nach allgemeiner Verkehrsauffassung selbständig ausgeübt, wenn sie auf eigene Rechnung und auf eigene Verantwortung ausgeübt wird (A 2.2. Abs. 1 Satz 1 UStAE). Anhaltspunkte für die Selbständigkeit sind beispielsweise:
- Schulden des Erfolgs und nicht der Arbeitskraft
- Unternehmerrisiko
- Unternehmerinitiative
- Unterhaltung eigener Geschäftsräume auf eigene Kosten
- Beschäftigung von Arbeitnehmern bzw. Subunternehmern
- keine geregelten Arbeitszeiten
- mehrere Auftraggeber

Das Unternehmen umfasst gemäß § 2 Abs. 1 Satz 2 UStG die gesamte gewerbliche oder berufliche Tätigkeit des Unternehmers (A 2.7 Abs. 1 Satz 1 UStAE)..

Der Umsatzsteuer unterliegen sämtliche Leistungen, die im Rahmen des Unternehmens erbracht werden (A 2.7 Abs. 2 UStAE). Dies hat zur Folge, dass auch Hilfs- und Nebengeschäfte zu berücksichtigen sind.

Durch § 2a UStG werden private Verbraucher als Unternehmer eingestuft, wenn diese im Inland ein neues Fahrzeug liefern, das bei der Lieferung in das übrige Gemeinschaftsgebiet gelangt. § 2a UStG betrifft somit folgende Personengruppen:
- Nichtunternehmer wie Privatpersonen, juristische Personen des öffentlichen Rechts oder sonstige Personenzusammenschlüsse, die nicht als Unternehmer tätig sind.
- Unternehmer, die nicht im Rahmen ihres Unternehmens liefern.
-

§ 2a UStG kommt nur zur Anwendung, wenn es sich um ein neues Fahrzeug handelt. Die entsprechende Definition findet sich in § 1b Abs. 2 und 3 UStG. Hiernach ist beispielsweise ein Pkw neu, wenn dieser nicht mehr als 6.000 km zurückgelegt hat oder wenn die Erstzulassung nicht älter als sechs Monate ist.

Kleinunternehmer i. S. des § 19 UStG können jedoch nicht Fahrzeuglieferer i. S. des § 2a UStG sein. Hier enthält § 19 Abs. 4 UStG eine eigene Anwendungsvorschrift.

Umsatzsteuerliche Aspekte

7.2.2 Lieferungen und sonstige Leistungen
Oberbegriff für die Lieferung im Sinne des § 1 Abs.1 UStG und die sonstige Leistung im Sinne des § 3 Abs.9 UStG ist die Leistung. Eine Leistung setzt regelmäßig ein willensgesteuertes Verhalten des Unternehmers voraus. Eine Lieferung liegt vor, wenn die Verfügungsmacht an einem Gegenstand verschafft wird. Voraussetzungen der Lieferungen sind somit:
- Gegenstand und
- Verschaffung der Verfügungsmacht.

Eine Lieferung liegt nach A 3.1 Abs. 1 UStAE vor, wenn die Verfügungsmacht an einem Gegenstand verschafft wird. Gegenstände i. S. des § 3 Abs. 1 UStG sind körperliche Gegenstände (Sachen nach § 90 BGB, Tiere nach § 90a BGB), Sachgesamtheiten und solche Wirtschaftsgüter, die im Wirtschaftsverkehr wie körperliche Sachen behandelt werden, z. B. Elektrizität, Wärme und Wasserkraft.

Die Verschaffung der Verfügungsmacht ist grundsätzlich mit dem Übergang des zivilrechtlichen Eigentums verbunden (A 3.1 Abs. 2 Satz 1 UStAE). Die Eigentumsübertragung erfolgt bei beweglichen Sachen regelmäßig durch Einigung und Übergabe (§ 929 Satz 1 BGB). Aber auch ohne Übertragung des zivilrechtlichen Eigentums kann im umsatzsteuerlichen Sinn die Verfügungsmacht verschafft werden (A 3.1 Abs. 2 Satz 4 UStAE). Das Umsatzsteuerrecht knüpft vielmehr an das wirtschaftliche Eigentum an (vgl. § 39 Abs. 2 Nr. 1 AO).

Entsprechendes gilt bei einer Lieferung unter Eigentumsvorbehalt. Dies bedeutet, dass die Lieferung i. S. des § 3 Abs. 1 UStG bereits mit Übergabe des Gegenstands ausgeführt ist, obwohl das zivilrechtliche Eigentum erst mit Zahlung des Kaufpreises übergeht (A 3.1 Abs. 3 Satz 4 UStAE).

Ort der Lieferung
Nur Lieferungen, deren Ort sich im Inland befindet, können gemäß § 1 Abs. 1 Nr. 1 UStG steuerbar sein. In diesem Zusammenhang werden folgende Fälle unterschieden:
- Beförderung durch den Unternehmer selbst, z. B. mit dem eigenen Lkw. Es gilt der Ort des Beginns der Beförderung (§ 3 Abs. 6 Sätze 1 und 2 UStG).
- Versendung durch einen selbständigen Beauftragten, z. B. mit der Post. Es gilt der Ort der Übergabe an den selbständigen Beauftragten (§ 3 Abs. 6 Sätze 1 und 3 UStG).
- Abholung durch den Abnehmer selbst, z. B. mit dem eigenen Pkw (= Beförderungsort) oder einen von ihm selbständigen Beauftragten (= Versendungsort).
- Übergabe (unbewegte Lieferung): Wird der Gegenstand der Lieferung nicht befördert, versendet oder abgeholt, gilt der Ort der Übergabe (= wo sich der Gegenstand im Zeitpunkt der Verschaffung der Verfügungsmacht befindet, § 3 Abs. 7 UStG). Es kommt nicht darauf an, wo die Verfügungsmacht verschafft wird.
- Einfuhrlieferung („verzollt und versteuert") bei einer Beförderung oder Versendung frei Haus = cif (cost, insurance, freight) aus dem Drittlandsgebiet ins Inland, und wenn der Lieferant die Einfuhrumsatzsteuer schuldet: Der Ort der Lieferung wird nach § 3 Abs. 8 UStG ins Inland verlegt (vgl. A 3.13 UStAE).

Lieferung im Reihengeschäft
Die Definition des Reihengeschäfts befindet sich in § 3 Abs. 6 Satz 5 UStG. Hiernach liegt ein Reihengeschäft vor, wenn mehrere Unternehmer über denselben Gegenstand Umsatzgeschäfte abschließen und der Gegenstand bei der Beförderung oder Versendung unmittelbar vom ersten Unternehmer an den letzten Abnehmer gelangt.

Umsatzsteuerliche Aspekte

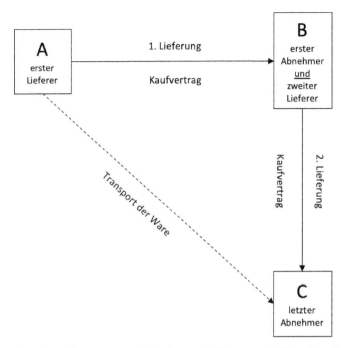

Die Warenbewegung bei einem Reihengeschäft selbst ist keine Lieferung, sondern nach § 3 Abs. 6 Satz 5 UStG einer Lieferung zuzuordnen (A 3.14 Abs. 2 Satz 2 UStAE). Entscheidend für die Zuordnung ist, ob die Ware durch den ersten Unternehmer (A), den letzten Unternehmer (C) oder den mittleren Unternehmer (B) befördert oder versendet wird. Beim Reihengeschäft gibt es immer nur eine einzige Beförderungs-/Versendungslieferung. Die andere Lieferung (ggf. auch mehrere) ist die unbewegte bzw. ruhende Lieferung (A 3.14 Abs. 2 Satz 4 UStAE).

Wird der Gegenstand durch den ersten Unternehmer (A) befördert oder versendet, ist seiner Lieferung an den ersten Abnehmer (B) die Beförderung oder Versendung zuzuordnen (§ 3 Abs. 6 Satz 1 UStG). Die Lieferung von B an C gilt als ruhende Lieferung, deren Ort gemäß § 3 Abs. 7 Satz 2 Nr. 2 UStG dort ist, wo die Lieferung endet.

Wird der Gegenstand durch den letzten Abnehmer (C) befördert oder versendet, ist die Beförderung oder Versendung der Lieferung des letzten Lieferers in der Reihe zuzuordnen. Die vorangehende Lieferung von (A) an (B) ist die ruhende Lieferung, deren Ort nach § 3 Abs. 7 Satz 2 Nr. 1 UStG dort ist, wo die Beförderung oder Versendung des Gegenstands beginnt.

Befördert oder versendet dagegen der mittlere Unternehmer (B) in der Reihe den Liefergegenstand, ist er gleichzeitig Abnehmer der vorangegangenen Lieferung, jedoch auch Lieferer. In diesem Fall ist nach § 3 Abs. 6 Satz 6 1. Halbsatz UStG die Beförderung oder Versendung der Lieferung dem Unternehmer zuzuordnen, d. h. die Lieferung des mittleren Unternehmers (B) ist grundsätzlich eine ruhende Lieferung. Der befördernde oder versendende Unternehmer kann jedoch anhand von Belegen, z. B. durch eine Auftragsbestätigung, das Doppel der Rechnung oder andere handelsübliche Belege und Aufzeichnungen nachweisen, dass er als Lieferer aufgetreten und die Beförderung oder Versendung dementsprechend seiner eigenen Lieferung zuzuordnen ist (§ 3 Abs. 6 Satz 6 2. Halbsatz UStG).

Umsatzsteuerliche Aspekte

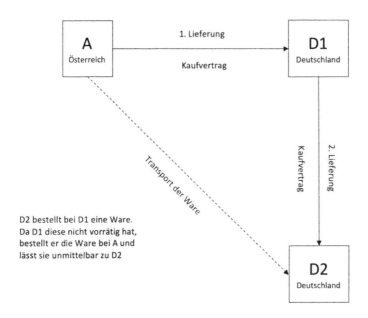

Wenn die Beteiligten keine besonderen Lieferklauseln vereinbart haben:
Es kann vom UStG abweichend vereinbart werden, wo bei einem Reihengeschäft der Ort der Lieferung sein soll.
Die Warenbewegung wird gemäß § 3 Abs. 6 Satz 6 UStG der Lieferung des A an D1 zugeordnet. Der Ort liegt bei A in Österreich (§ 3 Abs. 6 Satz 1 UStG) und ist dort bei Vorliegen der entsprechenden Voraussetzungen als innergemeinschaftliche Lieferung steuerfrei. D1 muss in Deutschland die Erwerbsbesteuerung durchführen und kann grundsätzlich die Vorsteuer geltend machen (§ 15 Abs. 1 Satz 1 Nr. 3 UStG). Die Lieferung von D1 an D2 ist eine ruhende Lieferung, die gemäß § 3 Abs. 7 Satz 2 Nr. 2 UStG am Ort des D2, also in Deutschland, ausgeführt wird.

Wenn D1 mit D2 eine „Lieferung frei Haus" und mit A eine „Lieferung ab Werk" vereinbart hat:
Die Warenbewegung wird gemäß § 3 Abs. 6 Satz 6 2. Halbsatz UStG der Lieferung von D1 an D2 zugeordnet, da D1 als Lieferer auftritt. Die bewegte Lieferung wird nach § 3 Abs. 6 Satz 1 UStG in Österreich ausgeführt. Nun unterliegt jedoch D2 der Erwerbsbesteuerung. Er kann grundsätzlich die Vorsteuer geltend machen (§ 15 Abs. 1 Satz 1 Nr. 3 UStG). Die Lieferung von A an D1 ist eine ruhende Lieferung, die gemäß § 3 Abs. 7 Satz 2 Nr. 1 UStG am Ort des A, also in Österreich, ausgeführt wird. Diese Lieferung ist nicht umsatzsteuerfrei.

Als besondere Form des innergemeinschaftlichen Reihengeschäfts gilt das innergemeinschaftliche Dreiecksgeschäft, vergleiche hierzu auch Kapitel 7.15.

Kommissionsgeschäft

Kommissionär ist nach § 383 Abs. 1 HGB, wer es gewerbsmäßig übernimmt, Waren oder Wertpapiere für Rechnung eines anderen (des Kommittenten) in eigenem Namen zu kaufen und/oder zu verkaufen. Der Kommissionär steht in einem doppelten Rechtsverhältnis. Mit dem Kommittenten verbindet ihn der Kommissionsvertrag, mit dem Dritten der Ausführungsvertrag. Der Kommissionär ist verpflichtet, das Geschäft mit der Sorgfalt eines ordentlichen Kaufmanns auszuführen (§ 384 Abs. 1 HGB) und dem Kommittenten das durch die Ausführung Erlangte herauszugeben (§ 384 Abs. 2 HGB). Gemäß § 3 Abs. 3 Satz 1 UStG liegt zwischen dem Kommittenten und dem Kommissionär eine Lieferung vor.

Umsatzsteuerliche Aspekte

Nach § 3 Abs. 3 Satz 2 UStG gilt bei der Verkaufskommission der Kommissionär und bei der Einkaufskommission der Kommittent als Abnehmer.

Gleichgestellte Lieferungen

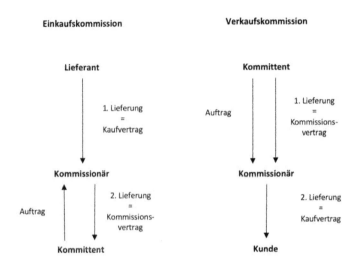

Gemäß § 3 Abs. 1b Satz 1 UStG werden folgende Vorgänge einer Lieferung gegen Entgelt gleichgestellt:
- Entnahme eines Gegenstands
- unentgeltliche Zuwendungen an das Personal
- jede andere unentgeltliche Zuwendung

Voraussetzung für die Gleichstellung ist, dass der Gegenstand oder seine Bestandteile zum vollen oder teilweisen Vorsteuerabzug berechtigt haben (§ 3 Abs. 1b Satz 2 UStG).

Entnahme eines Gegenstands
Sind jedoch z.B. an einem Pkw nach dem Erwerb Bestandteile eingebaut worden, die zum vollen Vorsteuerabzug geführt haben, unterliegen diese bei einer Entnahme der Umsatzbesteuerung (A 3.3 Abs. 2 Satz 2 UStAE).
Dienstleistungen wie z.B. Karosserie- und Lackarbeiten führen nicht zu Bestandteilen des Gegenstands. Aus Vereinfachungsgründen wird keine dauerhafte Werterhöhung des Gegenstands angenommen, wenn die vorsteuerentlasteten Aufwendungen für den Einbau von Bestandteilen 20 % der Anschaffungskosten des Gegenstands oder einen Betrag von 1.000 Euro nicht übersteigen (A 3.3 Abs. 4 Satz 1 UStAE).

Unentgeltliche Zuwendungen an das Personal
Wendet der Unternehmer seinem Personal als Vergütung für geleistete Dienste neben dem Barlohn auch einen Sachlohn zu, bewirkt der Unternehmer mit dieser Sachzuwendung eine umsatzsteuerbare Leistung, für die der Arbeitnehmer einen Teil seiner Arbeitsleistung als Gegenleistung aufwendet. Sachzuwendungen und sonstige Leistungen an das Personal für dessen privaten Bedarf sind nach § 3 Abs. 1b Satz 1 Nr. 2 UStG auch dann steuerbar, wenn sie unentgeltlich sind (vgl. A 3.3 Abs. 9 UStAE).
Keine steuerbaren Umsätze sind nach A 1.8 Abs. 2 Satz 7 UStAE Aufmerksamkeiten und Leistungen, die überwiegend durch das betriebliche Interesse des Arbeitgebers veranlasst sind. Zu diesen Aufmerksamkeiten rechnen nach A 1.8 Abs. 3 Satz 2 UStAE gelegentliche Sachzuwendungen bis zu einem Wert von 60 Euro, z. B. Blumen, Genussmittel, ein Buch oder ein Tonträger, die dem Arbeitnehmer oder seinen Angehörigen aus Anlass eines besonderen persönlichen Ereignisses zugewendet werden. Gleiches gilt für Getränke und Genussmittel, die der Arbeitgeber den Arbeitnehmern zum Verzehr im Betrieb unentgeltlich überlässt (A 1.8 Abs. 3 Satz 3 UStAE).

Umsatzsteuerliche Aspekte

Jede andere unentgeltliche Zuwendung

Gemäß § 3 Abs. 1b Satz 1 Nr. 3 UStG steht jede andere Zuwendung eines Gegenstands, mit der Ausnahme von Geschenken geringen Werts und Warenmuster für Zwecke des Unternehmens, einer Lieferung gegen Entgelt gleich. Geschenke von geringem Wert liegen nach A 3.3 Abs. 11 UStAE vor, wenn die Anschaffungs- oder Herstellungskosten der dem Empfänger im Kalenderjahr zugewendeten Gegenstände insgesamt 35 Euro (Nettobetrag ohne Umsatzsteuer) nicht übersteigen. Dies kann bei geringwertigen Werbeträgern (z. B. Kugelschreiber, Feuerzeuge, Kalender usw.) unterstellt werden.

Gemäß § 15 Abs. 1a Satz 1 UStG i. V. mit § 4 Abs. 5 Satz 1 Nr. 1 EStG ist der Vorsteuerabzug bei Geschenken von nicht geringem Wert ausgeschlossen. Hier kann folglich wegen § 3 Abs. 1b Satz 2 UStG kein Fall des § 3 Abs. 1b Satz 1 Nr. 3 UStG vorliegen. Aus diesem Grund muss vor der umsatzsteuerlichen Lösung die ertragsteuerliche Behandlung untersucht werden. Der Ort der unentgeltlichen Lieferung ist nach § 3f UStG dort, wo der Unternehmer sein Unternehmen betreibt.

Sonstige Leistungen

Sonstige Leistungen sind nach § 1 Abs.9 Satz1 UStG Leistungen, die keine Lieferung sind. Die sonstige Leistung stellt sich als willentliche Zuwendung eines wirtschaftlichen Vorteils dar, der nicht in der Verschaffung der Verfügungsmacht über einen Gegenstand besteht.

Als sonstige Leistungen kommen insbesondere in Betracht:
- Dienstleistungen
- Werkleistungen
- Beförderungsleistungen
- Vermittlungsleistungen
- Reiseleistungen
- Darlehensgewährungen
- Bewirtungen

Sonstige Leistungen können nach § 3 Abs. 9 Satz 2 UStG auch in einem Unterlassen oder im Dulden einer Handlung oder eines Zustandes bestehen.

Dulden ist die Hinnahme fremder Aktivitäten im eigenen Rechtskreis. Die Bestellung eines Nießbrauchs oder eines Erbbaurechts sind typische Duldungsleistungen (vgl. A 3.1 Abs. 4 Satz 3 UStAE).

Unterlassen ist der bewusste Verzicht auf die Vornahme eigener Handlungen. Dies kann beispielsweise beim Verzicht auf Wettbewerb bzw. auf die Ausübung einer gewerblichen Tätigkeit der Fall sein.

§ 3 Abs. 10 UStG regelt einen Sonderfall zur sonstigen Leistung: Überlässt ein Unternehmer einem Auftraggeber, der ihm einen Stoff zur Herstellung eines Gegenstands übergeben hat, anstelle des herzustellenden Gegenstands einen gleichartigen Gegenstand, wie er ihn in seinem Unternehmen aus solchem Stoff herzustellen pflegt, so gilt die Leistung des Unternehmers als Werkleistung, wenn das Entgelt für die Leistung nach Art eines Werklohns unabhängig vom Unterschied zwischen dem Marktpreis des empfangenen Stoffs und dem des überlassenen Gegenstands berechnet wird. Es liegt also eine sonstige Leistung vor, obwohl Gegenstände ausgetauscht werden.

Ort der sonstigen Leistung
Ab 1.1.2010 ist bei allen sonstigen Leistungen im Vorfeld zu klären, ob der Leistungsempfänger Unternehmer ist oder nicht. Handelt es sich bei dem Leistungsempfänger um einen Unternehmer, ist grundsätzlich das Bestimmungslandprinzip anzuwenden. Das bedeutet, dass die Leistung an dem Ort erbracht wird, an dem der Leistungsempfänger seinen Sitz oder seine Betriebsstätte hat (§ 3a Abs. 2 UStG). Den Unternehmern gleichgestellt werden nach § 3a Abs. 2 Satz 3 UStG juristische Personen

Umsatzsteuerliche Aspekte

des öffentlichen Rechts, wenn sie nicht unternehmerisch tätig sind, aber eine Umsatzsteuer-Identifikationsnummer besitzen. Werden sonstige Leistungen an Privatpersonen erbracht, sind diese grundsätzlich an dem Ort steuerbar, an dem der leistende Unternehmer sein Unternehmen betreibt (Sitzortprinzip).

Von den dargestellten Grundsätzen der Ortsbestimmung gibt es seit 1.1.2010 folgende Ausnahmen:

Grundstücksbezogene Leistungen
Für den Ort einer sonstigen Leistung – einschließlich Werkleistung – im Zusammenhang mit einem Grundstück ist die Lage des Grundstücks entscheidend (§ 3a Abs. 3 Nr. 1 UStG). Zu einem Grundstück gehören auch dessen wesentlichen Bestandteile (§ 94 BGB), selbst wenn sie ertragsteuerlich selbständige Wirtschaftsgüter sind. Auch sonstige Leistungen an Scheinbestandteilen (§ 95 BGB) stehen im Zusammenhang mit einem Grundstück. Ein Gebäude ist beispielsweise Scheinbestandteil, wenn es nach Beendigung eines Pachtvertrages vom Grundstück entfernt werden muss. Dies gilt jedoch nicht für sonstige Leistungen am Zubehör (§ 97 BGB).

Die sonstige Leistung muss in engem Zusammenhang mit dem Grundstück stehen. Dieser ist gegeben, wenn sich die sonstige Leistung nach den tatsächlichen Umständen überwiegend auf die Bebauung, Verwertung, Nutzung oder Unterhaltung des Grundstücks selbst bezieht.

Zu den sonstigen Leistungen im Zusammenhang mit der Veräußerung oder dem Erwerb von Grundstücken (§ 3a Abs. 3 Nr. 1 Satz 2 Buchst. b UStG) gehören die sonstigen Leistungen der Grundstücksmakler und Grundstückssachverständigen sowie der Notare bei der Beurkundung von Grundstückskaufverträgen und anderen Verträgen, die auf die Veränderung von Rechten an einem Grundstück gerichtet sind und deshalb zwingend einer notariellen Beurkundung bedürfen, z. B. Bestellung einer Grundschuld.

Zu den sonstigen Leistungen, die der Erschließung von Grundstücken oder der Vorbereitung oder der Ausführung von Bauleistungen dienen (§ 3a Abs. 3 Nr. 1 Satz 2 Buchst. c UStG), gehören z. B. die Leistungen der Architekten, Bauingenieure, Vermessungsingenieure, Bauträgergesellschaften, Sanierungsträger sowie der Unternehmer, die Abbruch- und Erdarbeiten ausführen. Dazu gehören ferner Leistungen zum Aufsuchen oder Gewinnen von Bodenschätzen. In Betracht kommen Leistungen aller Art, die sonstige Leistungen sind. Die Vorschrift erfasst auch die Begutachtung von Grundstücken.

Kurzfristige Vermietung von Beförderungsmitteln
Die Ortsbestimmung des § 3a Abs. 3 Nr. 2 UStG gilt für die kurzfristige Vermietungsleistung von Beförderungsmitteln sowohl an Nichtunternehmer als auch an Unternehmer und diesen gleichgestellten juristischen Personen. Der Ort bei der kurzfristigen Vermietung eines Beförderungsmittels ist regelmäßig der Ort, an dem das Beförderungsmittel dem Leistungsempfänger tatsächlich zur Verfügung gestellt wird und damit der Ort, an dem das Beförderungsmittel dem Leistungsempfänger übergeben wird. Eine kurzfristige Vermietung liegt vor, wenn die Vermietung über einen ununterbrochenen Zeitraum von nicht mehr als 30 Tagen bei Beförderungsmitteln (A 3a.5 Abs. 2 UStAE) und nicht mehr als 90 Tagen bei Wasserfahrzeugen erfolgt.
Werden Beförderungsmittel langfristig vermietet, bestimmt sich der Leistungsort bei der Vermietung an Nichtunternehmer nach § 3a Abs. 3 Nr. 2 Satz 3 UStG (Sitzortprinzip) und bei der Vermietung an Unternehmer für deren Unternehmen oder an eine einem Unternehmer gleichgestellte juristische Person nach § 3a Abs. 2 UStG (Empfängerortprinzip).

Umsatzsteuerliche Aspekte

Tätigkeitsort

Die Regelung des § 3a Abs. 3 Nr. 3 UStG gilt nur für sonstige Leistungen, die im Gegensatz zum Unterlassen und Dulden in einem positiven Tun bestehen. Bei diesen Leistungen bestimmt sich der Leistungsort nach dem Ort, an dem die sonstige Leistung tatsächlich bewirkt wird. Der Ort, an dem der Erfolg eintritt oder die sonstige Leistung sich auswirkt, ist ohne Bedeutung. Dabei kommt es nicht entscheidend darauf an, wo der Unternehmer, z. B. Künstler, im Rahmen seiner Gesamttätigkeit überwiegend tätig wird, vielmehr ist der jeweilige Umsatz zu betrachten. Es ist nicht erforderlich, dass der Unternehmer im Rahmen einer Veranstaltung tätig wird. § 3a Abs. 3 Nr. 3 Buchst. b UStG gilt sowohl für sonstige Leistungen an Nichtunternehmer als auch an Unternehmer und diesen gleichgestellte juristische Personen.

Bei der Abgabe von Speisen und Getränken zum Verzehr an Ort und Stelle (Restaurationsleistung) richtet sich der Leistungsort nach dem Ort, an dem diese Leistung tatsächlich erbracht wird (§ 3a Abs. 3 Nr. 3 Buchst. b UStG). Die Ortsregelung gilt nicht für Restaurationsleistungen an Bord eines Schiffs, in einem Luftfahrzeug oder in einer Eisenbahn während einer Beförderung im Inland oder im übrigen Gemeinschaftsgebiet. In diesen Fällen bestimmt sich der Leistungsort nach § 3e UStG. Bei Arbeiten an beweglichen körperlichen Gegenständen und bei der Begutachtung dieser Gegenstände für Nichtunternehmer bestimmt sich der Leistungsort nach dem Ort, an dem der Unternehmer tatsächlich die Leistung ausführt (§ 3a Abs. 3 Nr. 3 Buchst. c UStG). Ist der Leistungsempfänger ein Unternehmer oder eine diesem gleichgestellte juristische Person, richtet sich der Leistungsort nach § 3a Abs. 2 UStG (Empfängerortprinzip).

Als Arbeiten an beweglichen körperlichen Gegenständen sind insbesondere Werkleistungen (§ 3 Abs. 10 UStG) in Gestalt der Bearbeitung oder

Verarbeitung von beweglichen körperlichen Gegenständen anzusehen. Hierzu ist grundsätzlich eine Veränderung des beweglichen Gegenstands erforderlich. Wartungsleistungen an Anlagen, Maschinen und Kraftfahrzeugen können auch als Werkleistungen angesehen werden.

Vermittlungsleistungen
Der Leistungsort einer Vermittlungsleistung bestimmt sich nur bei Leistungen an Nichtunternehmer nach § 3a Abs. 3 Nr. 4 UStG. Hiernach ist der Ort derjenige, an dem der vermittelte Umsatz als ausgeführt gilt.
Bei Leistungen an einen Unternehmer oder an eine gleichgestellte juristische Person richtet sich der Leistungsort nach § 3a Abs. 2 UStG, es gilt also das Empfängerortprinzip.

Katalogleistungen
Bei der Bestimmung des Leistungsorts für die in § 3a Abs. 4 Satz 2 UStG bezeichneten Leistungen sind folgende Fälle zu unterscheiden:
1. Ist der Empfänger der sonstigen Leistung ein *Nichtunternehmer* und hat er seinen Wohnsitz oder Sitz *außerhalb* des Gemeinschaftsgebiets, wird die sonstige Leistung dort ausgeführt, wo der Empfänger seinen Wohnsitz oder Sitz hat (§ 3a Abs. 4 Satz 1 UStG).
2. Ist der Empfänger der sonstigen Leistung ein *Nichtunternehmer* und hat er seinen Wohnsitz oder Sitz *innerhalb* des Gemeinschaftsgebiets, wird die sonstige Leistung dort ausgeführt, wo der leistende Unternehmer sein Unternehmen betreibt. Insoweit verbleibt es bei der Regelung des § 3a Abs. 1 UStG.
3. Ist der Empfänger der sonstigen Leistung ein *Unternehmer* oder eine einem Unternehmer gleichgestellte juristische Person, wird die sonstige Leistung dort ausgeführt, wo der Empfänger sein Unternehmen betreibt bzw. die juristische Person ihren Sitz hat (§ 3a Abs. 2 UStG).

Umsatzsteuerliche Aspekte

Nutzung und Auswertung bestimmter sonstiger Leistungen im Inland

Die Sonderregelung des § 3a Abs. 6 UStG betrifft sonstige Leistungen, die von einem im Drittlandsgebiet ansässigen Unternehmer oder von einer dort belegenen Betriebsstätte erbracht und im Inland genutzt oder ausgewertet werden. Die Ortsbestimmung richtet sich nur bei der kurzfristigen Vermietung eines Beförderungsmittels an Unternehmer und gleichgestellte juristische Personen oder an Nichtunternehmer und bei langfristiger Vermietung an Nichtunternehmer nach § 3a Abs. 6 Satz 1 Nr. 1 UStG. § 3a Abs. 6 Satz 1 Nr. 2 UStG gilt nur für sonstige Leistungen an im Inland ansässige juristische Personen des öffentlichen Rechts, Die Leistungen eines Aufsichtsratsmitgliedes werden am Sitz der Gesellschaft genutzt oder ausgewertet. Sonstige Leistungen, die der Werbung oder der Öffentlichkeitsarbeit dienen, werden dort genutzt oder ausgewertet, wo die Werbung oder Öffentlichkeitsarbeit wahrgenommen werden soll. Wird eine sonstige Leistung sowohl im Inland als auch im Ausland genutzt oder ausgewertet, ist darauf abzustellen, wo die Leistung überwiegend genutzt oder ausgewertet wird.

Kurzfristige Fahrzeugvermietung zur Nutzung im Drittlandsgebiet

Die Sonderregelung des § 3a Abs. 7 UStG betrifft ausschließlich die kurzfristige Vermietung eines Schienenfahrzeugs, eines Kraftomnibusses oder eines ausschließlich zur Güterbeförderung bestimmten Straßenfahrzeugs, die an einen im Drittlandsgebiet ansässigen Unternehmer oder an eine dort belegene Betriebsstätte eines Unternehmers erbracht wird. Das Fahrzeug muss für dessen Unternehmen bestimmt sein und im Drittlandsgebiet auch tatsächlich genutzt werden. Wird eine sonstige Leistung sowohl im Inland als auch im Drittlandsgebiet genutzt, ist darauf abzustellen, wo die Leistung überwiegend genutzt wird.

Dienstleistungskommission

Wird ein Unternehmer (Auftragnehmer) in die Erbringung einer sonstigen Leistung eingeschaltet und handelt er dabei im eigenen Namen und für fremde Rechnung (Dienstleistungskommission), gilt diese sonstige Leistung als an ihn und von ihm erbracht (§ 3 Abs. 11 UStG, A 3.15 Abs. 1 Satz 1 UStAE). Dabei wird eine Leistungskette fingiert. Sowohl bei einer Leistungseinkaufs- als auch bei einer Leistungsverkaufskommission liegen jeweils zwei sonstige Leistungen vor, die zum selben Zeitpunkt erbracht werden (A 3.15 Abs. 2 Satz 2 UStAE).

Gleichgestellte sonstige Leistungen

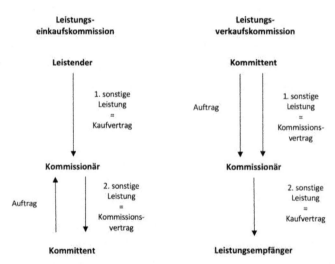

Gemäß § 3 Abs. 9a UStG werden einer sonstigen Leistung gegen Entgelt folgende Tatbestände gleichgestellt:
- die Verwendung eines dem Unternehmen zugeordneten Gegenstands, der zum vollen oder teilweisen Vorsteuerabzug berechtigt

Umsatzsteuerliche Aspekte

hat, durch einen Unternehmer für Zwecke, die außerhalb des Unternehmens liegen, oder für den privaten Bedarf seines Personals, sofern keine Aufmerksamkeiten vorliegen;
- die unentgeltliche Erbringung einer anderen sonstigen Leistung durch den Unternehmer für Zwecke, die außerhalb des Unternehmens liegen, oder für den privaten Bedarf seines Personals, sofern keine Aufmerksamkeiten vorliegen.

Der Ort der unentgeltlichen sonstigen Leistung bestimmt sich nach § 3f UStG und ist dort, wo der Unternehmer sein Unternehmen betreibt.

Einheitlichkeit der Leistung
Ein wichtiger umsatzsteuerlicher Grundsatz ist (vgl. A 3. 10 Abs. 5 Satz 1 UStAE):
„Nebenleistungen teilen das Schicksal der Hauptleistung."
Typische Nebenleistungen sind Verpackungs- oder Versandkosten. Die Verpflegung von Hotelgästen ist andererseits keine Nebenleistung zur Übernachtungsleistung.

Gemäß A 3. 11 Abs. 2 Satz 1 UStAE ist eine Kreditgewährung nur dann eine gesonderte Leistung, wenn eine eindeutige Trennung zwischen dem Kreditgeschäft und der Lieferung bzw. sonstigen Leistung vorliegt. Ist die Kreditgewährung als eigenständige Leistung zu beurteilen, ist sie nach § 4 Nr. 8 Buchst. a UStG steuerfrei. Voraussetzung hierfür ist allerdings, dass die Vereinbarung über die Kreditgewährung gesondert getroffen wurde, der Jahreszins für die Kreditgewährung angegeben ist und dass die Entgelte für beide Leistungen gesondert abgerechnet werden (A 3. 11 Abs. 2 Satz 2 UStAE).

7.2.3 Einfuhr von Gegenständen aus dem Drittland

Gemäß § 1 Abs. 1 Nr. 4 UStG ist die Einfuhr von Gegenständen im Inland oder in den österreichischen Gebieten Jungholz und Mittelberg steuerbar. Sie unterliegt der **Einfuhrumsatzsteuer**, die Teil der Umsatzsteuer ist. Hierdurch soll eine Gleichstellung der Importwaren mit den vergleichbaren inländischen Erzeugnissen erreicht werden. Die entrichtete Einfuhrumsatzsteuer kann ebenso wie die Umsatzsteuer im Unternehmensbereich als Vorsteuer geltend gemacht werden (§ 15 Abs. 1 Nr. 2 UStG).

Die Bestimmung des Ortes der Lieferungen finden Sie in Kapitel 7.2.2.

7.2.4 Innergemeinschaftlicher Erwerb

Gemäß § 1 Abs. 1 Nr. 5 UStG ist der innergemeinschaftliche Erwerb im Inland gegen Entgelt steuerbar. Tatbestandsmerkmale für die Steuerbarkeit sind nach § 1a UStG:

1. Ein Gegenstand gelangt bei einer Lieferung an den Abnehmer (Erwerber) aus dem Gebiet eines Mitgliedstaates in das Gebiet eines anderen Mitgliedstaates oder aus dem übrigen Gemeinschaftsgebiet in die in § 1 Abs. 3 UStG bezeichneten Gebiete, auch wenn der Lieferer den Gegenstand in das Gemeinschaftsgebiet eingeführt hat,
2. der Erwerber ist ein Unternehmer, der den Gegenstand für sein Unternehmen erwirbt, oder eine juristische Person, die nicht Unternehmer ist oder die den Gegenstand nicht für ihr Unternehmen erwirbt, und
3. die Lieferung an den Erwerber wird durch einen Unternehmer gegen Entgelt im Rahmen seines Unternehmens ausgeführt und ist nach dem Recht des Mitgliedstaates, der für die Besteuerung des Lieferers zuständig ist, nicht aufgrund der Sonderregelung für Kleinunternehmer steuerfrei.

Umsatzsteuerliche Aspekte

Die Unternehmereigenschaft der Beteiligten und die Frage, ob der Erwerber den Gegenstand für seinen Unternehmensbereich erwirbt, lässt sich danach bestimmen, ob beide Unternehmer eine USt-IdNr. verwenden. Verwendet ein inländischer Erwerber beim Einkauf in einem EU-Mitgliedstaat keine USt-IdNr., so bringt er zum Ausdruck, dass er den Gegenstand nicht für sein Unternehmen erwirbt. In diesem Fall hat der ausländische Lieferer den Gegenstand zu versteuern und den Bruttowert mit Umsatzsteuer in Rechnung zu stellen.

Der Ort des innergemeinschaftlichen Erwerbs ist nach § 3d Satz 1 UStG dort, wo sich der Gegenstand am Ende der Beförderung oder Versendung befindet. Dies führt regelmäßig zu einer Besteuerung im Bestimmungsland. Eine Warenbewegung von einem Mitgliedstaat in einen anderen Mitgliedstaat ist gegeben, wenn der Liefergegenstand entweder von dem Lieferer oder dem Abnehmer oder von einem beauftragten Dritten innergemeinschaftlich befördert oder versendet wird. Ein innergemeinschaftlicher Erwerb liegt auch dann vor, wenn der Liefergegenstand auf dem Wege von einem zum anderen Mitgliedstaat über ein Drittland befördert wird. Wird vom Leistungsempfänger die USt-IdNr. eines anderen Staates verwendet, das nicht mit dem Bestimmungsland identisch ist, so ist der innergemeinschaftliche Erwerb zusätzlich in dem Staat zu versteuern, dessen USt-IdNr. verwendet wurde (§ 3d Satz 2 UStG).

Gemäß § 1a Abs. 2 UStG gilt als innergemeinschaftlicher Erwerb auch das Verbringen eines Gegenstands des Unternehmens aus dem übrigen Gemeinschaftsgebiet in das Inland durch den Unternehmer zu seiner Verfügung, soweit dies nicht nur zu einer vorübergehenden Verwendung geschieht.

Schwellenerwerber

So genannte Schwellenerwerber unterliegen grundsätzlich nur dann der Erwerbsbesteuerung, wenn die innergemeinschaftlichen Erwerbe einen bestimmten Umfang überschreiten oder wenn zur Erwerbsbesteuerung optiert wurde. Schwellenerwerber sind nach § 1a Abs. 3 UStG:
- Unternehmer, die nur steuerfreie Umsätze ausführen, die den Vorsteuerabzug ausschließen
- Kleinunternehmer
- durchschnittsbesteuernde Land- und Forstwirte
- juristische Personen, die nicht Unternehmer sind oder die betreffenden Gegenstände nicht für ihr Unternehmen erwerben

Diese Personen hatten bis zum 31.12.2010 innergemeinschaftliche Erwerbe nur zu versteuern, soweit die Erwerbsschwelle von 12.500 Euro überschritten wurde.soweit diese Grenze nicht überschritten wurde, konnten die Schwellenerwerber zur Erwerbsbesteuerung optieren. An diese Option, die weder einer bestimmten Form noch Frist bedarf, ist der Unternehmer zwei Jahre gebunden.

Seit dem 1.1.2011 wird der Verzicht durch die Verwendung einer dem Unternehmer erteilten USt-IdNr. geregelt (§ 1a Abs. 4 UStG). Dieses Verfahren wurde dadurch ermöglicht, dass sich seit dem 1.1.2010 auch die oben genannten Unternehmer vom Bundeszentralamt für Steuern eine Steuernummer erteilen lassen können (§ 27a Abs. 1 Satz 2 UStG).

Umsatzsteuerliche Aspekte

7.3 Steuerbefreiungen

7.3.1 Wesentliche Steuerbefreiungen

Ist ein Umsatz steuerbar, muss untersucht werden, ob er steuerfrei ist. Die Steuerbefreiungen lassen sich in drei Hauptgruppen einteilen:
1. Steuerbefreiungen, die zum Vorsteuerabzug berechtigen („echte" Steuerbefreiungen)
2. Steuerbefreiungen, die nicht zum Vorsteuerabzug berechtigen („unechte" Steuerbefreiungen)
3. Steuerbefreiungen mit Optionsmöglichkeit nach § 9 UStG.

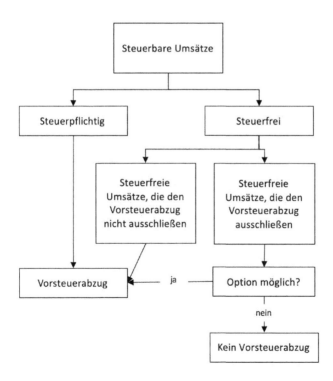

1. Steuerbefreiungen, die zum Vorsteuerabzug berechtigen ("echte" Steuerbefreiungen): Ausfuhrlieferungen und Lohnveredelungen an Gegenständen der Ausfuhr

Gemäß § 4 Nr. 1 Buchst. a UStG sind Ausfuhrlieferungen von der Umsatzsteuer befreit.

Eine Ausfuhrlieferung liegt gemäß § 6 Abs. 1 Nr. 1 UStG vor, wenn bei einer Lieferung der Unternehmer den Gegenstand der Lieferung in das Drittlandsgebiet (ausgenommen Gebiete nach § 1 Abs. 3 UStG) befördert oder versendet hat. Es ist lediglich entscheidend, dass der liefernde Unternehmer den Gegenstand in das Drittlandsgebiet außerhalb der in § 1 Abs. 3 UStG bezeichneten Gebiete befördert oder versendet, der Status des Abnehmers ist irrelevant. Es spielt also keine Rolle, ob der Abnehmer ein ausländischer Abnehmer i. S. des § 6 Abs. 2 UStG ist.

Nach § 6 Abs. 1 Satz 1 Nr. 2 UStG liegt ebenfalls eine Ausfuhrlieferung vor, wenn der Abnehmer den Gegenstand der Lieferung in das Drittlandsgebiet (ausgenommen Gebiete nach § 1 Abs. 3 UStG) befördert oder versendet hat und es sich um einen ausländischen Abnehmer handelt. Es ist hier also *nicht nur* entscheidend, dass der Abnehmer den Gegenstand in das Drittlandsgebiet außerhalb der in § 1 Abs. 3 UStG bezeichneten Gebiete befördert oder versendet, sondern auch, dass es sich um einen ausländischen Abnehmer handelt.

Ausländischer Abnehmer ist nach § 6 Abs. 2 Satz 1 UStG:
- ein Abnehmer, der seinen Wohnort oder Sitz im Ausland hat (ausgenommen die in § 1 Abs. 3 UStG bezeichneten Gebiete), oder
- eine Zweigniederlassung eines im Inland oder in den in § 1 Abs. 3 UStG bezeichneten Gebieten ansässigen Unternehmers hat, die ihren Sitz im Ausland (ausgenommen die bezeichneten Gebiete) wenn sie das Umsatzgeschäft im eigenen Namen abgeschlossen hat.

Umsatzsteuerliche Aspekte

Wer ausländischer Abnehmer ist, bestimmt sich bei einer natürlichen Person alleine nach ihrem Wohnort. Es ist unbeachtlich, welche Staatsangehörigkeit der Abnehmer hat. Wohnort ist nach A 6.3 Abs. 2 Satz 3 UStAE der Ort, an dem der Abnehmer für längere Zeit Wohnung genommen hat und der nicht nur aufgrund subjektiver Willensentscheidung, sondern auch bei objektiver Betrachtung als der örtliche Mittelpunkt seines Lebens anzusehen ist.

Der Begriff des Wohnorts ist nicht mit den in §§ 8 und 9 AO verwendeten Begriffen des Wohnsitzes und des gewöhnlichen Aufenthalts inhaltsgleich. Eine Wohnsitzbegründung im Inland und im Ausland ist gleichzeitig möglich; dagegen kann ein Abnehmer jeweils nur einen Wohnort i. S. des § 6 Abs. 2 Satz 1 Nr. 1 UStG haben (A 6.3 Abs. 2 Satz 5 UStAE). Nach § 11 AO hat eine Körperschaft, Personenvereinigung oder Vermögensmasse ihren Sitz an dem Ort, der durch Gesetz, Gesellschaftsvertrag, Satzung oder dergleichen bestimmt ist.

Gemäß § 6 Abs. 1 Satz 1 Nr. 3 UStG liegt eine steuerfreie Ausfuhrlieferung vor, wenn der Unternehmer oder der Abnehmer den Gegenstand der Lieferung in die in § 1 Abs. 3 UStG bezeichneten Gebiete befördert oder versendet hat. Der Abnehmer muss entweder
- ein Unternehmer sein, der den Gegenstand für sein Unternehmen erworben hat und dieser nicht ausschließlich oder nicht zum Teil für eine nach § 4 Nr. 8 bis 27 UStG steuerfreie Tätigkeit verwendet werden soll, oder
- ein ausländischer Abnehmer, aber kein Unternehmer sein und der Gegenstand muss in das übrige Drittlandsgebiet gelangen.

Durch § 6 Abs. 1 Satz 1 Nr. 3 UStG soll ein steuerfreier Endverbrauch durch einen im Gemeinschaftsgebiet oder im Gebiet nach § 1 Abs. 3 UStG ansässigen Unternehmer oder Nichtunternehmer vermieden werden.

Nach § 6 Abs. 1 Satz 2 UStG ist es für das Vorliegen einer steuerfreien Ausfuhrlieferung unschädlich, wenn der Gegenstand der Lieferung durch Beauftragte des Abnehmers vor der Ausfuhr im Inland oder in einem anderen EU-Mitgliedstaat be- oder verarbeitet worden ist. Hauptanwendungsfall sind Konstellationen, in denen ein ausländischer Abnehmer im Inland Rohmaterial erwirbt, es im Inland verarbeiten lässt und dann in ein Drittland ausführt.

Innergemeinschaftliche Lieferungen
Gemäß § 4 Nr. 1 Buchst. b UStG i. V. mit § 6a UStG sind innergemeinschaftliche Lieferungen umsatzsteuerfrei. Nach § 6a Abs. 1 UStG liegt diese vor, wenn bei einer Lieferung die folgenden Voraussetzungen erfüllt sind:
1. Der Unternehmer oder der Abnehmer hat den Gegenstand der Lieferung in das übrige Gemeinschaftsgebiet befördert oder versendet,
2. der Abnehmer ist entweder ein Unternehmer, der den Gegenstand der Lieferung für sein Unternehmen erworben hat, oder eine juristische Person, die nicht Unternehmer ist oder die den Gegenstand der Lieferung nicht für ihr Unternehmen erworben hat, bzw. bei der Lieferung eines neuen Fahrzeugs auch jeder andere Erwerber und
3. der Erwerb des Gegenstands der Lieferung unterliegt beim Abnehmer in einem anderen Mitgliedstaat den Vorschriften der Umsatzbesteuerung.

Entscheidend für die Steuerbefreiung ist, dass der Abnehmer in seinem Mitgliedstaat die Erwerbsbesteuerung durchführt. Es lässt sich folgende Regel aufstellen:
I

Umsatzsteuerliche Aspekte

nnergemeinschaftliche Lieferung = innergemeinschaftlicher Erwerb
Nach § 6a Abs. 1 Satz 1 Nr. 2 Buchst. c UStG liegt bei der Lieferung eines neuen Fahrzeugs, das in das übrige Gemeinschaftsgebiet gelangt, stets eine steuerfreie Lieferung vor. Dies ist dadurch begründet, dass der Erwerber im anderen Mitgliedstaat analog zu § 1b UStG die Besteuerung durchzuführen hat.

Nach § 6a Abs. 1 Satz 2 UStG kann der Gegenstand der Lieferung durch Beauftragte des Abnehmers vor der Beförderung oder Versendung in das übrige Gemeinschaftsgebiet bearbeitet oder verarbeitet worden sein. Betroffen sind vor allem Fälle, in denen ein Unternehmer im Inland Rohmaterial einkauft und es vor der Ausfuhr in das übrige Gemeinschaftsgebiet bearbeiten oder verarbeiten lässt.

2. Steuerbefreiungen, die nicht zum Vorsteuerabzug berechtigen („unechte" Steuerbefreiungen)

Bei den Steuerbefreiungen des § 4 Nr. 8 bis 28 UStG ist der Vorsteuerabzug grundsätzlich ausgeschlossen – siehe hierzu § 15 Abs. 2 UStG. Hauptanwendungsfälle sind:
- Umsätze, die unter das Grunderwerbsteuergesetz fallen nach § 4 Nr. 9 Buchst. a UStG
- Versicherungsleistungen nach § 4 Nr. 10 UStG
- Leistungen eines Versicherungsvertreters nach § 4 Nr. 11 UStG
- Vermietung und Verpachtung von Grundstücken nach § 4 Nr. 12 Buchst. a UStG
- Leistungen der Humanmedizin nach § 4 Nr. 14 UStG
- ehrenamtliche Tätigkeiten nach § 4 Nr. 26 UStG
- Hilfsgeschäfte zu den genannten Umsätzen nach § 4 Nr. 28 UStG

3. Steuerbefreiungen mit Optionsmöglichkeit nach § 9 UStG
Der Unternehmer kann einen Umsatz, der nach § 4 Nr. 8a-g, Nr. 9a, Nr. 12, Nr. 13 oder Nr. 19 UStG steuerfrei ist, als steuerpflichtig behandeln, wenn der Umsatz an einen anderen Unternehmer für dessen Unternehmen ausgeführt wird.

7.3.2 Verzicht auf Steuerbefreiungen
Bei manchen steuerfreien Umsätzen ist ein Verzicht auf die Steuerbefreiung möglich. Dies hat den Hintergrund, dass grundsätzlich kein Vorsteuerabzug möglich ist, wenn umsatzsteuerfreie Leistungen erbracht werden.

Umsätze, bei denen ein Verzicht auf die Steuerbefreiung – die sog. Option – möglich ist, sind in § 9 Abs. 1 UStG abschließend aufgezählt. Voraussetzung ist, dass ein Unternehmer den Umsatz an einen anderen Unternehmer für dessen Rechnung ausführt.

Die Option ist insbesondere bei Umsätzen, die unter das Grunderwerbsteuergesetz fallen und bei der Vermietung und Verpachtung von Grundstücken möglich. In Fällen der Vermietung und Verpachtung ist es jedoch erforderlich, dass der Empfänger der Leistung den Gegenstand für Umsätze verwendet bzw. beabsichtigt zu verwenden, die den Vorsteuerabzug nicht ausschließen.

Umsatzsteuerliche Aspekte

7.4 Bemessungsgrundlage für das Entgelt

Die Bemessungsgrundlage ist der Betrag, auf den der Steuersatz angewendet wird, also der Nettobetrag ohne Umsatzsteuer.

Die Bemessungsgrundlage richtet sich nach der Umsatzart:
Lieferungen und sonstige Leistungen nach § 10 Abs. 1 UStG
Entgelt ist alles, was der Leistungsempfänger aufwendet, um die Leistung zu erhalten. Der bürgerlich-rechtliche Kaufpreis ist ein Bruttobetrag; er muss umgerechnet werden in einen Nettobetrag.

Unentgeltliche Wertabgabe nach § 10 Abs. 4 Nr. 1 bis 3 UStG
Die Bemessungsgrundlage bestimmt sich nach der Form der Wertabgabe jeweils zum Zeitpunkt des Umsatzes. Bei einer Gegenstandsabgabe ergibt sich der Wert aus Wiederbeschaffungspreis zuzüglich Nebenkosten bzw. Selbstkosten. Bei einer Leistungsabgabe handelt es sich bei der Bemessungsgrundlage um die angefallenen Kosten.

Die Mindestbemessungsgrundlage nach § 10 Abs. 5 UStG
Das Entgelt wird bei verbilligten Leistungen wie einer Gesellschaft an ihre Gesellschafter, des Unternehmers an nahestehende Personen, des Unternehmers an Arbeitnehmer nach § 10 Abs. 5 UStG auf die Mindestbemessungsgrundlage aufgefüllt. Durchlaufende Posten gehören nicht zum Entgelt (§ 10 Abs. 1 letzter Satz UStG). Sie liegen vor, wenn der Unternehmer, der die Beträge vereinnahmt und verauslagt, im Zahlungsverkehr lediglich die Funktion einer Mittelsperson ausübt, ohne selbst einen Anspruch auf den Betrag gegen den Leistenden zu haben und auch nicht zur Zahlung an den Empfänger verpflichtet zu sein. Ob der Unternehmer Beträge im Namen und für Rechnung eines anderen vereinnahmt und verauslagt, kann nicht nach der wirtschaftlichen Betrach-

tungsweise entschieden werden. Es ist vielmehr erforderlich, dass zwischen dem Zahlungsverpflichteten und dem, der Anspruch auf die Zahlung hat (Zahlungsempfänger), unmittelbare Rechtsbeziehungen bestehen.

Unmittelbare Rechtsbeziehungen setzen voraus, dass der Zahlungsverpflichtete und der Zahlungsempfänger jeweils den Namen des anderen und die Höhe des gezahlten Betrags erfahren. Dieser Grundsatz findet jedoch regelmäßig auf Abgaben und Beiträge keine Anwendung. Solche Beträge können auch dann durchlaufende Posten sein, wenn die Mittelsperson dem Zahlungsempfänger die Namen der Zahlungsverpflichteten und die jeweilige Höhe der Beträge nicht mitteilt. Kosten (Gebühren und Auslagen), die Rechtsanwälte, Notare und Angehörige verwandter Berufe bei Behörden und ähnlichen Stellen für ihre Auftraggeber auslegen, können als durchlaufende Posten auch dann anerkannt werden, wenn dem Zahlungsempfänger Namen und Anschriften der Auftraggeber nicht mitgeteilt werden. Voraussetzung ist, dass die Kosten nach Kosten-(Gebühren-)ordnungen berechnet werden, die den Auftraggeber als Kosten-(Gebühren-)schuldner bestimmen. Steuern, öffentliche Gebühren und Abgaben, die vom Unternehmer geschuldet werden, sind bei ihm keine durchlaufenden Posten, auch wenn sie dem Leistungsempfänger gesondert berechnet werden (vgl. A 10.1 Abs. 6 UStAE). Dementsprechend sind z. B. Gebühren, die im Rahmen eines Grundbuchabrufverfahrens vom Notar geschuldet werden, bei diesem keine durchlaufenden Posten, auch wenn sie als verauslagte Gerichtskosten in Rechnung gestellt werden dürfen. Im Umsatzsteuerrecht gilt der Grundsatz der Leistungseinheit. Dies bedeutet, dass einheitliche Leistungen nicht aufgeteilt werden dürfen. Nebenleistungen teilen somit grundsätzlich das Schicksal der Hauptleistung – siehe hierzu A 3. 10 UStAE. Typische Nebenleistungen sind beispielsweise Verpackungs- und Transportkosten.

Umsatzsteuerliche Aspekte

7.5 Steuersätze

Auf bestimmte Produkte wie Grundnahrungsmittel werden 7% Steuern erhoben für alle anderen Produkte gilt der Regelsteuersatz von 19%. Dieser besteht seit 01.01.2007.
Der ermäßigte Steuersatz beläuft sich auf 7 % nach § 12 Abs. 2 UStG und kommt vor allem auf folgende Warengruppen zur Anwendung:
- lebende Tiere (Rinder, Schweine, Schafe, Hühner, Bienen etc.)
- Fleisch, Fisch und Krebstiere (ausgenommen Hummer, Austern, Kaviar etc.)
- Milch, Vogeleier, Honig
- Zwiebeln, Knollen, Blumen, Blüten, etc.
- Kartoffeln, Tomaten, Salate, Gurken, Früchte, Nüsse, Müllereierzeugnisse
- Kaffee und Tee
- Holz (Brennholz, Sägespäne, Pellets, Briketts, etc.)
- Bücher und Zeitungen (ausgenommen jugendgefährdende Schriften)
- Rollstühle, Körperersatzstücke, Krücken, Hörgeräte, etc. (ausgenommen Brillen und Medikamente)
- Eintrittsberechtigungen für Theater, Konzerte und Museen
- Einräumung von Urheberrechten
- Beförderung von Personen innerhalb einer Gemeinde bzw. bei einer Beförderungsstrecke von nicht mehr als 50 km
- Beherbergungsleistungen von Hotels und kurzfristige Überlassung von Campingplätzen

In Anlage 2 des Umsatzsteuergesetzes befindet sich eine Liste der dem ermäßigten Steuersatz unterliegenden Gegenstände.

7.6 Entstehung und Fälligkeit der Steuer

Besteuerung nach vereinbarten Entgelten = Sollbesteuerung
Die Besteuerung nach vereinbarten Entgelten, auch Sollbesteuerung genannt, ist der Regelfall (§ 13 Abs. 1 Nr. 1 Buchst. a UStG i. V. mit § 16 Abs. 1 Satz 1 UStG). Bei der Besteuerung nach vereinbarten Entgelten entsteht die Steuer grundsätzlich mit Ablauf des Voranmeldungszeitraums, in dem die Lieferung oder sonstige Leistung ausgeführt worden ist. Die Steuer entsteht in der gesetzlichen Höhe unabhängig davon, ob eine Rechnungserteilung mit gesondertem Steuerausweis erfolgt oder nicht.

Werden Abschlags- oder Vorschusszahlungen vereinbart, entsteht die Steuer für diese Zahlungen stets mit Ablauf des Voranmeldungszeitraums, in dem die Zahlung erfolgt (§ 13 Abs. 1 Nr. 1 Buchst. a Satz 4 UStG). Der tatsächliche Leistungszeitpunkt ist nicht relevant.

Besteuerung nach vereinnahmten Entgelten = Istbesteuerung
Die Umsatzsteuer kann alternativ auch nach vereinnahmten Entgelten erhoben werden (§ 13 Abs. 1 Nr. 1 Buchst. b UStG i. V. mit § 20 UStG). Diese Erhebungsform wird als Istbesteuerung bezeichnet und wird auf Antrag bewilligt, wenn
- der Gesamtumsatz im Vorjahr nicht mehr als 500.000 Euro betragen hat oder
- der Unternehmer nach § 148 AO von der Buchführungspflicht befreit ist oder
- der Unternehmer Freiberufler i. S. des § 18 Abs. 1 Nr. 1 EStG ist.

Der letztgenannte Befreiungsgrund gilt nur für Freiberufler, die als Einzelunternehmer oder als GbR bzw. Partnerschaft auftreten. Eine Freiberufler-GmbH kann dagegen den Gewinn nur nach vereinnahmten Entgelten versteuern, wenn die Umsatzgrenze von 500.000 Euro nicht überschritten ist (A 20.1 Abs. 1 Satz 4 UStAE).

Umsatzsteuerliche Aspekte

7.7 Steuerschuldner

Steuerschuldner ist nach § 13a Abs. 1 Nr. 1 UStG grundsätzlich der Unternehmer, der einen steuerbaren Umsatz i. S. des § 1 Abs. 1 Nr. 1 UStG ausführt. Von dieser Grundregel abweichend ist die wichtigste Ausnahme in § 13b UStG zu finden. In den in dieser Norm aufgeführten Fällen wird der leistungsempfangende Unternehmer, sofern der ausführende Unternehmer nicht Kleinunternehmer ist, zum Steuerschuldner (§ 13b Abs. 5 Satz 8 UStG).

Umkehr der Steuerschuldnerschaft § 13b UStG = Reverse-Charge-Verfahren
Wird eine Leistung steuerbar und steuerpflichtig im Inland ausgeführt, ist grundsätzlich gemäß § 13a UStG der leistende Unternehmer der Steuerschuldner. Liegt ein Fall des § 13b UStG vor, wird die Steuerschuld auf den Leistungsempfänger übertragen. Nach derzeit geltendem Umsatzsteuerrecht muss der Leistende die Umsatzsteuer an das Finanzamt entrichten.

Der Leistungsempfänger kann die gezahlte Umsatzsteuer als Vorsteuer geltend machen, sofern er Unternehmer ist und die übrigen Voraussetzungen für den Vorsteuerabzug gegeben sind. Bei der Umkehrung der Steuerschuldnerschaft geht dagegen bei bestimmten Leistungen die Steuerschuldnerschaft auf den Leistungsempfänger über. Dies führt zu einer Vereinfachung des Steuerverfahrens für die Finanzbehörden sowie für den Leistenden und dient der Bekämpfung der Steuerverkürzung im Bereich der Umsatzsteuer (Steuerbetrug). Aber auch der Leistungsempfänger hat Vorteile, da er die an den Leistenden gezahlte Umsatzsteuer nicht bis zur Erstattung durch die Finanzverwaltung vorfinanzieren muss.

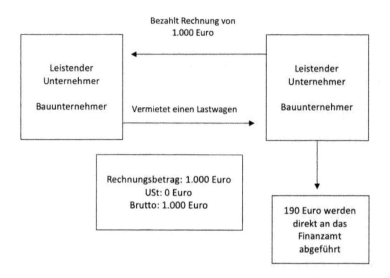

Umsatzsteuerliche Aspekte

7.8 Ausstellung von Rechnungen

7.8.1 Vorschriften über die Ausstellung von Rechnungen

Erbringt ein Unternehmer eine Lieferung oder sonstige Leistung an einen anderen Unternehmer oder eine juristische Person, so besteht nach § 14 Abs. 2 Satz 1 Nr. 1 und Nr. 2 Satz 2 UStG die Verpflichtung, innerhalb von sechs Monaten nach Ausführung der Leistung eine Rechnung auszustellen. Eine Ausnahme besteht allerdings, wenn der Umsatz nach § 4 Nr. 8 bis 28 UStG von der Umsatzsteuer befreit ist. In einem solchen Fall besteht grundsätzlich keine Verpflichtung zur Ausstellung einer Rechnung.

Durch eine Änderung von § 14 Abs. 1 und Abs. 3 UStG zum 1.7.2011 wurden elektronische Rechnungen den Papierrechnungen gleichgestellt. Insbesondere wurde die Beschränkung der elektronischen Rechnungen auf EDI-Rechnungen und Rechnungen mit qualifizierter elektronischer Signatur aufgehoben. Künftig können elektronische Rechnungen in allen denkbaren elektronischen Formaten ausgestellt und übermittelt werden, z. B. als E-Mail, Web-Download oder pdf-, doc-, xls-, txt- und xml-Dateien.

Zur Vermeidung von Missbräuchen müssen Rechnungen gemäß § 14 Abs. 4 UStG die folgenden Angaben enthalten:
- den vollständigen Namen und die vollständige Anschrift des leistenden Unternehmers und des Leistungsempfängers,
- die dem leistenden Unternehmer vom Finanzamt erteilte Steuernummer oder die ihm vom Bundesamt für Finanzen erteilte Umsatzsteuer-Identifikationsnummer,
- das Ausstellungsdatum,

- eine fortlaufende Nummer mit einer oder mehreren Zahlenreihen, die zur Identifizierung der Rechnung vom Rechnungsaussteller einmalig vergeben wird (Rechnungsnummer),
- die Menge und die Art (handelsübliche Bezeichnung) der gelieferten Gegenstände oder den Umfang und die Art der sonstigen Leistung,
- den Zeitpunkt der Lieferung oder sonstigen Leistung oder der Vereinnahmung des Entgelts oder eines Teils des Entgelts in den Fällen des § 14 Abs. 5 Satz 1 UStG, sofern dieser Zeitpunkt feststeht und nicht mit dem Ausstellungsdatum der Rechnung identisch ist,
- das nach Steuersätzen und einzelnen Steuerbefreiungen aufgeschlüsselte Entgelt für die Lieferung oder sonstige Leistung (§ 10 UStG) sowie jede im Voraus vereinbarte Minderung des Entgelts, sofern sie nicht bereits im Entgelt berücksichtigt ist,
- den anzuwendenden Steuersatz sowie den auf das Entgelt entfallenden Steuerbetrag oder im Fall einer Steuerbefreiung einen Hinweis darauf, dass für die Lieferung oder sonstige Leistung eine Steuerbefreiung gilt,
- in den Fällen des § 14b Abs. 1 Satz 5 UStG (Rechnung über eine umsatzsteuerpflichtige Werklieferung oder sonstige Leistung im Zusammenhang mit einem Grundstück) einen Hinweis auf die Aufbewahrungspflichten des Leistungsempfängers.

In einer Rechnung über Lieferungen oder sonstige Leistungen, die verschiedenen Steuersätzen unterliegen (7 % oder 19 %), sind die (Netto-)Entgelte und die Steuerbeträge nach Steuersätzen zu trennen. Wird hierbei der Steuerbetrag durch Maschinen automatisch ermittelt und durch diese in der Rechnung angegeben, so ist der Ausweis des Steuerbetrags in einer Summe zulässig, wenn für die einzelnen Posten der Rechnung jeweils der Steuersatz angegeben wird.

Umsatzsteuerliche Aspekte

Die oben genannten strengen (Mindest-)Inhalte einer Rechnung sind bei Rechnungen über Kleinbeträge, d. h. deren Gesamtbetrag (Bruttopreis!) 250 Euro nicht übersteigt, abgemildert (§ 33 UStDV).

Solche Rechnungen genügen für den Vorsteuerabzug des Leistungsempfängers, wenn sie mindestens folgende Angaben enthalten:
- den vollständigen Namen und die vollständige Anschrift des leistenden Unternehmers,
- das Ausstellungsdatum,
- die Menge und die Art der gelieferten Gegenstände oder den Umfang und die Art der sonstigen Leistung,
- das Entgelt und den darauf entfallenden Steuerbetrag für die Lieferung oder sonstige Leistung in einer Summe sowie den anzuwendenden Steuersatz oder im Fall einer Steuerbefreiung einen Hinweis darauf, dass für die Lieferung oder sonstige Leistung eine Steuerbefreiung gilt.
- Der Rechnungsempfänger bzw. der durch die Rechnung Belastete darf für den Vorsteuerabzug den Steuerbetrag auf der Grundlage des angegebenen Steuersatzes herausrechnen. Die Angabe des Steuersatzes steht mithin dem Ausweis eines Steuerbetrages gleich.

Es muss ein konkreter Steuersatz angegeben werden. Die Nennung lediglich eines Prozentsatzes reicht nicht aus, vielmehr ist der Zusatz „Umsatzsteuer", „USt", „Mehrwertsteuer" oder „MwSt" erforderlich, z. B. „inkl. 19 % USt" oder „im Preis sind 19 % Umsatzsteuer enthalten". Die Angabe „Gesetzliche USt enthalten" reicht nicht aus, da kein Steuersatz genannt ist.

Gemäß § 34 UStDV müssen Fahrausweise nur die in dieser Vorschrift genannten Angaben enthalten, um als Rechnung i. S. des § 14 UStG anerkannt zu werden.

7.8.2 Gutschriften

Als Rechnung gilt nach § 14 Abs. 2 Satz 2 UStG auch eine Gutschrift, mit der ein Unternehmer über eine steuerpflichtige Leistung abrechnet, die an ihn ausgeführt wird. Voraussetzung ist allerdings, dass dies vorher vereinbart wurde und der Empfänger nicht widerspricht (§ 14 Abs. 2 Satz 3 UStG). Eine Gutschrift ist ebenso wie eine Rechnung innerhalb von sechs Monaten nach Leistungserbringung zu erteilen (A 14.3 Abs. 2 Satz 4 UStAE) und muss die Angabe „Gutschrift" beinhalten (§ 14 Abs. 4 Nr. 10 UStG).

7.8.3 Ausstellen von Rechnungen in besonderen Fällen

Die Verpflichtung zur Ausstellung einer Rechnung gilt auch gegenüber Privatpersonen, wenn ein Unternehmer eine steuerpflichtige Werklieferung oder eine sonstige Leistung im Zusammenhang mit einem Grundstück erbringt. Nach § 14 Abs. 2 Satz 1 Nr. 1 UStG ist der Unternehmer in diesem Fall zur Ausstellung einer Rechnung innerhalb von sechs Monaten nach Ausführung der Leistung verpflichtet.

§ 14a UStG regelt ergänzend zu § 14 UStG die zusätzlichen Pflichten bei der Ausstellung von Rechnungen in besonderen Fällen. Zu den besonderen Fällen gehören:
- Lieferungen nach § 3c UStG,
- innergemeinschaftliche Lieferungen nach § 6a UStG,
- innergemeinschaftliche Lieferungen neuer Fahrzeuge nach §§ 2a, 6a UStG,
- Fälle der Steuerschuldnerschaft des Leistungsempfängers nach § 13b UStG,
- Besteuerung von Reiseleistungen nach § 25 UStG,
- Differenzbesteuerung nach § 25 UStG,
- innergemeinschaftliche Dreiecksgeschäfte nach § 25b UStG.

Umsatzsteuerliche Aspekte

7.8.4 Aufbewahrung von Rechnungen

Führt der Unternehmer eine Werklieferung oder sonstige Leistung im Zusammenhang mit einem Grundstück aus, hat er nach § 14 Abs. 4 Satz 1 Nr. 9 UStG den Leistungsempfänger auf seine Aufbewahrungspflicht der Rechnung, eines Zahlungsbelegs oder einer anderen beweiskräftigen Unterlage hinzuweisen. Ein privater Leistungsempfänger muss die Rechnung oder vergleichbare Unterlagen mindestens zwei Jahre aufbewahren (§ 14b Abs. 1 Satz 5 UStG). Die Aufbewahrungsfrist für Unternehmer beträgt zehn Jahre (§ 14b Abs. 1 Satz 1 UStG).

Gemäß dem zum 1.7.2011 in Kraft getretenen § 14b Abs. 1 Satz 2 UStG müssen sowohl der Rechnungsempfänger als auch der Rechnungsaussteller während des gesamten zehnjährigen Aufbewahrungszeitraums die Echtheit der Herkunft der Rechnung, die Unversehrtheit ihres Inhalts (Revisionssicherheit) und ihre Lesbarkeit gewährleisten. Dies bedeutet bei elektronisch übermittelten Rechnungen, dass es nicht ausreichend ist, die Rechnung in ausgedruckter Form aufzubewahren. Es sollte zumindest eine Archivierung auf einer nicht wiederbeschreibbaren CD/DVD vorgenommen werden.

7.9 Besteuerungsverfahren

Hier geht es um die Steuerberechnung, Änderung der Bemessungsgrundlage, den Besteuerungszeitraum und die Einzelbesteuerung

7.9.1 Steuerberechnung

Die Versteuerung nach vereinbarten und vereinnahmten Entgelten sowie die Behandlung von Anzahlungen wurden bereits in Kapitel 7.6 dargestellt.

7.9.2 Änderung der Bemessungsgrundlage

Die Umsatzsteuerbemessungsgrundlage kann sich ändern, wenn sich das Entgelt nachträglich mindert oder erhöht. Tritt diese Änderung in dem Voranmeldungszeitraum ein, in dem die Umsatzsteuer entstanden ist, wird die Steuerschuld unmittelbar in der zutreffenden Höhe ermittelt.

Erfolgt die Veränderung der Bemessungsgrundlage jedoch in einem späteren Voranmeldungszeitraum, entsteht die Umsatzsteuer zunächst auf der Basis der vollen Bemessungsgrundlage. Gemäß § 17 Abs. 1 Satz 1 UStG muss die Umsatzsteuer dann im Voranmeldungszeitraum der Zahlung korrigiert werden.

Entsprechendes würde gelten, wenn die Forderung ganz oder teilweise uneinbringlich wird (§ 17 Abs. 2 Nr. 1 Satz 1 UStG). Wird die Forderung später dann doch realisiert, erfolgt im Voranmeldungszeitraum der Zahlung eine erneute Korrektur (§ 17 Abs. 2 Nr. 1 Satz 2 UStG).

7.9.3 Besteuerungsverfahren

Der Unternehmer hat bis zum 10. Tag nach Ablauf jedes Voranmeldungszeitraums eine Voranmeldung nach amtlich vorgeschriebenem Datensatz durch Datenfernübertragung nach Maßgabe der Steuerdaten-Übermittlungsverordnung zu übermitteln, in der er die Steuer für den Voranmeldungszeitraum (**Vorauszahlung**) selbst zu berechnen hat

Umsatzsteuerliche Aspekte

(§ 18 Abs. 1 Satz 1 UStG). Die Vorauszahlung ist am 10. Tag nach Ablauf des Voranmeldungszeitraums fällig (§ 18 Abs. 1 Satz 4 UStG). Diese Frist kann nach § 46 UStDV auf Antrag um einen Monat verlängert werden (Dauerfristverlängerung). In diesem Fall ist eine Sondervorauszahlung in Höhe von einem Elftel der Summe der Vorauszahlungen für das vorangegangene Kalenderjahr zu entrichten (§ 47 Abs. 1 UStDV).

7.9.4 Einzelbesteuerung

Die Umsatzsteuerjahreserklärung ist grundsätzlich bis zum 31.5. des Folgejahres abzugeben (§ 149 Abs. 2 AO). Die Frist kann jedoch auf Antrag verlängert werden.
Voranmeldungszeitraum ist gemäß § 18 Abs. 2 UStG grundsätzlich das Kalendervierteljahr. Beträgt die Steuer für das vorangegangene Kalenderjahr mehr als 7.500 Euro, ist der Kalendermonat Voranmeldungszeitraum. Beträgt die Steuer für das vorangegangene Kalenderjahr nicht mehr als 1.000 Euro, kann das Finanzamt den Unternehmer von der Verpflichtung zur Abgabe der Voranmeldungen und Entrichtung der Vorauszahlungen befreien. Nimmt ein Unternehmer seine berufliche oder gewerbliche Tätigkeit auf, ist im laufenden und folgenden Kalenderjahr der Kalendermonat Voranmeldungszeitraum.

7.10 Zusammenfassende Meldung

Wegen des Wegfalls der Grenzkontrollen innerhalb des EG-Binnenmarktes zum 1.1.1993 wurde in den Mitgliedstaaten ein einheitliches Kontrollverfahren zur Überwachung von innergemeinschaftlichen Warenströmen, genannt Mehrwertsteuer-Informationsaustauschsystem (MIAS), eingeführt. Über einen zentralen Datenverbund mit allen EU-Mitgliedstaaten können die Finanzbehörden Informationen über innergemeinschaftliche Warenbewegungen untereinander austauschen und abgleichen. Grundlage hierfür sind die Zusammenfassenden Meldungen. In dieser sind nach § 18a Abs. 1 UStG innergemeinschaftliche Warenlieferungen, Lieferungen i. S. des § 25b Abs. 2 UStG im Rahmen von innergemeinschaftlichen Dreiecksgeschäften und auch die im übrigen Gemeinschaftsgebiet steuerpflichtigen sonstigen Leistungen anzugeben. Für Besteuerungszeiträume ab 2012 ist die Zusammenfassende Meldung grundsätzlich monatlich abzugeben. Eine quartärliche Abgabe ist möglich, wenn die Summe der für die Anwendung relevanten Bemessungsgrundlagen im Quartal weniger als 50.000 Euro beträgt.

In der Zusammenfassenden Meldung sind nach § 18a Abs. 7 UStG in dem jeweiligen Meldezeitraum getrennt für jeden Erwerber oder Empfänger der dort bezeichneten Lieferungen oder sonstigen Leistungen die USt-IdNr. und die Summe der Bemessungsgrundlagen gesondert anzugeben.

Umsatzsteuerliche Aspekte

7.11 Vorsteuerabzug

7.11.1 Abziehbare Vorsteuer

Voraussetzung für die Vornahme des Vorsteuerabzugs ist gemäß § 15 Abs. 1 UStG, dass die Lieferung oder sonstige Leistung an das Unternehmen erbracht sein muss und eine Rechnung mit gesondertem Umsatzsteuerausweis vorliegt. Der Abzug ist in dem Voranmeldungszeitraum möglich, in dem beide Voraussetzungen gegeben sind.

Der Vorsteuerabzug bei Anzahlungen vor Ausführung der Leistung ist nur möglich, wenn eine ordnungsgemäße Rechnung vorliegt und die Anzahlung geleistet wurde (§ 15 Abs. 1 Nr. 1 Satz 3 UStG).

7.11.2 Aufteilung und Ausschluss vom Vorsteuerabzug

Nicht abziehbar sind Vorsteuerbeträge, die auf Aufwendungen entfallen, für die das Abzugsverbot des § 4 Abs. 5 Satz 1 Nr. 1 bis 4, 7 EStG oder des § 12 Nr. 1 EStG gilt (§ 15 Abs. 1a Satz 1 UStG). Dies gilt nicht für Bewirtungsaufwendungen, soweit § 4 Abs. 5 Satz 1 Nr. 2 EStG einen Abzug angemessener und nachgewiesener Aufwendungen ausschließt (§ 15 Abs. 1a Satz 2 UStG).

Gemäß § 15 Abs. 2 UStG ist der Vorsteuerabzug außerdem nicht möglich, wenn die empfangenen Leistungen für steuerfreie Ausgangsumsätze verwendet werden.

§ 15 Abs. 3 UStG regelt jedoch, dass der Vorsteuerabzug beispielsweise zulässig ist, sofern sich die empfangenen Leistungen auf steuerfreie Ausfuhrlieferungen beziehen.

Nach § 15 Abs. 4 UStG ist der Vorsteuerbetrag aufzuteilen, wenn der Unternehmer die empfangenen Leistungen sowohl für steuerpflichtige als auch für steuerfreie Ausschlussumsätze verwendet.

Unrichtiger oder unberechtigter Steuerausweis und steuerliche Konsequenzen

Weist der leistende Unternehmer in einer Rechnung einen höheren Steuerbetrag aus, als er gesetzlich schulden würde, schuldet er auch den Mehrbetrag (§ 14c Abs. 1 UStG). Dies gilt auch dann, wenn die Rechnung nicht alle in § 14 Abs. 4 und § 14a UStG aufgeführten Angaben enthält. Die Vorschrift des § 14c Abs. 1 UStG gilt nur für Unternehmer, die persönlich zum gesonderten Steuerausweis berechtigt sind und für eine Lieferung oder sonstige Leistung einen Steuerbetrag in der Rechnung gesondert ausgewiesen haben, obwohl sie für diesen Umsatz keine oder eine niedrigere Steuer schulden. Die zu hoch ausgewiesene Steuer wird geschuldet, obwohl der Leistungsempfänger diese Steuer nicht als Vorsteuer abziehen kann.

Wer in einer Rechnung einen Steuerbetrag ausweist, obwohl er dazu nicht berechtigt ist (unberechtigter Steuerausweis), schuldet den ausgewiesenen Betrag (§ 14c Abs. 2 Sätze 1 und 2 UStG). Dies betrifft vor allem Kleinunternehmer, bei denen die Umsatzsteuer nach § 19 Abs. 1 UStG nicht erhoben wird, gilt aber auch, wenn jemand wie ein leistender Unternehmer abrechnet und einen Steuerbetrag ausweist, obwohl er nicht Unternehmer ist oder eine Lieferung oder sonstige Leistung nicht ausführt. Die Rechtsfolgen treten unabhängig davon ein, ob die Rechnung alle in § 14 Abs. 4 und § 14a UStG aufgeführten Angaben enthält.

Bei zu niedrigem Steuerausweis schuldet der Unternehmer die gesetzlich vorgeschriebene Steuer. Der Unternehmer hat in diesem Fall die Steuer unter Zugrundelegung des maßgeblichen Steuersatzes aus dem Gesamtrechnungsbetrag herauszurechnen.

Umsatzsteuerliche Aspekte

7.11.3 Berichtigung des Vorsteuerabzugs

Gemäß § 15 UStG entsteht das Recht auf Vorsteuerabzug bereits im Zeitpunkt des Leistungsbezugs. Maßgeblich für den Vorsteuerabzug ist die Verwendung der bezogenen Leistung. Findet die Verwendung der Leistung erst nach deren Bezug statt, ist die im Zeitpunkt des Leistungsbezugs gegebene Verwendungsabsicht entscheidend. Die Verwendungsabsicht muss objektiv belegt werden. Diesem Zweck können beispielsweise bei der geplanten Vermietung einer Immobilie Mietverträge, Zeitungsinserate oder Vertriebskonzepte dienen.

Verwendet der Unternehmer die bezogene Leistung anders als im Zeitpunkt des Leistungsbezugs beabsichtigt, kann ihm der Vorsteuerabzug nach § 15 UStG nicht rückwirkend versagt oder gewährt werden. Durch § 15a UStG wird der Vorsteuerabzug so berichtigt, dass er den tatsächlichen Verhältnissen bei der Verwendung des Wirtschaftsguts oder der sonstigen Leistung entspricht.

Ändern sich bei einem Wirtschaftsgut des Umlaufvermögens die für den ursprünglichen Vorsteuerabzug maßgeblichen Verhältnisse, ist ebenfalls eine Berichtigung des Vorsteuerabzugs vorzunehmen (§ 15a Abs. 2 UStG). Diese erfolgt komplett für den Berichtigungszeitraum, in dem das Wirtschaftsgut verwendet wird.

Anders als in den Fällen des § 15a Abs. 1 UStG gibt es bei Gegenständen des Umlaufvermögens keinen begrenzten Berichtigungszeitraum. Die Berichtigung ist also ausschließlich für den Besteuerungszeitraum, in dem das Wirtschaftsgut verwendet wird, vorzunehmen.

7.12 Besteuerung von Kleinunternehmern

Der Kleinunternehmer ist ein Unternehmer, von dem keine Umsatzsteuer erhoben wird. Wenn die im Folgenden genannten Voraussetzungen vorliegen, ist man Kleinunternehmer, ohne dass ein Antrag gestellt werden muss (§ 19 Abs. 1 Satz 1 UStG).
Voraussetzung ist, dass
- der Gesamtumsatz im vergangenen Jahr nicht größer als 17.500 Euro war und
- der Gesamtumsatz im laufenden Jahr voraussichtlich 50.000 Euro nicht übersteigen wird.

Da beide Voraussetzungen vorliegen müssen, bedeutet dies: Hat der Gesamtumsatz im Vorjahr die Grenze von 17.500 Euro überschritten, ist die Steuer für das laufende Kalenderjahr auch dann zu erheben, wenn der Gesamtumsatz in diesem Jahr die Grenze von 17.500 Euro voraussichtlich nicht überschreiten wird (A 19.1 Abs. 3 Satz 1 UStAE).

In die Berechnung des Gesamtumsatzes werden nach § 19 Abs. 3 UStG nicht alle Umsätze einbezogen. So werden einige steuerfreie Leistungen, wie beispielsweise Vermietungsumsätze, nicht berücksichtigt.
Die Folgen der Kleinunternehmereigenschaft sind:
- Umsatzsteuer wird nicht erhoben
- kein Vorsteuerabzug
- Verzicht auf die Steuerbefreiung nach § 9 UStG (Option) ist nicht möglich
- Rechnungen mit Steuerausweis dürfen nicht gestellt werden (ansonsten wird Umsatzsteuer nach § 14c Abs. 2 UStG erhoben)
- innergemeinschaftliche Lieferungen können nicht steuerfrei ausgeführt werden

Umsatzsteuerliche Aspekte

Ein Kleinunternehmer kann auf die Anwendung der Regelung verzichten (§ 19 Abs. 2 Satz 1 UStG). Ein wirksamer Verzicht kann nur dadurch erreicht werden, dass Steuererklärungen abgegeben werden, in der die Umsätze der Umsatzsteuer unterworfen werden. Der Unternehmer ist nach Eintritt der Unanfechtbarkeit der Steuerfestsetzung fünf Jahre an den Verzicht gebunden (§ 19 Abs. 2 Satz 2 UStG).

7.13 Aufzeichnungspflichten

Umfang

Der Unternehmer ist nach § 22 Abs. 1 Satz 1 UStG verpflichtet, zur Feststellung der Steuer und der Grundlagen ihrer Berechnung Aufzeichnungen zu machen. Aus diesen Aufzeichnungen muss sich ein sachverständiger Dritter innerhalb einer angemessenen Zeit einen Überblick über die Umsätze des Unternehmers und die abziehbaren Vorsteuern sowie die Grundlagen für die Steuerberechnung verschaffen können (§ 63 Abs. 1 UStDV).

Bedeutung

Durch die relativ umfangreichen Aufzeichnungspflichten soll das Steueraufkommen gesichert werden; Steuerverkürzungen und -hinterziehungen – insbesondere im Zusammenhang mit grenzüberschreitenden Karussellgeschäften – sollen erschwert werden. Bei einem Umsatzsteuerkarussell wirken mehrere Unternehmen in verschiedenen EU-Mitgliedstaaten zusammen. Einer oder mehrere der leistenden Unternehmer der Lieferkette führen die fällige Umsatzsteuer nicht an das Finanzamt ab. Die Abnehmer machen hingegen die Vorsteuer geltend und erhalten diese vom Finanzamt ausgezahlt.

Vereinfachung

Da die Umsätze von Kleinunternehmern nicht der Umsatzbesteuerung unterworfen werden, gelten für diese nach § 65 UStDV Aufzeichnungserleichterungen. So können Kleinunternehmer beispielsweise die Werte der erhaltenen Gegenleistungen zusammengefasst erfassen.

Umsatzsteuerliche Aspekte

Besondere Aufzeichnung für die Einfuhrumsatzsteuer und Erwerbsteuer

Die allgemeinen Aufzeichnungspflichten gelten auch für innergemeinschaftliche Warenlieferungen (vgl. § 22 Abs. 2 Nr. 1 UStG) und innergemeinschaftliche Erwerbe (§ 22 Abs. 2 Nr. 7 UStG). Nach § 22 Abs. 2 Nr. 1 UStG hat der Unternehmer die Bemessungsgrundlage und die darauf entfallende Steuer für die innergemeinschaftlichen Lieferungen und für die fiktiven Lieferungen in den Fällen des innergemeinschaftlichen Verbringens von Gegenständen vom inländischen in den ausländischen Unternehmensteil aufzuzeichnen.

Festzuhalten sind auch die innergemeinschaftlichen Lieferungen von neuen Fahrzeugen. Nach § 22 Abs. 2 Nr. 7 UStG sind die innergemeinschaftlichen Erwerbe getrennt von den übrigen Aufzeichnungen der Bemessungsgrundlagen und Steuerbeträge aufzuzeichnen. Hierunter fallen die Lieferungen i. S. des § 1a Abs. 1 UStG und die innergemeinschaftlichen Verbringensfälle zwischen dem ausländischen und dem inländischen Unternehmensteil, die als fiktive Lieferungen gelten. Entsprechendes gilt für die Einfuhrumsatzsteuer (A 22.2 Abs. 9 UStAE).

7.14 Besonderheiten einer Organschaft

Eine umsatzsteuerliche Organschaft nach § 2 Abs. 2 Nr. 2 UStG liegt vor, wenn eine juristische Person nach dem Gesamtbild der tatsächlichen Verhältnisse
- finanziell,
- wirtschaftlich und
- organisatorisch in ein Unternehmen eingegliedert ist.

Es ist nicht erforderlich, dass alle drei Eingliederungsmerkmale gleichermaßen ausgeprägt sind. Eine Organschaft kann deshalb auch gegeben sein, wenn die Eingliederung auf einem dieser drei Gebiete nicht vollständig, dafür aber auf den anderen Gebieten umso eindeutiger ist, sodass sich die Eingliederung aus dem Gesamtbild der tatsächlichen Verhältnisse ergibt. Unter der finanziellen Eingliederung ist der Besitz der entscheidenden Anteilsmehrheit an der Organgesellschaft zu verstehen, die es dem Organträger ermöglicht, durch Mehrheitsbeschlüsse seinen Willen in der Organgesellschaft durchzusetzen.

Wirtschaftliche Eingliederung bedeutet, dass die Organgesellschaft nach dem Willen des Unternehmens im Rahmen des Gesamtunternehmens, und zwar in engem wirtschaftlichem Zusammenhang mit diesem, wirtschaftlich tätig ist.

Die organisatorische Eingliederung liegt vor, wenn der Organträger durch organisatorische Maßnahmen sicherstellt, dass in der Organgesellschaft sein Wille auch tatsächlich ausgeführt wird. Die organisatorische Eingliederung setzt in aller Regel die personelle Verflechtung der Geschäftsführungen des Organträgers und der Organgesellschaft voraus (BFH-Urteil vom 3. 4. 2008, BStBl 2008 II S. 905). Dies ist z. B. durch Personalunion der Geschäftsführer in beiden Gesellschaften der Fall.

Umsatzsteuerliche Aspekte

7.15 Innergemeinschaftliches Dreiecksgeschäft

Das innergemeinschaftliche Dreiecksgeschäft ist eine besondere Form des innergemeinschaftlichen Reihengeschäfts. Ein innergemeinschaftliches Dreiecksgeschäft liegt nach § 25b Abs. 1 UStG vor, wenn
- drei Unternehmer über denselben Gegenstand Umsatzgeschäfte abschließen und dieser Gegenstand unmittelbar vom ersten Lieferer an den letzten Abnehmer gelangt,
- die Unternehmer in jeweils verschiedenen Mitgliedstaaten für Zwecke der Umsatzsteuer erfasst sind,
- der Gegenstand der Lieferungen aus dem Gebiet eines Mitgliedstaates in das Gebiet eines anderen Mitgliedstaates gelangt und
- der Gegenstand der Lieferungen durch den ersten Lieferer oder den ersten Abnehmer befördert oder versendet wird.
-

Liegt ein innergemeinschaftliches Dreiecksgeschäft vor, werden grundsätzlich folgende Umsätze ausgeführt:
- eine innergemeinschaftliche Lieferung des ersten am Dreiecksgeschäft beteiligten Unternehmers (erster Lieferer) in dem Mitgliedstaat, in dem die Beförderung oder Versendung des Gegenstands beginnt (§ 3 Abs. 6 Satz 1 UStG),
- ein innergemeinschaftlicher Erwerb des mittleren am Dreiecksgeschäft beteiligten Unternehmers (erster Abnehmer) in dem Mitgliedstaat, in dem die Beförderung oder Versendung des Gegenstands endet (§ 3d Satz 1 UStG),
- ein innergemeinschaftlicher Erwerb des ersten Abnehmers in dem Mitgliedstaat, der dem ersten Abnehmer die von ihm verwendete USt-IdNr. erteilt hat (§ 3d Satz 2 UStG) und
- eine (Inlands-)Lieferung des ersten Abnehmers in dem Mitgliedstaat, in dem die Beförderung oder Versendung des Gegenstands endet (§ 3 Abs. 7 Satz 2 Nr. 2 UStG).

Liegt ein innergemeinschaftliches Dreiecksgeschäft vor, wird die Steuerschuld für die (Inlands-)Lieferung unter den Voraussetzungen des § 25b Abs. 2 UStG von dem ersten auf den letzten jeweils am Dreiecksgeschäft beteiligten Abnehmer übertragen. Im Fall der Übertragung der Steuerschuld gilt zugleich auch der innergemeinschaftliche Erwerb dieses ersten Abnehmers als besteuert (§ 25b Abs. 3 UStG).

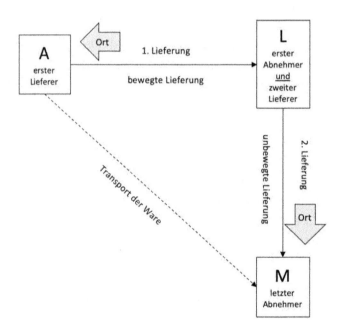

7.16 Umsatzsteuer-Voranmeldung

Die rechtlichen Grundlagen der Erstellung einer Umsatzsteuervoranmeldung wurden bereits in Kapitel 7.9.3 dargestellt.

8. Vorschriften zum Verfahrensrecht und Stellung notwendiger Anträge

Anwendung der Vorschriften zum Verfahrensrecht und Stellung notwendiger Anträge

8.1 Systematik des Verfahrensrechts

Die **Abgabenordnung** (= AO) ist das Mantelgesetz für das Steuerrecht. Sie wird deshalb oftmals als Steuergrundgesetz bezeichnet. In der AO finden sich die grundlegenden Bestimmungen der Besteuerung. Neben den verfahrensrechtlichen Bestimmungen (formelles Recht) gibt es in der AO auch materiell-rechtliche Regelungen. Diese normieren das Entstehen und Erlöschen von Steueransprüchen. Die AO ist in neun Teile untergliedert und umfasst mehr als 400 Paragraphen.

Die AO gilt nach § 1 Abs. 1 AO für alle bundesgesetzlich geregelten Steuern sowie Steuern, die durch das Recht der Europäischen Gemeinschaften geregelt sind, soweit sie durch Bundesfinanzbehörden oder durch Landesfinanzbehörden verwaltet werden (vgl. § 3 Abs. 1 AO). Außerdem ist ein großer Teil der AO nach § 1 Abs. 2 AO für Realsteuern (Grundsteuer und Gewerbesteuer) anwendbar (vgl. § 3 Abs. 2 AO). Gemäß § 1 Abs. 3 AO erstreckt sich die Anwendung der Vorschriften auch auf steuerliche Nebenleistungen.

8.2 Steuererklärung

Gemäß § 3 Abs. 1 AO werden Steuern wie folgt definiert: Steuern sind Geldleistungen, die nicht eine Gegenleistung für eine besondere Leistung darstellen und von einem öffentlich-rechtlichen Gemeinwesen zur Erzielung von Einnahmen allen auferlegt werden, bei denen die Tatbestandsmerkmale zutreffen, die das Gesetz an die Leistungspflicht knüpft.

Steuerliche Nebenleistungen
§ 3 Abs. 4 AO zählt die steuerlichen Nebenleistungen abschließend auf:
Verzögerungsgelder nach § 146 Abs. 2b AO
Insbesondere bei Verletzung der Pflichten zur Einräumung des Datenzugriffs oder der Erteilung von Auskünften kann im Rahmen von Außenprüfungen ein Verzögerungsgeld festgesetzt werden.
Verspätungszuschläge nach § 152 AO
Ein Verspätungszuschlag kann festgesetzt werden, wenn die Verpflichtung zur Abgabe einer Steuererklärung nicht oder nicht fristgerecht erfüllt wird.
Zuschläge im Rahmen von Schätzungen nach § 162 Abs. 4 AO
Werden Aufzeichnungen i. S. des § 90 Abs. 3 AO nicht vorgelegt oder sind diese nicht verwertbar, ist grundsätzlich ein Zuschlag festzusetzen.

Zinsen nach § 233 ff. AO
In § 233 AO ist geregelt, dass Ansprüche aus dem Steuerschuldverhältnis nur verzinst werden, soweit dies gesetzlich vorgeschrieben ist. Ansprüche auf steuerliche Nebenleistungen und die entsprechenden Erstattungsansprüche werden nicht verzinst. Die Zinsen belaufen sich nach § 238 Abs. 1 AO auf 0,5 % je vollen Monat.

Vorschriften zum Verfahrensrecht und Stellung notwendiger Anträge

Nachforderungs- und Erstattungszinsen nach § 233a AO
Steuernachzahlungen und -erstattungen werden grundsätzlich verzinst. Der Zinslauf beginnt 15 Monate nach Ablauf des Kalenderjahres, in dem die Steuer entstanden ist.

Stundungszinsen nach § 234 AO
Für die Dauer einer gewährten Stundung von Ansprüchen aus dem Steuerschuldverhältnis werden grundsätzlich Zinsen erhoben.

Hinterziehungszinsen nach § 235 AO
Nach § 235 AO sind hinterzogene Steuern zu verzinsen. Der Zinslauf beginnt grundsätzlich mit dem Eintritt der Verkürzung oder der Erlangung des Steuervorteils.

Prozesszinsen nach § 236 AO
Wird durch eine rechtskräftige gerichtliche Entscheidung eine festgesetzte Steuer herabgesetzt oder eine Steuervergütung gewährt, so ist nach §236 AO der zu erstattende oder zu vergütende Betrag zu verzinsen.

Aussetzungszinsen nach § 237 AO
Wurde eine Aussetzung der Vollziehung (AdV) gewährt, werden nach § 237 AO Zinsen festgesetzt, wenn der Einspruch endgültig keinen Erfolg hat.

Säumniszuschläge nach § 240 AO
Wird eine festgesetzte oder angemeldete Steuer nicht bis zum Ablauf des Fälligkeitstags entrichtet, ist ein Säumniszuschlag zu zahlen. Dieser beträgt für jeden angefangenen Monat 1 %.

Zwangsgelder nach §§ 328, 329 AO
Zwangsgelder können nach vorheriger Androhung gemäß § 332 AO festgesetzt werden, um steuerliche Handlungen, Duldungen oder Unterlassungen zu erzwingen.

Kosten nach §§ 89, 178, 178a AO sowie §§ 337 bis 345 AO
Im Rahmen der verbindlichen Auskunft (§ 89 AO), des Zollverfahrens (§ 178 AO), besonderer Aufgaben der Finanzverwaltung (z. B. Verständigungsverfahren; § 178a AO) oder des Vollstreckungsverfahrens (§§ 337–345 AO) werden entstehende Kosten an den Steuerpflichtigen weiterbelastet.

Verspätungsgelder nach § 22a Abs. 5 EStG
Wird eine Rentenbezugsmitteilung nicht fristgerecht übermittelt, so ist nach § 22a Abs. 5 EStG für jeden angefangenen Monat, in dem die Rentenbezugsmitteilung noch aussteht, ein Betrag i. H. von 10 Euro für jede ausstehende Rentenbezugsmitteilung zu entrichten.
Bei der Festsetzung zahlreicher steuerlicher Nebenleistungen steht der Finanzverwaltung ein Ermessenspielraum zu. Gemäß § 5 AO muss die Finanzverwaltung das Ermessen entsprechend dem Zweck der Ermächtigung ausüben und die gesetzlichen Grenzen des Ermessens einhalten.

Grundlegende steuerliche Begriffe im privaten und betrieblichen Sektor
Zu den grundlegenden steuerlichen Begriffe im privaten und betrieblichen Sektor zählen vor allem:

Wohnsitz nach § 8 AO
Der Wohnsitz ist gemäß § 8 AO dort, wo eine natürliche Person eine Wohnung innehat und diese auch beibehalten und benutzen wird.

Gewöhnlicher Aufenthalt nach § 9 AO
Den gewöhnlichen Aufenthalt hat nach § 9 AO eine natürliche Person dort, wo sie sich unter Umständen aufhält, die erkennen lassen, dass sie dort nicht nur vorübergehend verweilt. Als gewöhnlicher Aufenthalt ist stets und von Beginn an einen zeitlichen zusammenhängenden Aufenthalt von mehr als sechs Monaten Dauer anzusehen (180-Tage-Regel). Kleinere Unterbrechungen wie Wochenendheimfahrten sind unschädlich.

Vorschriften zum Verfahrensrecht und Stellung notwendiger Anträge

Geschäftsleitung nach § 10 AO
Die Geschäftsleitung ist der Mittelpunkt der geschäftlichen Oberleitung.

Sitz nach § 11 AO
Den Sitz hat eine Körperschaft, Personenvereinigung oder Vermögensmasse an einem gesetzlich oder vertraglich bestimmten Ort.

Betriebsstätte nach § 12 AO
Eine Betriebsstätte ist jede feste Geschäftseinrichtung, die der Tätigkeit des Unternehmens dient.

Ständiger Vertreter nach § 13 AO
Ein ständiger Vertreter ist eine Person, die nachhaltig die Geschäfte eines Unternehmens besorgt.

Wirtschaftlicher Geschäftsbetrieb nach § 14 AO
Ein wirtschaftlicher Geschäftsbetrieb ist die Ausübung einer selbständigen, dauerhaften Tätigkeit mit Einnahmeerzielungsabsicht, die über eine reine Vermögensverwaltung hinausgeht.

Angehörige nach § 15 AO
In § 15 AO sind die Angehörigen im steuerlichen Sinn abschließend aufgezählt.

Zuständigkeit der Finanzbehörden
Gemäß § 16 AO i. V. mit § 17 Abs. 2 Satz 1 FVG (sachliche Zuständigkeit) sind die Finanzämter für alle Aufgaben zuständig, die mit der Verwaltung von Steuern zusammenhängen, soweit keine Sondervorschriften eingreifen. Der Verstoß gegen die sachliche Zuständigkeit macht den Verwaltungsakt bei absoluter Unzuständigkeit (z. B. Erlass eines Einkommensteuerbescheids durch das Landratsamt) nichtig (§ 125 Abs. 1 AO) und damit unwirksam (§ 124 Abs. 3 AO).
Im Sinne der AO ist die jeweilige Behörde als Ganzes, nicht etwa ein bestimmtes Sachgebiet oder ein bestimmter Bearbeiter zuständig. Intern

wird jedoch jedem Mitarbeiter durch den sog. Geschäftsverteilungsplan ein bestimmter Tätigkeits- oder Aufgabenbereich zugewiesen. Der Verstoß gegen Bestimmungen bezüglich der örtlichen Zuständigkeit führt nicht zur Nichtigkeit (§ 125 Abs. 3 Nr. 1 AO). Die örtliche Zuständigkeit grenzt den Aufgabenbereich gleichartiger Behörden – beispielsweise Finanzämter – unter räumlichen Gesichtspunkten ab. Die §§ 17 bis 29 AO regeln im Wesentlichen die örtliche Zuständigkeit von Finanzämtern.

Gesonderte Feststellungen nach § 18 AO
Soweit Einkünfte durch Feststellungsbescheid gesondert festgestellt werden nach § 180 Abs. 1 Nr. 2 AO, sind folgende Finanzämter zuständig:
- Lagefinanzamt bei Einkünften aus Land- und Forstwirtschaft nach § 18 Abs. 1 Nr. 1 AO
- Betriebsstättenfinanzamt bei Einkünften aus Gewerbebetrieb nach § 18 Abs. 1 Nr. 2 AO
- Tätigkeitsfinanzamt bei Einkünften aus freiberuflicher Tätigkeit nach § 18 Abs. 1 Nr. 3 AO
- Verwaltungsfinanzamt bei Einkünften aus Kapitalvermögen nach § 18 Abs. 1 Nr. 4 AO

Steuern vom Einkommen und Vermögen natürlicher Personen nach § 19 AO
Für die Festsetzung der Einkommensteuer ist grundsätzlich das Wohnsitzfinanzamt zuständig (§ 19 Abs. 1 Satz 1 AO). Bei mehreren Wohnsitzen im Inland ist das Finanzamt zuständig, in dessen Bezirk sich ein lediger Steuerpflichtiger vorwiegend aufhält bzw. in dessen Bezirk sich bei verheirateten Steuerpflichtigen die Familie vorwiegend aufhält (§ 19 Abs. 1 Satz 2 AO).

Vorschriften zum Verfahrensrecht und Stellung notwendiger Anträge

Bei unbeschränkt steuerpflichtigen Arbeitnehmern, die im Ausland beschäftigt werden, beispielsweise bei Botschaftsangehörigen, ist das Finanzamt zuständig, in dessen Bezirk sich die den Lohn auszahlende öffentliche Kasse befindet (§ 19 Abs. 1 Satz 3 AO).
Hat ein beschränkt Steuerpflichtiger im Inland kein Vermögen, ist das Finanzamt örtlich zuständig, in dessen Bezirk der Steuerpflichtige tätig ist bzw. seine Tätigkeit verwertet wird (§ 19 Abs. 2 Satz 2 AO). Diese Norm gilt insbesondere für Grenzgänger, Künstler und Berufssportler.

Steuern vom Einkommen und Vermögen der Körperschaften nach § 20 AO
Für die Veranlagung von Körperschaften, Personenvereinigungen und Vermögensmassen zur Körperschaftsteuer ist nach § 20 Abs. 1 AO das Finanzamt zuständig, in dessen Bezirk sich die Geschäftsleitung (§ 10 AO) befindet. Ist weder die Geschäftsleitung noch der Sitz im Geltungsbereich des Gesetzes, so ist das Finanzamt örtlich zuständig, in dessen Bezirk sich der wertvollste Teil des inländischen Vermögens befindet (§ 20 Abs. 3 AO).

Steuern vom Einkommen bei Bauleistungen nach § 20a EStG
In Angelegenheiten der Bauabzugsteuer ist nach § 20a AO das Finanzamt des Leistenden zuständig.

Umsatzsteuer nach § 21 AO
Für die Umsatzsteuer ist nach § 21 Abs. 1 AO grundsätzlich das Finanzamt zuständig, von dessen Bezirk aus der Unternehmer sein Unternehmen ganz oder vorwiegend betreibt. Soweit Umsatzsteuer von Nichtunternehmern erhoben wird – beispielsweise in Fällen des § 2a UStG – ist das Finanzamt zuständig, das für die Besteuerung nach dem Einkommen zuständig ist (§ 21 Abs. 2 AO).

Realsteuern nach § 22 AO
Bei der Grundsteuer und der Gewerbesteuer ist das Lage- bzw. Betriebsstättenfinanzamt für die Festsetzung des jeweiligen Messbetrags örtlich zuständig. Die anschließende Festsetzung, Erhebung und Beitreibung der Realsteuern obliegen grundsätzlich den Gemeinden.

Einfuhr- und Ausfuhrabgaben nach § 23 AO
Für die Einfuhr- und Ausfuhrabgaben i. S. des Art. 4 Nr. 10 und 11 des Zollkodexes und Verbrauchsteuern ist nach § 23 Abs. 1 AO das Hauptzollamt örtlich zuständig, in dessen Bezirk der Tatbestand verwirklicht wird, an den das Gesetz die Steuer knüpft.

Ersatzzuständigkeit nach § 24 AO
Ist es nicht möglich, aus den Vorschriften der Steuergesetze die Zuständigkeit eines bestimmten Finanzamts zu bestimmen, ist die Finanzbehörde zuständig, in deren Bezirk der Anlass für die Amtshandlung als objektives Kriterium hervortritt.

Mehrfache örtliche Zuständigkeit nach § 25 AO
In den Fällen mehrfacher örtlicher Zuständigkeit, beispielsweise bei mehreren Wohnsitzen, ist grundsätzlich das Finanzamt zuständig, das sich als erstes mit dem Fall befasst hat.

Zuständigkeitswechsel nach § 26 AO
Ändert sich die örtliche Zuständigkeit, beispielsweise bei Wohnortwechsel oder Verlegung des Betriebssitzes, tritt der Wechsel der Zuständigkeit in dem Zeitpunkt ein, in dem eine der beiden Finanzbehörden hiervon erfährt.

Vorschriften zum Verfahrensrecht und Stellung notwendiger Anträge

Zuständigkeitsvereinbarung nach § 27 AO
Gemäß § 27 AO besteht die Möglichkeit, dass mit Zustimmung des Steuerpflichtigen eine andere Finanzbehörde als die eigentlich zuständige die Zuständigkeit übernimmt.

Zuständigkeitsstreit nach § 28 AO
Halten sich mehrere Finanzämter für zuständig oder für unzuständig, hat nach § 28 Abs. 1 AO die fachlich zuständige Aufsichtsbehörde über die Zuständigkeit zu entscheiden.

Zuständigkeit bei Gefahr im Verzug nach § 29 AO
Selbst wenn ein anderes Finanzamt örtlich zuständig ist, kann ein Finanzamt unaufschiebbare Maßnahmen treffen, die in seinem Finanzamtsbezirk veranlasst sind.

Besteuerungsgrundsätze und Beweismittel
Die Finanzbehörden müssen im Rahmen des Veranlagungsverfahrens folgende Besteuerungsgrundsätze wahren:
- Gleichmäßigkeitsgrundsatz: Die Finanzbehörden müssen die Steuern gleichmäßig festsetzen. Dieser Grundsatz ergibt sich auch aus Art. 3 Abs. 1 GG. Er verbietet willkürliche Unterschiede bei der Festsetzung und Erhebung von Steuern; gleiche Sachverhalte sollten also gleichbehandelt werden.
- Gesetzmäßigkeitsgrundsatz: Der Grundsatz der Gesetzmäßigkeit der Besteuerung lässt sich auch aus Art. 20 Abs. 3 GG ableiten. Er bedeutet, dass nach dem Gesetz entstandene Steueransprüche geltend gemacht werden müssen und verbietet somit Verträge bzw. Vergleiche über Steueransprüche.

In § 87 Abs. 1 AO ist geregelt, dass die Amtssprache deutsch ist. Die Finanzbehörde kann nach § 87 Abs. 2 AO die unverzügliche Übersetzung von vorgelegten Unterlagen verlangen, die in einer fremden Sprache verfasst sind. Es ist jedoch zu beachten, dass es sich hierbei um eine Ermessensvorschrift i. S. des § 5 AO handelt. Eine komplette Übersetzung von Unterlagen, die in einer gängigen Fremdsprache vorgelegt wurden, dürfte also ermessensfehlerhaft sein. Die Finanzbehörde soll vor der Anforderung einer Übersetzung zunächst prüfen, ob eine ausreichende Übersetzung durch eigene Bedienstete oder im Wege der Amtshilfe möglich ist (vgl. Nr. 1 AEAO zu § 87). Die Übermittlung elektronischer Dokumente an die Finanzbehörden ist nach § 87a Abs. 1 AO grundsätzlich zulässig. Übermittelt die Finanzbehörde Daten, die dem Steuergeheimnis unterliegen, hat sie für eine entsprechende Verschlüsselung zu sorgen.

Besteuerungsverfahren

Das Besteuerungsverfahren ist in drei Abschnitte untergliedert:
1. Ermittlung
2. Festsetzung
3. Erhebung

Die erforderlichen Ermittlungen im Besteuerungsverfahren sind von Amts wegen durchzuführen (§ 88 Abs. 1 Satz 1 AO). Die Finanzbehörde bestimmt hierbei die Art und den Umfang der Ermittlungen und ist hierbei nicht an ein konkretes Vorbringen oder an Beweisanträge gebunden (§ 88 Abs. 1 Satz 2 AO). Es sind im Rahmen der Ermittlungen auch die für den Steuerpflichtigen günstigen Umstände zu berücksichtigen (§ 88 Abs. 2 AO). Hierdurch soll die objektiv zutreffende Steuer festgesetzt werden können.

Aufgrund der Norm des § 89 AO haben die Finanzbehörden Beratungs- und Auskunftspflichten. Diese ergeben sich aus der Fürsorgepflicht gegenüber dem Steuerpflichtigen. Hiervon betroffen sind Anträge und Erklärungen der Steuerpflichtigen, die sich bei bestimmten Konstellationen aufdrängen. Die Verpflichtung des § 89 AO betrifft nach

Vorschriften zum Verfahrensrecht und Stellung notwendiger Anträge

§ 89 Abs. 1 Satz 2 AO nur Verfahrensvorschriften und somit nicht die Erteilung von Rechtsauskünften, die einen materiellen Anspruch des Steuerpflichtigen betreffen.

Auf Antrag können die Finanzbehörden verbindliche Auskünfte über die steuerliche Beurteilung von genau bestimmten, noch nicht verwirklichten steuerlichen Sachverhalten erteilen (§ 89 Abs. 2 Satz 1 AO). Für die Bearbeitung von Anträgen auf Erteilung einer verbindlichen Auskunft werden nach § 89 Abs. 3 AO Gebühren erhoben. Die Gebühr richtet sich grundsätzlich – wie die Gerichtsgebühren – nach dem Gegenstandswert. Maßgebend für die Bestimmung des Gegenstandswerts ist die steuerliche Auswirkung des vom Antragsteller dargelegten Sachverhalts, nicht die Investitionssumme beziehungsweise die Summe der Betriebsausgaben oder Werbungskosten.

Durch § 89 Abs. 5 AO wird die Gebührenpflicht für die verbindliche Auskunft auf wesentliche und aufwändige Fälle beschränkt. Dies sind Fälle, in denen der Gegenstandswert nicht weniger als 10.000 Euro beträgt. Der Untersuchungsgrundsatz des § 88 Abs. 1 AO ist durch die Mitwirkungspflicht der Beteiligten flankiert. Nach § 90 Abs. 1 Satz 1 AO sind die Beteiligten zur Mitwirkung bei der Ermittlung des Sachverhalts verpflichtet. Dies ist dadurch begründet, dass dem Steuerpflichtigen oftmals die steuerlich erheblichen Tatsachen am besten bekannt sind, er ist aufgrund seiner Beweisnähe der entscheidende Wissensträger.

Bei Sachverhalten mit Auslandsbezug besteht nach § 90 Abs. 2 und 3 AO eine erhöhte Mitwirkungspflicht. Den Steuerpflichtigen wird hier die Verpflichtung zur Aufklärung der Sachverhalte und zur Beschaffung der erforderlichen Beweismittel übertragen. Kommt der Steuerpflichtige seinen Mitwirkungspflichten nicht oder nur eingeschränkt nach, hat die

Finanzbehörde nach § 93 AO die Möglichkeit, von anderen Personen Informationen anzufordern.

Nach § 91 Abs. 1 AO gilt der Grundsatz des rechtlichen Gehörs. Die Finanzbehörde soll vor Erlass eines belastenden Verwaltungsaktes (z. B. bei einer erheblichen Abweichung von einer eingereichten Steuererklärung) den Betroffenen Gelegenheit geben, sich zu den für die Entscheidung erheblichen Tatsachen zu äußern.
Im Rahmen des Besteuerungsverfahrens kann sich die Finanzbehörde diverser Beweismittel bedienen. Konkret stehen der Finanzbehörde nach §§ 93 ff. AO folgende Möglichkeiten offen:
- Auskunftsersuchen
- Vorlagen von Urkunden und Akten
- Vorladung von Beteiligten und anderen Personen
- Automatisierter Kontenabruf
- Hinzuziehung von Sachverständigen
- Einnahme des Augenscheins
- Betreten von Grundstücken und Räumen
- Eidliche Vernehmung
- Versicherung an Eides statt

Vorschriften zum Verfahrensrecht und Stellung notwendiger Anträge

Fristen, Termine insbesondere Wiedereinsetzung in den vorigen Stand

Frist:

| Zeitraum |

Frist: abgegrenzter, bestimmter oder bestimmbarer Zeitraum, in dem ein bestimmtes Handeln gefordert wird

Termin: Zeitpunkt

Termin: bestimmter Zeitpunkt, an dem eine Handlung vorzunehmen ist oder eine Rechtsfolge eintritt

Für das steuerrechtliche Verfahren gibt es Fristen, die in der AO, aber auch solche, die in den Steuergesetzen geregelt sind (gesetzliche Fristen). Darüber hinaus kann auch die Behörde eine Frist setzen bzw. verlängern (behördliche Fristen). Es gibt verlängerbare und nicht verlängerbare Fristen, Ausschluss- und Nichtausschlussfristen.

Bei Ausschlussfristen führt die fehlende Handlung zu nicht mehr rückgängig zu machenden Nachteilen des Steuerpflichtigen, z. B. der Ablauf der Einspruchsfrist, die Unanfechtbarkeit und Nichtabänderbarkeit des Steuerbescheids.

Bei Nichtausschlussfristen ist ein solcher Nachteil nicht zwingend, z. B. bei der Nichtabgabe einer Steuererklärung nach der gesetzlichen oder behördlichen Abgabefrist.

Gesetzliche Fristen

Sie sind gesetzlich geregelt. Soweit sie unmittelbar mit der Steuerfestsetzung zusammenhängen, handelt es sich regelmäßig um Ausschlussfristen, so z. B. Rechtsbehelfsfristen und Verjährungsfristen. Sie sind nur

verlängerbar, wenn dies ausdrücklich gesetzlich erlaubt ist, was i. d. R. nicht der Fall ist. Ausnahme: Die Revisionsbegründungsfrist nach § 120 FGO ist verlängerungsfähig. Bei Versäumnis einer gesetzlichen Frist kommt eine Wiedereinsetzung in den vorigen Stand in Betracht.
Im Übrigen gibt es zahlreiche Fristen, die keine Ausschlussfristen sind und die auch verlängerbar sind, z. B. Fristen zur Abgabe einer Einkommensteuererklärung oder auch die Frist zur Zahlung einer Einkommensteuerabschlusszahlung durch Stundung.

Behördliche Fristen
Sie werden vom Finanzamt im Einzelfall bestimmt. Möglich ist auch eine behördliche Frist bzw. Fristverlängerung durch eine Allgemeinverfügung, z. B. die allgemeine, im Bundessteuerblatt Teil I veröffentlichte Fristverlängerung für die Abgabe von Einkommensteuererklärungen. Die Fristen können – auch rückwirkend oder gegen Sicherheitsleistung – nach § 109 AO verlängert werden. Sie sind i. d. R. keine Ausschlussfristen (Ausnahme s. unten), können aber bei Nichteinhaltung ggf. das Entstehen von Nachteilen nicht mehr beseitigen oder verhindern, z. B. Säumniszuschläge bei Nichteinhaltung der Zahlungsfrist, Verspätungszuschläge bei Nichteinhaltung der Einkommensteuererklärungsfrist.

Wiedereinsetzung in den vorigen Stand gibt es bei behördlichen Fristen nicht, denn diese ist nur für gesetzliche Fristen vorgesehen. Sie wird jedoch, so weit erforderlich, durch die Möglichkeit der rückwirkenden Fristverlängerung ersetzt. Eine Sonderstellung nimmt die im Einspruchsverfahren gesetzte Ausschlussfrist des § 364b AO ein. Sie hat Ausschluscharakter, ist aber gleichwohl – auf Antrag – verlängerbar. Bei Überschreitung der Frist ist Wiedereinsetzung in den vorigen Stand möglich. Gemäß § 108 Abs. 1 AO sind für die Berechnung von Fristen und die Bestimmung von Terminen die §§ 187 bis 193 BGB einschlägig, soweit nicht durch die AO oder durch ein Einzelsteuergesetz etwas anderes bestimmt

Vorschriften zum Verfahrensrecht und Stellung notwendiger Anträge

ist. Dies bedeutet, dass eine Ereignisfrist mit Ablauf des Tages beginnt, an dem das auslösende Ereignis eingetreten ist (§ 187 Abs. 1 BGB). Dies wird durch § 108 Abs. 2 AO bestätigt.

Werden schriftliche Verwaltungsakte durch die Post übermittelt, so gelten sie nach der Bekanntgabefiktion mit dem dritten Tag nach Aufgabe zur Post als bekannt gegeben, außer sie gehen nicht oder tatsächlich zu einem späteren Zeitpunkt zu (§ 122 Abs. 2 Nr. 1 AO). Bei einer Übermittlung per Post löst der Zugang vor Ablauf der Dreitagesfrist keinen früheren Fristbeginn aus. Ist der dritte Tag nach Absendung des Briefes ein Samstag, Sonntag oder Feiertag, verschiebt sich der Tag der Bekanntgabe auf den nächstfolgenden Werktag. Das Ende einer nach Tagen bestimmten Frist ist nach § 188 Abs. 1 BGB der Ablauf des letzten Tages der Frist. Monatsfristen enden mit Ablauf des Tages, der die gleiche Zahl trägt wie der Ereignistag beispielsweise Tag der Bekanntgabe in Zusammenhang mit der Einspruchsfrist. Fehlt bei einer nach Monaten bestimmten Frist in dem letzten Monat der für ihren Ablauf maßgebende Tag, so endet die Frist mit Ablauf des letzten Tages dieses Monats (§ 188 Abs. 3 BGB). Ist der letzte Tag einer Frist ein Samstag, Sonntag oder gesetzlicher Feiertag, dann endet die Frist erst mit Ablauf des nächstfolgenden Werktages (§ 108 Abs. 3 AO).

Behördliche Fristen, wie die Frist zur Vorlage von Belegen (§ 97 AO) oder die Stundungsfrist (§ 222 AO) sind nach § 109 Abs. 1 AO verlängerbar. Dies gilt ausnahmsweise auch für die Frist zur Abgabe von Steuererklärungen (§ 149 Abs. 2 AO), obwohl es sich hierbei um eine gesetzliche Frist handelt. Ansonsten ist bei gesetzlichen Ausschlussfristen grundsätzlich keine Fristverlängerung möglich. Es besteht jedoch ein Anspruch auf Wiedereinsetzung in den vorigen Stand, wenn jemand ohne Verschulden an der Fristeinhaltung verhindert war (§ 110 Abs. 1 Satz 1 AO).

Die Voraussetzungen der Wiedereinsetzung nach § 110 AO sind im Einzelnen:

Versäumung einer wiedereinsetzungsfähigen Frist nach § 110 Abs. 1 Satz 1 AO
Gesetzliche Fristen sind Fristen, deren Dauer im Gesetz selbst bestimmt sind, beispielsweise §§ 355 Abs. 1, 172 Abs. 1 Satz 1 Nr. 2 Buchst. a AO, § 19 Abs. 2 UStG. Verlängerbare gesetzliche Fristen, wie z. B. die Steuererklärungsfrist nach § 149 AO, sind nicht von § 110 AO betroffen.

Tatsächliche Verhinderung an der Fristeinhaltung nach § 110 Abs. 1 Satz 1 AO
Entscheidend ist, dass der Steuerpflichtige wegen äußerer Umstände oder aus persönlichen Gründen nicht in der Lage war, die Frist einzuhalten. Dies ist insbesondere bei längerer schwerer Krankheit gegeben. Wenn sich beispielsweise ein Steuerpflichtiger wegen eines Herzinfarktes sechs Wochen im Krankenhaus befindet, kann er an einer Fristeinhaltung verhindert sein.

Kein Verschulden des Steuerpflichtigen selbst oder seines Vertreters nach § 110 Abs. 1 Satz 1 und 2 AO
Den Steuerpflichtigen darf an dem Versäumen der Frist keine Schuld treffen. So trifft beispielsweise einen Ausländer bei fehlenden deutschen Sprachkenntnissen grundsätzlich ein Verschulden, wenn er die Rechtsbehelfsbelehrung nicht versteht. Ebenso handelt ein Geschäftsmann stets schuldhaft, wenn er bei längerer Abwesenheit keinen Vertreter bestellt. Der Steuerpflichtige muss auch das Verhalten seines Vertreters verantworten. Versäumt etwa ein Vormund für seinen Mündel einen Rechtsbehelf fristgerecht einzulegen, kann grundsätzlich keine Wiedereinsetzung gewährt werden.

Vorschriften zum Verfahrensrecht und Stellung notwendiger Anträge

Antrag auf Wiedereinsetzung bzw. Nachholung der versäumten Handlung nach § 110 Abs. 2 Satz 3 und 4 AO
Der Antrag auf Wiedereinsetzung kann durch eine schlichte Nachholung der versäumten Rechtshandlung, wie beispielsweise der Einlegung des Rechtsbehelfs, gestellt werden. Ein eigens formulierter Antrag ist nicht zwangsläufig erforderlich.

Antragstellung innerhalb der einmonatigen Wiedereinsetzungsfrist nach § 110 Abs. 2 Satz 1 AO beziehungsweise der Jahresfrist nach § 110 Abs. 2 Satz 2 AO
Der Antrag auf Wiedereinsetzung ist innerhalb eines Monats nach Wegfall des Hindernisses zu stellen. Diese Wiedereinsetzungsfrist ist grundsätzlich wiederum wiedereinsetzungsfähig. Nach Ablauf der Jahresfrist, die ab dem Ende der versäumten Frist an berechnet wird, kann grundsätzlich keine Wiedereinsetzung gewährt werden.

Glaubhaftmachung der Wiedereinsetzungsgründe nach § 110 Abs. 2 Satz 2 AO
Wiedereinsetzung in den vorigen Stand kann lediglich gewährt werden, wenn der Steuerpflichtige gegenüber dem Finanzamt die Gründe für die Versäumung glaubhaft macht. In Zweifelsfällen sind vom Steuerpflichtigen entsprechende Urkunden und Belege beizubringen, Zeugen zu benennen oder eine eidesstattliche Versicherung abzuleisten.

Anzeige- und Mitwirkungspflichten
Nach § 134 AO wird die Erfassung von Personen und Unternehmen durch die Gemeinden durchgeführt. Bei der Personenstands- und Betriebsaufnahme müssen nach § 135 AO Grundstückseigentümer, Wohnungsinhaber, Betriebsinhaber usw. mitwirken.

Gemäß § 137 AO besteht für Körperschaften, Vereinigungen und Vermögensmassen die Verpflichtung, innerhalb eines Monats alle Umstände anzuzeigen, die für die steuerliche Erfassung von Bedeutung sind. Dies betrifft insbesondere die Gründung, den Erwerb der Rechtsfähigkeit, die Änderung der Rechtsform, die Verlegung des Sitzes oder der Geschäftsleitung und die Auflösung.

§ 138 Abs. 1 AO verpflichtet Steuerpflichtige, den Beginn einer land- und forstwirtschaftlichen, einer gewerblichen oder einer freiberuflichen Tätigkeit innerhalb eines Monats (§ 138 Abs. 3 AO) anzuzeigen. § 138 Abs. 2 AO regelt eine besondere Anzeigepflicht zur Überwachung von Auslandsbeziehungen. So sind beispielsweise die Gründung und der Erwerb von Betrieben und Betriebsstätten im Ausland anzuzeigen.

Die Finanzbehörden können nach § 148 AO in Einzelfällen Erleichterungen bei den Mitwirkungspflichten bewilligen, wenn die Einhaltung dieser Pflichten Härten mit sich bringt und die Besteuerung durch die Erleichterung nicht beeinträchtigt wird.

Vorschriften zur Abgabe von Steuererklärungen

Folgende Personen sind zur Abgabe einer Steuererklärung verpflichtet gemäß § 149 Abs. 1 AO:
- Steuerpflichtige (§ 33 Abs. 1 AO), die nach den Einzelsteuergesetzen Steuererklärungen abzugeben haben und deren Gesamtrechtsnachfolger (§ 45 AO)
- Personen, die als Vermögensverwalter (§ 34 AO) oder Verfügungsberechtigte (§ 35 AO) auftreten
- Personen, die von der Finanzverwaltung persönlich (§ 149 Abs. 1 Satz 2 AO) oder durch öffentliche Bekanntmachung (§ 149 Abs. 1 Satz 3 AO) aufgefordert wurden
- Feststellungsbeteiligte i. S. des § 181 Abs. 2 AO

Vorschriften zum Verfahrensrecht und Stellung notwendiger Anträge

Die Steuererklärungen sind grundsätzlich gemäß § 150 Abs. 1 Satz 1 AO nach amtlich vorgeschriebenem Vordruck abzugeben. „Nach" bedeutet hier, dass auch eine Abgabe auf einem privat gedruckten Formular zulässig ist, sofern es dem amtlichen Muster entspricht. Die Angaben sind nach § 150 Abs. 2 Satz 1 AO wahrheitsgemäß nach bestem Wissen und Gewissen zu machen und, sofern auf dem Vordruck vorgesehen, schriftlich zu versichern (§ 150 Abs. 2 Satz 2 AO).

Nach § 25 Abs. 4 i. V. mit § 52 Abs. 39 EStG sind Einkommensteuererklärungen mit Einkünften nach § 2 Abs. 1 Satz 1 Nr. 1 bis 3 EStG (Gewinneinkünfte) ab dem Veranlagungszeitraum 2011 verpflichtend elektronisch zu übermitteln. Die Pflicht zur elektronischen Übermittlung greift nicht, wenn daneben Einkünfte aus nichtselbständiger Arbeit mit Steuerabzug erzielt werden und die positive Summe der Einkünfte, die nicht dem Steuerabzug vom Arbeitslohn zu unterwerfen waren, sowie die positive Summe der Progressionseinkünfte jeweils den Betrag von 410 Euro nicht übersteigen.

Nach § 5b EStG besteht für Steuerpflichtige, die ihren Gewinn nach § 4 Abs. 1, § 5 oder § 5a EStG ermitteln, die Verpflichtung, den Inhalt der Bilanz sowie der Gewinn- und Verlustrechnung nach amtlich vorgeschriebenem Datensatz durch Datenfernübertragung zu übermitteln. Nach § 51 Abs. 4 Nr. 1b EStG ist das BMF ermächtigt, im Einvernehmen mit den obersten Finanzbehörden der Länder den Mindestumfang der elektronisch zu übermittelnden Bilanzen und Gewinn- und Verlustrechnungen zu bestimmen.

§ 151 AO sieht vor, dass Steuererklärungen, die schriftlich abzugeben sind, bei der zuständigen Finanzbehörde auch zur Niederschrift erklärt werden können, wenn die Schriftform dem Steuerpflichtigen nach seinen persönlichen Verhältnissen nicht zugemutet werden kann.

Wenn die Abgabe einer Steuererklärung nicht oder nicht fristgerecht erfolgt, kann nach § 152 Abs. 1 Satz 1 AO ein Verspätungszuschlag festgesetzt werden. Dieser darf nach § 152 Abs. 2 Satz 1 AO 10 % der festgesetzten Steuer bzw. des festgesetzten Messbetrages und 25.000 Euro nicht übersteigen.

Erkennt der Steuerpflichtige nach Abgabe einer Erklärung, aber noch vor Ablauf der Festsetzungsfrist, dass die Erklärung unrichtig oder unvollständig ist, ist er nach § 153 Abs. 1 Satz 1 AO verpflichtet, unverzüglich eine Richtigstellung vorzunehmen. Nach § 153 Abs. 1 Satz 2 AO gilt diese Verpflichtung auch für den Gesamtrechtsnachfolger (§ 45 AO).

Vorschriften zum Verfahrensrecht und Stellung notwendiger Anträge

8.3 Steuerfestsetzung
Begriff des Verwaltungsaktes und Formen der Bekanntgabe von Verwaltungsakten

Die Finanzbehörden werden im Bereich der Hoheitsverwaltung im Wesentlichen in Form von Verwaltungsakten tätig.
Nach § 118 Satz 1 AO ist ein Verwaltungsakt
- jede Verfügung, Entscheidung oder andere hoheitliche Maßnahme,
- die eine Behörde
- zur Regelung eines Einzelfalls auf dem Gebiet des öffentlichen Rechts trifft und
- die auf unmittelbare Rechtswirkung nach außen gerichtet ist.

Beispiele für einen Verwaltungsakt sind hiernach:
- Steuerbescheide,
- Androhung und Festsetzungen eines Zwangsgelds,
- Pfändungen,
- Aufforderungen zur Buchführung,
- Einspruchsentscheidungen,
- Ablehnungen von Stundungsanträgen.
- Keine Verwaltungsakte sind dagegen unter anderem:
- Einkauf von Büromaterial durch die Geschäftsstelle des Finanzamts (keine hoheitliche Maßnahme),
- Steuerrichtlinien (keine Einzelfallregelung),
- BMF-Schreiben (keine Einzelfallregelung),
- Betriebsprüfungsberichte (keine Rechtswirkung nach außen),
- Erinnerung an die Abgabe von Steuererklärungen (keine Rechtswirkung nach außen).

Ein Verwaltungsakt muss, um Rechtskraft entfalten zu können, wirksam bekannt gegeben werden (§§ 122, 124, 155 Abs. 1 Satz 2 AO). Eine wirksame Bekanntgabe erfordert nach § 122 Abs. 1 AO:

- Zugang beim richtigen Empfänger,
- Bekanntgabewille (Wissen und Wollen der Behörde muss vorliegen),
- Schriftform (soweit gesetzlich vorgeschrieben).

Der Zugang erfolgt bei einem schriftlich oder elektronisch bekannt gegebenen Verwaltungsakt dadurch, dass er in den Machtbereich des Adressaten gelangt ist und dieser auch die Möglichkeit hatte, den Verwaltungsakt zur Kenntnis zu nehmen.

Adressat eines Verwaltungsaktes ist derjenige, für den er seinem Inhalt nach bestimmt ist bzw. der von ihm betroffen wird (§ 122 Abs. 1 Satz 1 AO). Der Adressat muss im Verwaltungsakt – nicht zwingend im Anschriftenfeld – eindeutig bezeichnet werden.

Formen, Arten und Inhalte von Steuerbescheiden
Gemäß § 157 Abs. 1 Satz 1 AO sind Steuerbescheide grundsätzlich schriftlich zu erteilen. Diese müssen nach § 157 Abs. 1 Sätze 2 und 3 AO zwingend folgende Angaben enthalten:
- festgesetzte Steuer nach Art und Betrag,
- Steuerschuldner,
- einlegbarer Rechtsbehelf durch Berücksichtigung der Frist und Zusendung an zuständige Behörde.
-

Gegen Steuerbescheide ist das Rechtsmittel des Einspruchs zulässig (§ 347 AO). Dieser muss sich jedoch gegen den Steuerbescheid selbst, d. h. gegen die festgesetzte Steuer richten. Einzelne Grundlagen des Steuerbescheids – wie z. B. die Höhe des Gewinns aus Gewerbebetrieb – können nicht selbständig angefochten werden (§ 157 Abs. 2 AO).

Vorschriften zum Verfahrensrecht und Stellung notwendiger Anträge

Im Rahmen der Festsetzung von Realsteuern (Grundsteuer und Gewerbesteuer) sind Steuermessbeträge zu ermitteln. Diese werden nach § 184 Abs. 1 Satz 1 AO durch Steuermessbescheid festgesetzt. Die Steuermessbescheide bilden die Grundlage für die daraus zu erstellenden Steuerbescheide (sog. Folgebescheide).

Steuerfestsetzung unter dem Vorbehalt der Nachprüfung
Die Finanzbehörde kann einen Steuerbescheid nach § 164 Abs. 1 AO unter dem Vorbehalt der Nachprüfung ergehen lassen. Hierdurch besteht die Möglichkeit, innerhalb der regulären Festsetzungsverjährung die Steuerfestsetzung in vollem Umfang korrigieren zu können (§ 164 Abs. 2 und 4 AO). Diese wird, solange der Vorbehalt der Nachprüfung besteht, nur formell jedoch nicht materiell bestandskräftig. Ziel von Festsetzungen unter dem Vorbehalt der Nachprüfung ist die Beschleunigung von Festsetzungen und somit auch von Abschlusszahlungen bzw. Erstattungen in den Fällen, in denen der Steuerfall noch nicht abschließend geprüft werden kann. Jedoch darf auch die Vorbehaltsfestsetzung zu einer von der Steuererklärung abweichenden Steuer führen. Die Finanzverwaltung kann also nach einer überschlägigen Prüfung von der eingereichten Steuererklärung abweichen, es darf jedoch keine abschließende Prüfung stattfinden.

Es liegt allein im Ermessen der Finanzverwaltung eine Steuerfestsetzung unter dem Vorbehalt der Nachprüfung vorzunehmen, der Steuerpflichtige hat hierauf keinen Anspruch. Steht eine Außenprüfung bevor, wird das Finanzamt regelmäßig Bescheide unter dem Vorbehalt der Nachprüfung erlassen, um etwaige Erkenntnisse der Außenprüfung problemlos in die Steuerfestsetzung einfließen lassen zu können.

Arten der Vorbehaltsfestsetzung
Behördliche Vorbehalte: kraft Vermerk nach § 164 Abs. 1 Satz 1 AO
Gesetzliche Vorbehalte:
- Vorauszahlungsbescheide (§ 164 Abs. 1 Satz 2 AO)
- Steueranmeldungen (§§ 167, 168 AO)
- Einzelsteuergesetze (z.B. § 39 Abs. 1 Satz 4 EStG)

Ein von der Finanzverwaltung festgesetzter Vorbehalt der Nachprüfung kann nach § 164 Abs. 3 Satz 1 AO jederzeit aufgehoben werden. Dies kann grundsätzlich ohne Begründung erfolgen. Nach einer Außenprüfung ist der Vorbehalt der Nachprüfung aufzuheben, wenn sich Änderungen gegenüber der Steuerfestsetzung unter dem Vorbehalt der Nachprüfung nicht ergeben (§ 164 Abs. 3 Satz 3 AO). In der Praxis ist eine Aufhebung auch zwingend, wenn sich Änderungen ergeben, der Gesetzeswortlaut ist insofern missverständlich. Der Vorbehalt der Nachprüfung umfasst stets den gesamten Bescheid. Folglich ist eine Teilaufhebung des Vorbehalts der Nachprüfung nicht möglich.

Vorschriften zur Schätzung von Besteuerungsgrundlagen
Kann die Finanzbehörde die Besteuerungsgrundlagen nicht ermitteln oder berechnen, hat sie diese nach § 162 Abs. 1 Satz 1 AO zu schätzen. Häufiger Gegenstand von Schätzungen sind Einkünfte aus Gewerbebetrieb, Land- und Forstwirtschaft oder eines freien Betriebs. Auch die Schätzung des Umsatzes für Zwecke der Umsatzbesteuerung ist vielfach anzutreffen. Nach § 162 Abs. 1 Satz 2 AO sind alle Umstände zu berücksichtigen, die von Bedeutung sind. Dies bedeutet, dass auch steuermindernde Posten wie Betriebsausgaben, Werbungskosten, Sonderausgaben und außergewöhnliche Belastungen zu berücksichtigen sind.

Schätzungen werden regelmäßig durchgeführt, wenn Steuererklärungen nicht abgegeben werden (vgl. § 162 Abs. 2 Satz 1 AO) bzw. wenn Bücher oder Aufzeichnungen, die nach den Steuergesetzen zu führen sind, nicht

Vorschriften zum Verfahrensrecht und Stellung notwendiger Anträge

vorgelegt werden können bzw. nicht ordnungsgemäß geführt sind. Kann der Steuerpflichtige den Dokumentationspflichten des § 90 Abs. 3 AO nicht nachkommen und erschwert er somit die Verrechnungspreisprüfung durch die Finanzverwaltung, eröffnet § 162 Abs. 3 AO eine Schätzungsbasis.

Arten der Schätzung
Es gibt verschiedene Arten, auf welche Schätzungen vorgenommen werden können.

Vollschätzung
Hier werden alle Besteuerungsgrundlagen geschätzt. Die Steuer selbst darf jedoch nicht geschätzt werden. Die Vollschätzung kommt nur in Betracht, wenn der Finanzverwaltung keinerlei Unterlagen vorliegen, anhand derer eine Teil- oder Ergänzungsschätzung vorgenommen werden können.

Teil- oder Ergänzungsschätzung
Bei der **Teilschätzung** werden nur Teile der Besteuerungsgrundlagen, z.B. die Bareinnahmen, geschätzt, wenn diese nicht ordnungsgemäß ermittelt wurden.
Bei der **Ergänzungsschätzung** werden punktuelle Unsicherheiten, z.B. hinsichtlich der Nutzungsdauer eines Wirtschaftsguts, geschätzt.

Methoden der Schätzung
- Vorjahresvergleich
- Äußerer Betriebsvergleich (Richtsätze)
- Innerer Betriebsvergleich (Nachkalkulation)
- Einnahmen-Ausgaben-Deckungsrechnung (Geldverkehrsrechnung)

Vorschriften zur vorläufigen Steuerfestsetzung

Wenn eine Steuerfestsetzung nicht abschließend möglich ist, weil objektiv erforderliche Besteuerungsgrundlagen (noch) nicht bekannt sind, ist es nicht erforderlich, dass der gesamte Steuerfall offenbleibt. Es ist möglich, den Bescheid nach § 165 Abs. 1 Satz 1 AO punktuell vorläufig festzusetzen.

Nach § 165 Abs. 1 Satz 2 AO ist eine vorläufige Festsetzung möglich, wenn
- ungewiss ist, ob und wann Verträge mit anderen Staaten über die Besteuerung (§ 2 AO), die sich zugunsten des Steuerpflichtigen auswirken, für die Steuerfestsetzung wirksam werden,
- das Bundesverfassungsgericht die Unvereinbarkeit eines Steuergesetzes mit dem Grundgesetz festgestellt hat und der Gesetzgeber zu einer Neuregelung verpflichtet ist,
- die Vereinbarkeit eines Steuergesetzes mit höherrangigem Recht Gegenstand eines Verfahrens bei dem Gerichtshof der Europäischen Gemeinschaften, dem Bundesverfassungsgericht oder einem obersten Bundesgericht ist oder
- die Auslegung eines Steuergesetzes Gegenstand eines Verfahrens bei dem Bundesfinanzhof ist.

Nach § 165 Abs. 1 Satz 3 AO sind Umfang und Grund der Vorläufigkeit im Bescheid anzugeben.

Zeitpunkt der Festsetzungsverjährung

Der Gedanke des Rechtsfriedens bedingt, dass Ansprüche aus Steuerschuldverhältnissen nach Ablauf einer bestimmten Zeit nicht mehr durchgesetzt werden können. In diesem Zusammenhang unterscheidet die AO zwischen
- Festsetzungsverjährung nach §§ 169 ff. AO und
- Zahlungsverjährung nach §§ 228 ff. AO.

Vorschriften zum Verfahrensrecht und Stellung notwendiger Anträge

Die **Festsetzungsverjährung** definiert den Zeitraum, wie lange entstandene Ansprüche aus dem Steuerschuldverhältnis festgesetzt werden können. Durch die Zahlungsverjährung wird geregelt, wie lange fällige Ansprüche aus dem Steuerschuldverhältnis erhoben werden können. In § 169 Abs. 2 AO sind vier verschiedene Festsetzungsfristen normiert:
- 1 Jahr: Zölle und Verbrauchsteuern nach § 169 Abs. 2 Satz 1 Nr. 1 AO
- 4 Jahre: andere Steuern nach § 169 Abs. 2 Satz 1 Nr. 2 AO
- 5 Jahre: leichtfertig verkürzte Steuern nach § 169 Abs. 2 Satz 2 AO
- 10 Jahre: hinterzogene Steuern nach § 169 Abs. 2 Satz 2 AO

Die Festsetzungsfrist ist gewahrt, wenn der Steuerbescheid vor Ablauf der Frist den Bereich der für die Steuerfestsetzung zuständigen Behörde verlassen hat (§ 169 Abs. 1 Satz 3 Nr. 1 AO), der Zeitpunkt des Zugangs beim Steuerpflichtigen ist unerheblich.

Nach Ablauf der Festsetzungsfrist darf kein Steuerbescheid mehr ergehen. Dies gilt sowohl für Erst- als auch für Änderungsbescheide. Grundsätzlich beginnt die Festsetzungsfrist mit Ablauf des Kalenderjahres, in dem die Steuer entstanden ist (§ 170 Abs. 1 AO). Ist jedoch eine Steuererklärung oder Steueranmeldung einzureichen, beginnt die Festsetzungsfrist mit Ablauf des Kalenderjahres, in dem die Einreichung erfolgt ist, spätestens jedoch mit Ablauf des dritten Kalenderjahres, das auf das Entstehungsjahr der Steuer folgt (§ 170 Abs. 2 Satz 1 Nr. 1 AO). In Einzelfällen reichen die Festsetzungsfristen nicht aus, um eine abschließende Steuerfestsetzung zu veranlassen. Aus diesem Grund wird unter bestimmten Voraussetzungen das Ende der regulären Frist hinausgeschoben.

§ 171 AO regelt insbesondere folgende Fälle der Ablaufhemmung:

Höhere Gewalt nach § 171 Abs. 1 AO
Kann die Steuerfestsetzung wegen höherer Gewalt (z. B. Brand im Finanzamt) innerhalb der letzten sechs Monate des Fristablaufs nicht erfolgen, so ist der Fristablauf solange gehemmt.

Offenbare Unrichtigkeit nach § 171 Abs. 2 AO:
Ist dem Finanzamt beim Erlass des Steuerbescheids eine offenbare Unrichtigkeit i. S. des § 129 AO unterlaufen, besteht ab Bekanntgabe des fehlerhaften Bescheids insoweit eine Jahresfrist zur Berichtigung des Fehlers.

Antrag auf Steuerfestsetzung oder Änderung des Steuerbescheids nach § 171 Abs. 3 AO:
Stellt der Steuerpflichtige vor Ablauf der Festsetzungsfrist beispielsweise einen Antrag auf Änderung des Steuerbescheids nach § 174 AO, läuft die Festsetzungsfrist nicht ab, bevor über den Antrag unanfechtbar entschieden wurde.

Einspruchs- und Klageverfahren nach § 171 Abs. 3a AO:
Bei Anfechtung eines Steuerbescheids durch Einspruch oder Klage läuft die Festsetzungsfrist insoweit nicht ab, bis eine unanfechtbare Entscheidung vorliegt.

Außenprüfung nach § 171 Abs. 4 AO:
Bei Beginn einer Außenprüfung tritt eine Ablaufhemmung ein, die solange dauert, bis die aufgrund der Außenprüfung ergangenen Bescheide oder Mitteilungen unanfechtbar geworden sind. Wird die Außenprüfung unmittelbar nach Beginn für mehr als sechs Monate unterbrochen, gilt dies nicht.

Vorschriften zum Verfahrensrecht und Stellung notwendiger Anträge

Steuerstraftaten nach § 171 Abs. 7 AO:
Bei Steuerstraftaten endet die Festsetzungsfrist nicht, bevor die Verfolgung der Steuerstraftat oder der Steuerordnungswidrigkeit verjährt ist.

Bestandskraft
Ein Verwaltungsakt ist formell bestandskräftig, wenn er, beispielsweise wegen Ablauf der Rechtsbehelfsfrist (§ 355 Abs. 1 AO), nicht mehr angegriffen werden kann.
Er ist materiell bestandskräftig, wenn der Regelungsinhalt des Verwaltungsaktes rechtsbeständig, also verbindlich, ist.

Begriff und Wirkung einer Steueranmeldung
Steueranmeldungen sind Steuererklärungen, in denen der Steuerpflichtige die Steuer selbst zu berechnen hat (§ 150 Abs. 1 Satz 3 AO). Eine Festsetzung der Steuer nach § 155 AO ist in diesen Fällen nur erforderlich, wenn die Festsetzung zu einer abweichenden Steuer führt oder der Steuer- oder Haftungsschuldner die Steueranmeldung nicht abgibt (§ 167 Abs. 1 Satz 1 AO).
Das Steueranmeldungsverfahren ist beispielsweise für die Umsatzsteuer (§ 18 Abs. 1 und 3 UStG), die Lohnsteuer (§ 41a EStG) und die Kapitalertragsteuer (§ 44 EStG) gesetzlich vorgeschrieben.
Eine Steueranmeldung steht mit dem Eingang bei der Finanzbehörde einer Steuerfestsetzung unter Vorbehalt der Nachprüfung gleich (§ 168 Satz 1 AO). Dies bedeutet, dass der Steuerpflichtige gegen die Steueranmeldung grundsätzlich Einspruch einlegen kann.
Weicht die Finanzbehörde von der angemeldeten Steuer ab, ist eine Steuerfestsetzung vorzunehmen und ein Steuerbescheid zu erteilen (§ 167 Abs. 1 Satz 1 AO). Dieser Steuerbescheid kann nach den allgemeinen Regeln unter dem Vorbehalt der Nachprüfung ergehen – muss aber nicht.

Kosten bei besonderer Inanspruchnahme der Finanz- und Zollbehörden
Das Verwaltungsverfahren der Zoll- und Finanzbehörden ist grundsätzlich kostenfrei. Die Finanz- und Zollbehörden sind jedoch nach §§ 178, 178a AO berechtigt, bei besonderer Inanspruchnahme Gebühren zu erheben und die Erstattung von Auslagen zu verlangen.
Die Zollbehörden machen von diesem Recht beispielsweise bei amtlichen Bewachungen und Begleitungen von Beförderungsmitteln oder Waren auf Antrag, bei der Lagerung von Waren durch die Zollstelle (§ 7 ZKostV) oder bei Schreibauslagen (§ 8 ZKostV) Gebrauch.
Die Finanzbehörden stellen insbesondere bei zwischenstaatlichen Vorabverständigungsverfahren (sog. Advance Pricing Agreements, APA) Gebühren in Rechnung. Ziel eines APA ist es, Meinungsverschiedenheiten zwischen den Steuerverwaltungen verschiedener Staaten und den betroffenen Steuerpflichtigen hinsichtlich von Transaktionspreisen zu beseitigen, um eine steuerliche Doppelbelastung zu verhindern. Die Gebühr beträgt im Regelfall nach § 178a Abs. 2 Satz 1 AO 20.000 Euro.

Gesonderte Feststellung von Besteuerungsgrundlagen
In einem Feststellungsbescheid werden Besteuerungsgrundlagen gesondert festgestellt (vgl. § 179 Abs. 1 AO). Dieser ist dann als Grundlagenbescheid bindend für den oder die Folgebescheid(e) (§ 182 Abs. 1 AO). Entscheidungen, die in einem Grundlagenbescheid getroffen worden sind, können nur durch Anfechtung dieses Bescheids, nicht jedoch durch Anfechtung des Folgebescheids angegriffen werden (§ 351 Abs. 2 AO).
Ein Feststellungsbescheid richtet sich nach § 179 Abs. 2 Satz 1 AO gegen den Steuerpflichtigen, dem der Gegenstand der Feststellung bei der Besteuerung zuzurechnen ist. Die gesonderte Feststellung wird gegenüber mehreren Beteiligten einheitlich vorgenommen, wenn dies gesetzlich bestimmt ist oder der Gegenstand der Feststellung mehreren Personen zuzurechnen ist (§ 179 Abs. 2 Satz 2 AO).

Vorschriften zum Verfahrensrecht und Stellung notwendiger Anträge

Es werden folgende Feststellungsarten unterschieden:
Gesonderte Feststellung von Einkünften
Einheitliche und gesonderte Feststellungen: Alle Einkünfte, an denen mehrere beteiligt sind (§ 180 Abs. 1 Nr. 2a AO)
Gesonderte Feststellungen für die Einkünfte einer Person nach Land- und Forstwirtschaft, Gewerbebetrieb und freiberuflicher Tätigkeit, wenn für die Feststellung ein anderes Finanzamt als für die Einkommensteuer zuständig ist (§ 180 Abs. 1 Nummer 2b AO)
Gesonderte Feststellung von Werten
Einheitswerte für Betriebe der Land- und Forstwirtschaft, Grundstücke und Betriebsgrundstücke (§ 180 Abs. 1 Nr. 1 AO in Verbindung mit § 19 Abs. 1 BewG)
Grundbesitzwerte (Bedarfsbewertung) für wirtschaftliche Einheiten des land- und forstwirtschaftlichen Vermögens und des Grundvermögens (§ 180 Abs. 1 Nr. 1 AO in Verbindung mit § 138 Abs. 2 und 3 BewG)
Gesonderte Feststellung anderer Besteuerungsgrundlagen (nicht abschließend)
- Verbleibender Verlustabzug (§ 10d Abs. 4 EStG)
- Verrechenbarer Verlust (§ 15a Abs. 4 EStG)
- Anteil am Gewerbesteuermessbetrag (vgl. § 35 Abs. 3 EStG)
- Bestand des steuerlichen Einlagekontos (§ 27 Abs. 2 KStG)
- Vortragsfähiger Gewerbeverlust (§ 10a Satz 6 GewStG)

8.4 Steuererhebungsverfahren

Fälligkeit
Zwischen der Entstehung eines Steueranspruchs und dessen Fälligkeit ist zu differenzieren. So entstehen gemäß § 38 AO Ansprüche aus dem Steuerschuldverhältnis, sobald der Tatbestand verwirklicht ist, an den das Gesetz die Leistungspflicht knüpft. Dies ist bei der Einkommensteuer beispielsweise mit Ablauf des Kalenderjahres der Fall (§ 36 Abs. 1 EStG). Die Fälligkeit eines Anspruchs ist stattdessen gegeben, wenn der Gläubiger berechtigt ist, die Geldleistung einzufordern. Hierfür sind nach § 220 Abs. 1 AO grundsätzlich die jeweiligen Einzelsteuergesetze maßgeblich. Für die Einkommensteuer finden sich beispielsweise in § 36 Abs. 4 EStG die entsprechenden Regelungen.

Nach § 220 Abs. 2 Satz 2 AO ergibt sich diese Abfolge:
1. Entstehung des Steueranspruchs
2. Bekanntgabe des Steuerbescheids
3. Fälligkeit

Fällt der Fälligkeitstag auf einen Samstag, Sonntag oder gesetzlichen Feiertag, verschiebt sich der Fälligkeitstag auf den nächstfolgenden Werktag (§ 108 Abs. 3 AO). Werden Steuern nicht bis zum Ablauf des Fälligkeitstages entrichtet, entstehen nach § 240 Abs. 1 AO grundsätzlich Säumniszuschläge. Hierbei ist jedoch die dreitägige Schonfrist (§ 240 Abs. 3 AO) zu beachten.

Stundung, Verrechnungsstundung
Bei Ansprüchen aus Steuerschuldverhältnissen kann die Fälligkeit nach § 222 Satz 1 AO durch Stundung hinausgeschoben werden, wenn
- die Einziehung bei Fälligkeit für den Schuldner eine erhebliche Härte bedeuten würde und
- der Anspruch durch die Stundung nicht gefährdet erscheint.

Vorschriften zum Verfahrensrecht und Stellung notwendiger Anträge

Darüber hinaus soll eine Stundung nach § 222 Satz 2 AO in der Regel
- nur auf Antrag und
- gegen Sicherheitsleistung gewährt werden.

Eine erhebliche Härte i. S. des § 222 Satz 1 AO kann aus sachlichen und persönlichen Gründen vorliegen:

Erhebliche Härte – Sachliche Gründe
- mehrere Zahlungstermine innerhalb kurzer Zeit
- unerwartete Anpassung von Vorauszahlungen in größerem Umfang
- höhere Nachzahlung aufgrund einer Außenprüfung
- technische Stundung (ein Gegenanspruch besteht, kann aber noch nicht aufgerechnet werden)

Erhebliche Härte – Persönliche Gründe
  Krankheit des Steuerpflichtigen
- Erhebliche geschäftliche Verluste (z.B. hohe Forderungsausfälle)
- Liquiditätsengpässe aufgrund höherer Gewalt (Brand, Hochwasser, Hagelschlag, etc.)
- Unerwartete betriebsnotwendige Investitionen
- Saisonale Schwankungen (z.B. bei Landschaftsgärtnern, Hoteliers und Schaustellern)

Eine Stundung wird durch einen begünstigenden Ermessensverwaltungsakt - siehe hierzu § 5 AO -ausgesprochen und beinhaltet regelmäßig Nebenbestimmungen gemäß § 120 Abs. 2 AO:
- eine Befristung für den geschuldeten Betrag
- einen Widerrufsvorbehalt, sofern sich die Vermögenslage des Schuldners bessert
- eine auflösende Bedingung, sofern der Schuldner mit einer Rate in Verzug gerät

- eine aufschiebende Bedingung, dass vor der Wirksamkeit eine Sicherheitsleistung zu erbringen ist

Für die Dauer der gewährten Stundung werden nach § 234 Abs. 1 AO grundsätzlich Zinsen erhoben. Gemäß § 234 Abs. 2 AO kann auf diese ganz oder teilweise verzichtet werden, wenn ihre Erhebung nach Lage des einzelnen Falls unbillig wäre (z. B. bei längerer Arbeitslosigkeit oder technischer Stundung). Die Zinsen betragen nach § 238 Abs. 1 Sätze 1 und 2 AO für jeden vollen Monat 0,5 %.

Leistungsort, Tag der Zahlung

Im Allgemeinen erlöschen Steueransprüche durch Zahlung (§ 224 AO). Ausnahmsweise kann nach § 224a AO auch eine Hingabe von Kunstgegenständen an Zahlung statt erfolgen.

Nach § 224 Abs. 2 AO gilt eine Zahlung als wirksam geleistet:
1. bei Übergabe oder Übersendung von Zahlungsmitteln am Tag des Eingangs, bei Hingabe oder Übersendung von Schecks jedoch drei Tage nach dem Tag des Eingangs
2. bei Überweisung oder Einzahlung auf ein Konto der Finanzbehörde und bei Einzahlung mit Zahlschein oder Postanweisung an dem Tag, an dem der Betrag der Finanzbehörde gutgeschrieben wird
3. bei Vorliegen einer Einzugsermächtigung am Fälligkeitstag. Folglich können hier bei entsprechender Deckung des Kontos nie Säumniszuschläge anfallen.

Erlass

Nach § 227 AO ist ein Erlöschen von Steueransprüchen durch Erlass möglich. Der Erlass ist der teilweise oder vollständige Verzicht der Finanzbehörde auf den Steueranspruch und/oder die steuerlichen Nebenleistungen.

Ein Erlass kann nur ausgesprochen werden, wenn die Steuererhebung die wirtschaftliche oder persönliche Existenz des Steuerpflichtigen

Vorschriften zum Verfahrensrecht und Stellung notwendiger Anträge

ernsthaft gefährden oder gar vernichten würde. Darüber hinaus ist es erforderlich, dass der Steuerschuldner erlasswürdig ist. Dies bedeutet, dass der Steuerpflichtige seine Notlage nicht selbst schuldhaft herbeigeführt hat bzw. dass der Steuerpflichtige nicht bewusst oder grob fahrlässig seine steuerlichen Pflichten verletzt hat.

Zahlungsverjährung
Ansprüche aus Steuerschuldverhältnissen unterliegen nach § 228 AO einer besonderen Verjährung von fünf Jahren. Der Lauf der Frist für die Zahlungsverjährung beginnt nach § 229 Abs. 1 Satz 1 AO grundsätzlich mit Ablauf des Kalenderjahres, in dem der Anspruch erstmals fällig geworden ist.
Ansprüche aus dem Steuerschuldverhältnis erlöschen nur dann mit Ablauf der Fünf-Jahres-Frist, wenn die Finanzbehörde während dieser Frist nichts zur Verfolgung der Ansprüche unternommen hat.
Eine Unterbrechung der Frist kommt somit nach § 231 Abs. 1 Satz 1 AO in folgenden Fällen in Betracht:
- schriftliche Geltendmachung des Anspruchs
- Zahlungsaufschub
- Stundung
- Aussetzung der Vollziehung
- Sicherheitsleistung
- Vollstreckungsaufschub
- Vollstreckungsmaßnahmen
- Anmeldung im Insolvenzverfahren
- Aufnahme in einen Insolvenzplan oder einen gerichtlichen Schuldenbereinigungsplan
- Einbeziehung in ein Verfahren, das die Restschuldbefreiung für den Schuldner zum Ziel hat
- Ermittlungen der Finanzbehörde nach dem Wohnsitz oder dem Aufenthaltsort des Zahlungspflichtigen.

Nach § 231 Abs. 2 AO dauert die Unterbrechung der Verjährung regelmäßig bis die zur Unterbrechung führende Maßnahme ausgelaufen ist. Solange ein Anspruch aus dem Steuerschuldverhältnis wegen höherer Gewalt innerhalb der letzten sechs Monate vor Ablauf der Fünf-Jahres-Frist nicht verfolgt werden kann, ist die Verjährung nach § 230 AO gehemmt. Dies bedeutet, dass der Zeitpunkt des Endes der Zahlungsverjährung um den Zeitraum der Hemmung hinausgeschoben wird.

Vorschriften zum Verfahrensrecht und Stellung notwendiger Anträge

8.5 Korrektur von Verwaltungsakten

Offenbare Unrichtigkeiten beim Erlass eines Verwaltungsaktes

Schreibfehler, Rechenfehler oder ähnliche offenbare Unrichtigkeiten, die beim Erlass eines Verwaltungsaktes unterlaufen sind, können grundsätzlich nach § 129 AO berichtigt werden. Wie aus dem Wortlaut des Gesetzestextes hervorgeht, sind mechanische Fehler und nicht durch Rechtsüberlegungen beeinflusste Fehler Gegenstand der Berichtigung. Darüber hinaus muss die Unrichtigkeit offenbar sein, d. h. ein verständiger Dritter ist in der Lage, diese ohne Weiteres zu erkennen.

Aufhebung und Änderung von Steuerbescheiden

In den §§ 172 ff. AO finden sich die Regeln für die Aufhebung und Änderung von endgültigen Steuerbescheiden.
Gemäß § 172 Abs. 1 Satz 1 Nr. 2 Buchst. a AO hat die Finanzbehörde die Möglichkeit, endgültige Steuerbescheide mit Zustimmung oder auf Antrag des Steuerpflichtigen aufzuheben oder zu ändern. Eine Korrektur zugunsten des Steuerpflichtigen ist nur möglich, sofern der entsprechende Antrag vor Ablauf der Einspruchsfrist gestellt wurde. Der Antrag und die Zustimmung sind nicht formabhängig. Sie können beispielsweise schriftlich, mündlich oder telefonisch gestellt werden. Mit Zustimmung kann auch zuungunsten des Steuerpflichtigen korrigiert werden. Hieran kann der Steuerpflichtige beispielsweise interessiert sein, wenn hierdurch der entstehende Nachteil in einem anderen Veranlagungsjahr in einen Vorteil umschlägt.
Der Umfang der Änderung ist abhängig vom Antrag bzw. von der Zustimmung. Eine weitergehende Änderung ist nicht zulässig. Dies unterscheidet den Antrag auf schlichte Änderung nach § 172 Abs. 1 Satz 1 Nr. 2 Buchst. a AO wesentlich vom Einspruch (§ 347 Abs. 1 AO). Dort kann der Sachverhalt vollumfänglich aufgerollt werden und somit auch der Steuerbescheid „verbösert" werden.

Ein Nachteil des Antrags auf schlichte Änderung gegenüber dem Einspruch ist, dass eine Aussetzung der Vollziehung i. S. des § 361 AO nicht möglich ist. Dies bedeutet, dass bei Fälligkeit auch die strittigen Beträge zunächst vom Steuerpflichtigen zu zahlen sind.

Aufhebung und Änderung wegen neuer Tatsachen und Beweismittel

Gemäß § 173 Abs. 1 AO sind Steuerbescheide vorbehaltlich der Änderungssperre des § 173 Abs. 2 AO aufzuheben oder zu ändern,
- soweit Tatsachen oder Beweismittel nachträglich bekannt werden, die zu einer höheren Steuer führen (Nr. 1) oder
- soweit Tatsachen oder Beweismittel nachträglich bekannt werden, die zu einer niedrigeren Steuer führen und den Steuerpflichtigen an deren nachträglichen Bekanntwerden grundsätzlich kein grobes Verschulden trifft (Nr. 2).

Tatsache i. S. des § 173 AO ist jeder Lebenssachverhalt, also beispielsweise das Bekanntwerden von Einnahmen, Ausgaben, Forderungen, Verbindlichkeiten, Konfessionszugehörigkeit, Nutzung eines Gebäudes und gesellschaftsrechtliche Verhältnisse.

Schlussfolgerungen, logische Beurteilungen und die steuerrechtliche Würdigung von Sachverhalten ist keine Tatsache i. S. des § 173 AO.

Beweismittel ist jedes Erkenntnismittel, mithilfe dessen das Vorliegen oder Nichtvorliegen eines Umstands bewiesen werden kann. Beispielsweise kann ein Gutachten Beweismittel hinsichtlich des tatsächlichen Werts eines Grundstücks sein.

„Nachträglich bekannt werden" i. S. des § 173 AO bedeutet, dass die Tatsachen oder Beweismittel bei dem Erlass des Steuerbescheids zwar vorhanden waren, jedoch der Finanzbehörde erst nach dem Erlass des Steuerbescheids bekannt werden.

Für eine Änderung nach § 173 AO zugunsten des Steuerpflichtigen ist eine weitere Voraussetzung, dass diesen kein grobes Verschulden trifft

Vorschriften zum Verfahrensrecht und Stellung notwendiger Anträge

(§ 173 Abs. 1 Nr. 2 Satz 1 AO). Grobes Verschulden liegt beispielsweise vor, wenn Aufwendungen nicht geltend gemacht werden, weil die betreffenden Belege nicht auffindbar waren oder versehentlich keine AfA geltend gemacht wird.
Das Verschulden ist jedoch unbeachtlich, wenn die Tatsachen oder Beweismittel in einem unmittelbaren oder mittelbaren Zusammenhang mit Tatsachen oder Beweismitteln i. S. des § 173 Abs. 1 Nr. 1 AO stehen (§ 173 Abs. 1 Nr. 2 Satz 2 AO).
Nach der Durchführung einer Außenprüfung darf das Finanzamt grundsätzlich nicht nochmals den Steuerbescheid wegen neuer Tatsachen oder Beweismittel ändern (§ 173 Abs. 2 AO). Der Hintergedanke ist, dass das Finanzamt sich im Rahmen einer Außenprüfung umfassend mit dem Steuerfall befassen kann und sich somit der Steuerpflichtige auf eine erhöhte Bindungswirkung des Steuerbescheids verlassen kann.
Eine Ausnahme von diesem Grundsatz besteht nur, wenn eine Steuerhinterziehung oder leichtfertige Steuerverkürzung vorliegt.

Widerstreitende Steuerfestsetzungen und Aufhebung oder Änderung von Steuerbescheiden in sonstigen Fällen
Nach § 174 AO können widerstreitende Steuerfestsetzungen geändert werden. Es sind vor allem Fälle betroffen, bei denen ein bestimmter Sachverhalt mehrfach zugunsten oder zuungunsten eines Steuerpflichtigen berücksichtigt wurde. Ein endgültiger Steuerbescheid ist nach § 175 Abs. 1 Satz 1 Nr. 1 AO zu erlassen, aufzuheben oder zu ändern, soweit ein Grundlagenbescheid, der für diesen Bescheid bindend ist, erlassen, aufgehoben oder geändert wird.
Ein Steuerbescheid ist nach § 175 Abs. 1 Satz 1 Nr. 2 und Abs. 2 AO zu erlassen, aufzuheben oder zu ändern, soweit ein Ereignis eintritt, das steuerliche Wirkung für die Vergangenheit hat. Im Gegensatz zu § 173 AO ist entscheidend, dass das Ereignis nachträglich eingetreten ist, d. h. nachdem die Steuerfestsetzung erfolgt ist.

8.6 Rechtsbehelfsverfahren / Einspruchsverfahren

Mit einem Rechtsbehelf hat der Bürger die Möglichkeit, die Maßnahmen bzw. das Verhalten eines Hoheitsträgers einer Prüfung zu unterziehen. Im Steuerverfahren ist als außergerichtlicher Rechtsbehelf einheitlich der Einspruch vorgesehen (vgl. § 347 AO). Das außergerichtliche Rechtsbehelfsverfahren ist als Vorverfahren der Finanzgerichtsbarkeit vorgeschaltet und kann diese so entlasten. Das Einspruchsverfahren erstreckt sich nach § 347 AO auf alle Abgabenangelegenheiten des Steuerrechts. Es hemmt nach § 171 Abs. 3a AO die Festsetzungsverjährung und eröffnet die Möglichkeit zur Vollziehungsaussetzung (§ 361 AO).

Einspruchsfrist

Die Einspruchsfrist beträgt nach § 355 Abs. 1 AO grundsätzlich einen Monat nach Bekanntgabe des Verwaltungsaktes.
Fehlt die Rechtsbehelfsbelehrung, beträgt die Einspruchsfrist nach § 356 Abs. 2 AO ein Jahr ab Bekanntgabe des Verwaltungsaktes.

Einlegen des Einspruchs

Nach § 357 Abs. 1 Satz 1 AO ist der Einspruch schriftlich einzureichen bzw. zur Niederschrift zu erklären. Gemäß § 357 Abs. 1 Satz 3 AO ist auch die Einlegung mittels Telegramms zulässig. Da dies faktisch nicht mehr praxisrelevant ist, wäre eine Stellungnahme zu zeitgemäßeren Übermittlungsformen wünschenswert. Diese findet sich jedoch nicht im Gesetz, sondern lediglich in dem AEAO. Nach Nr. 1 AEAO zu § 357 ist auch eine Einlegung mittels Telefax sowie mittels E-Mail zulässig – sofern der Zugang nach § 87a Abs. 1 Satz 1 AO eröffnet wurde. Ein Einspruch kann jedoch nicht telefonisch eingelegt werden. Auf diesem Weg kann lediglich ein Antrag auf schlichte Änderung nach § 172 Abs. 1 Satz 1 Nr. 2a AO gestellt werden.

Vorschriften zum Verfahrensrecht und Stellung notwendiger Anträge

Eine Unterzeichnung des Schriftstücks ist nicht erforderlich. Es muss nach § 357 Abs. 1 Satz 2 AO jedoch ersichtlich sein, wer den Einspruch eingelegt hat. Dies kann sich beispielsweise aus dem Briefkopf oder mittels Rückfrage durch die Finanzbehörde ergeben. Aufgrund dieser Regelung ist bei der Einlegung eines Einspruchs mittels E-Mail auch keine elektronische Signatur erforderlich.

Gemäß § 357 Abs. 1 Satz 4 AO ist eine unrichtige Bezeichnung des Schriftstücks unschädlich. Der Einspruchsführer muss also das Wort „Einspruch" nicht verwenden, sondern kann auch die Bezeichnung „Widerspruch" benutzen oder ganz auf eine Bezeichnung verzichten. Es muss für die Finanzbehörde nur ersichtlich sein, dass der Steuerpflichtige mit einem Verwaltungsakt nicht einverstanden ist und eine Nachprüfung begehrt.

Nach § 357 Abs. 3 AO soll im Einspruch angegeben werden, gegen welchen Verwaltungsakt er gerichtet ist, inwieweit der Verwaltungsakt angefochten ist. Darüber hinaus sollen die entsprechenden Beweismittel angeführt werden. Der Einspruch ist nach § 357 Abs. 2 Satz 1 AO grundsätzlich bei der Behörde anzubringen, deren Verwaltungsakt angefochten wird oder bei der ein Antrag auf Erlass eines Verwaltungsaktes gestellt worden ist.

Prüfung der Zulässigkeitsvoraussetzungen

Die Finanzbehörde hat nach § 358 Satz 1 AO zu prüfen, ob der Rechtsbehelf zulässig ist, insbesondere, ob er form- und fristgerecht eingelegt wurde. Die Prüfung beinhaltet auch die Frage, ob derjenige, der den Einspruch eingelegt hat, dazu befugt ist (Prüfung der Beschwer i. S. des § 350 AO). Fehlt es an der Beschwer, ist der Einspruch unzulässig und somit zu verwerfen (§ 358 Satz 2 AO).

Liegen die Zulässigkeitsvoraussetzungen des § 358 AO vor, ist von der Finanzbehörde zu prüfen, ob der Einspruch begründet ist (materielle Beschwer). Die entsprechende Würdigung erfolgt entweder mittels eines Abhilfebescheids (§ 367 Abs. 2 Satz 3 AO) oder mittels einer Einspruchsentscheidung (§ 367 Abs. 1 Satz 1 und Abs. 2 Satz 3 AO).

Aussetzung der Vollziehung
Die Einlegung eines Einspruchs hemmt nach § 361 Abs. 1 Satz 1 AO nicht die Vollziehung des angegriffenen Verwaltungsaktes.
Es ist jedoch nach § 361 Abs. 2 AO die Aussetzung der Vollziehung möglich, sofern
- Einspruch eingelegt wurde (Ausnahme: § 361 Abs. 3 AO),
- ein vollziehbarer Verwaltungsakt vorliegt (dies ist insbesondere der Fall, wenn eine Geldleistung gefordert wird) und
- ernstliche Zweifel an der Rechtmäßigkeit des Verwaltungsaktes bestehen bzw. eine unbillige Härte vorliegt.

Die Aussetzung der Vollziehung setzt keinen Antrag voraus, sondern kann auch von Amts wegen nach pflichtgemäßem Ermessen gewährt werden (§ 361 Abs. 2 Satz 1 AO). In der Praxis kann es durchaus sinnvoll sein, auf einen Antrag auf Aussetzung der Vollziehung zu verzichten, um bei Vorliegen der übrigen Voraussetzungen eine Verzinsung der Steuererstattung bei Erfolg des Einspruchs nach § 233a Abs. 1 AO i. V. mit § 238 AO herbeizuführen.

Sollte ein eingelegter Rechtsbehelf endgültig keinen Erfolg haben, ist ein ausgesetzter und geschuldeter Betrag nach § 233a Abs. 1 AO i. V. mit § 237 Abs. 1 Satz 1 AO mit 0,5 % pro vollen Monat zu verzinsen.

Vorschriften zum Verfahrensrecht und Stellung notwendiger Anträge

Aussetzung und Ruhen des Verfahrens
Hängt die Entscheidung über den Einspruch ganz oder zum Teil von dem Bestehen oder Nichtbestehen eines Rechtsverhältnisses ab, das den Gegenstand eines anhängigen Rechtsstreits bildet oder von einem Gericht oder einer Verwaltungsbehörde festzustellen ist, kann die Finanzbehörde die Entscheidung bis zur Erledigung des anderen Rechtsstreits oder bis zur Entscheidung des Gerichts oder der Verwaltungsbehörde aussetzen (§ 363 Abs. 1 AO). Nach § 363 Abs. 2 AO kann die Finanzbehörde ein Verfahren ruhen lassen. Dies ist nach § 363 Abs. 2 Satz 2 AO zwangsweise zur Abwicklung von Masseneinsprüchen z. B. wegen behaupteter Verfassungswidrigkeit einer Steuernorm der Fall.

Erörterung des Sach- und Rechtsstandes
Auf Antrag eines Einspruchsführers soll die Finanzbehörde nach § 364a Abs. 1 Satz 1 AO den Sach- und Rechtsstand vor Erlass einer Einspruchsentscheidung erörtern. Die Finanzbehörde kann nach § 364a Abs. 1 Satz 2 AO auch ohne Antrag eines Einspruchsführers diesen und weitere Beteiligte zu einer Erörterung laden.

Fristsetzung
Gemäß § 364b Abs. 1 AO kann die Finanzbehörde dem Einspruchsführer eine Frist setzen, innerhalb der Erklärungen abzugeben oder Beweismittel vorzulegen sind. Verstreicht die Frist ergebnislos, ergeht eine Einspruchsentscheidung ohne Berücksichtigung der angeforderten Ausführungen bzw. Unterlagen.

Form, Inhalt und Bekanntgabe der Einspruchsentscheidung
Gemäß § 366 AO muss die Einspruchsentscheidung
- schriftlich,
- mit Begründung und
- mit Rechtsbehelfsbelehrung

an die Beteiligten bekanntgegeben werden.

Entscheidung über den Einspruch

Nach § 367 Abs. 1 AO entscheidet die Finanzbehörde, die den Verwaltungsakt erlassen hat, über den Einspruch. Es gibt regelmäßig folgende Varianten:

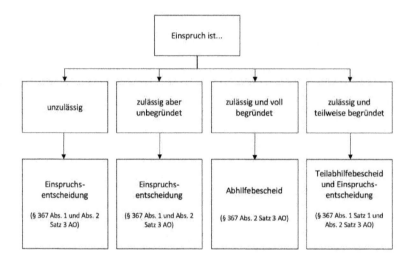

Vorschriften zum Verfahrensrecht und Stellung notwendiger Anträge

8.7 Gerichtliches Rechtsbehelfsverfahren

Aufbau und Zuständigkeit der Finanzgerichtsbarkeit
Die Finanzgerichtsbarkeit wird durch unabhängige, von den Verwaltungsbehörden getrennte, besondere Verwaltungsgerichte ausgeübt (§ 1 FGO). Es handelt sich hierbei um ein zweistufiges Verfahren (§ 2 FGO): die Finanzgerichte als obere Landesgerichte und der Bundesfinanzhof mit Sitz in München.
Ein Finanzgericht besteht aus dem Präsidenten, den Vorsitzenden Richtern und weiteren Richtern (§ 5 Abs. 1 FGO). Diese Struktur ist auch beim BFH wiederzufinden (§ 10 Abs. 1 FGO). Örtlich zuständig ist grundsätzlich das Finanzgericht, in dem das beklagte Finanzamt seinen Sitz hat (§ 38 Abs. 1 FGO).
Die Finanzgerichte sind die einzige Tatsacheninstanz im Rahmen der Finanzgerichtsbarkeit (§ 35 FGO). Der BFH ist Rechtsmittelinstanz und Revisionsinstanz (§ 36 FGO). Er ist an die tatsächlichen Feststellungen des Finanzgerichts gebunden, es können keine neuen Tatsachen vorgebracht werden.
Der Finanzrechtsweg stellt sich somit regelmäßig wie folgt dar:

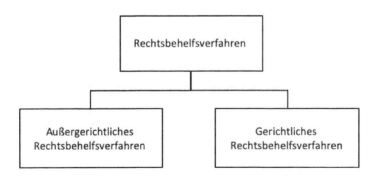

253

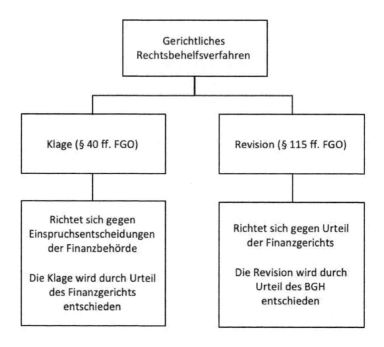

Gemäß §§ 40, 41 FGO werden drei mögliche Klagearten unterschieden:
Anfechtungsklage nach § 40 Abs. 1 FGO
Mit einer Anfechtungsklage wird die Aufhebung oder Änderung eines Verwaltungsaktes begehrt. Klagegegenstand ist der ursprüngliche Verwaltungsakt in Form einer Rechtsbehelfsentscheidung.
Verpflichtungsklage nach § 40 Abs. 1 FGO:
Durch eine Verpflichtungsklage soll das Finanzamt zum Erlass eines abgelehnten oder unterlassenen Verwaltungsaktes verurteilt werden. Wird beispielsweise ein Antrag auf Stundung oder Erlass einer Steuerschuld abgelehnt, kann hiergegen mit einer Verpflichtungsklage vorgegangen werden.

Vorschriften zum Verfahrensrecht und Stellung notwendiger Anträge

Feststellungsklage nach § 41 FGO:
Mit einer Feststellungsklage wird die Feststellung des Bestehens oder Nichtbestehens eines gegenwärtigen Rechtsverhältnisses oder die Nichtigkeit eines Verwaltungsaktes begehrt.
Für Anfechtungs- und Verpflichtungsklagen beträgt die Klagefrist einen Monat ab Bekanntgabe der Rechtsbehelfsentscheidung bzw. des Verwaltungsaktes (§ 47 Abs. 1 FGO).
Darüber hinaus gibt es die Möglichkeit der Sprungklage (§ 45 FGO). Der Steuerpflichtige hat hier die Möglichkeit, das Einspruchsverfahren zu vermeiden und unmittelbar gegen einen Verwaltungsakt eine Anfechtungs- oder Verpflichtungsklage zu erheben. Hierdurch ergibt sich für den Steuerpflichtigen insbesondere ein Zeitgewinn. Darüber hinaus kann durch eine Sprungklage eine Verböserung im Einspruchsverfahren (§ 367 Abs. 2 Satz 2 AO) vermieden werden, da das Finanzgericht nicht über das Klagebegehren hinausgehen darf (§ 96 Abs. 1 Satz 2 FGO).
Kommt es bei einer Entscheidung über einen außergerichtlichen Rechtsbehelf zu einer Verzögerung von mindestens sechs Monaten (§ 46 Abs. 1 Satz 2 FGO), ist eine Untätigkeitsklage zulässig (§ 46 Abs. 1 Satz 1 FGO).
Das Finanzgericht entscheidet durch Urteil (§ 95 FGO) oder durch Gerichtsbescheid (§ 90a FGO). Gegen Urteile und Gerichtsbescheide ist nach §§ 115 ff. FGO die Revision beim Bundesfinanzhof möglich. Voraussetzung hierfür ist aber, dass die Revision zugelassen wurde. Ist dies nicht der Fall, kann hiergegen gemäß § 116 Abs. 1 FGO Nichtzulassungsbeschwerde eingelegt werden.

Revision bei dem Bundesfinanzhof
Eine Finanzgerichtsentscheidung kann im Wege der Revision (§§ 115 bis 127 FGO) durch den Bundesfinanzhof mit Sitz in München überprüft werden. Gegen eine Finanzgerichtsentscheidung können Kläger (Steuerpflichtiger) und Beklagter (Finanzbehörde) Revision einlegen.

9. Vermeidung einer Doppelbesteuerung

Ein **Doppelbesteuerungsabkommen** (DBA) – korrekte Bezeichnung: Abkommen zur Vermeidung der Doppelbesteuerung – sind bilaterale also „zweiseitige" völkerrechtliche Verträge, durch welche die Besteuerung grenzüberschreitend geregelt wird. Ein DBA soll vermeiden, dass natürliche oder juristische Personen, die in beiden Staaten Einkünfte erzielen, in beiden Staaten – also doppelt – besteuert werden.

In der Praxis des internationalen Steuerrechts, d.h. der Besteuerung von grenzüberschreitenden Sachverhalten durch die souveränen Einzelstaaten, werden im Regelfall die folgenden Prinzipien zugrunde gelegt, die dann auch Anknüpfungspunkte der Abkommenspolitik sind:

- Wohnsitzlandprinzip: Eine Person ist in dem Staat steuerpflichtig, in dem sie ihren Wohnsitz oder ihren gewöhnlichen Aufenthalt hat.
- Quellenlandprinzip: Eine Person ist in dem Staat steuerpflichtig, aus dem ihr Einkommen stammt.
- Welteinkommensprinzip: Der Steuerpflichtige wird mit seinem Welteinkommen besteuert.
- Territorialitätsprinzip: Der Steuerpflichtige wird nur mit dem Einkommen veranlagt, das er auf dem Territorium des betreffenden Staates erwirtschaftet hat.

Ein in Deutschland unbeschränkt Steuerpflichtiger ist demzufolge mit seinen Einkünften aus ausländischen Quellen in Deutschland steuerpflichtig. So unterliegen z.B. die Zinsen aus einer Kapitalanlage im Ausland auch in Deutschland grundsätzlich der Besteuerung. Unterwirft jedoch auch der ausländische Staat diese Zinsen der Besteuerung, ist es die Aufgabe eines Doppelbesteuerungsabkommens eine Doppelbesteuerung zu vermeiden oder zu vermindern.

Hierzu werden zwei Standardmethoden angewandt:

- Freistellungsmethode: in diesem Fall werden die ausländischen Einkünfte von der inländischen Besteuerung ausgenommen.
- Anrechnungsmethode: in diesem Fall werden die Einkünfte zwar in beiden Staaten besteuert, der Wohnsitzstaat rechnet jedoch die im Ausland hierauf erhobene Steuer auf seine Steuer an, d.h. vermindert seine Steuerlast um die bereits im Ausland erhobene Steuer.

Vermeidung der Doppelbesteuerung durch die Freistellungs- oder Anrechnungsmethode	
Staat A: Gewinn aus inländischer Betriebsstätte: 100.000,00 Euro	Staat B: Gewinn aus ausländischer Betriebsstätte: 50.000,00 Euro
Welteinkommen: 150.000,00 Euro	
Angenommen, es liegt ein DBA mit **Freistellungsmethode** zwischen Staat A und B vor:	Angenommen, es liegt ein DBA mit **Anrechnungsmethode** zwischen Staat A und B vor:
Die ausl. Einkünfte sind im Inland steuerfrei gestellt und damit betragen die stpfl. Einkünfte 100.000,00 Euro. Das andere Land „B" hat die Gewinne in Höhe von 50.000,00 Euro zu besteuern.	Die ausl. Einkünfte werden im Ausland B und auch im Inland A besteuert, **aber** unter Anrechnung, der ausl. Steuer des Staates B. Damit sind vereinfacht 150.000,00 Euro stpfl. in Staat A aber abzüglich der bereits gezahlten Steuer aus Staat B.

Vermeidung einer Doppelbesteuerung

9.1 Problematik der Doppelbesteuerung aufgrund von Welteinkommensprinzip und Territorialprinzip

Das internationale Steuerrecht umfasst im weiteren Sinne alle nationalen, völker- und europarechtlichen Normen. Die zwischenstaatlichen Vereinbarungen (bilaterale Maßnahmen) – Abkommen zur Vermeidung der Doppelbesteuerung (DBA) – bilden hierbei das Schwergewicht des internationalen Steuerrechts. Das Ziel eines DBA ist, eine Doppel-, Mehrfach- oder Nichtbesteuerung ein und derselben Einkünfte zu vermeiden. Eine Doppel- oder Mehrfachbesteuerung hätte erhebliche Auswirkungen auf den internationalen Handel bzw. Dienstleistungsverkehr. Aufgrund dessen schränken die abgeschlossenen Doppelbesteuerungsabkommen die nationalen Steueransprüche der einzelnen Vertragsstaaten ein.

Im internationalen Steuerrecht werden das Universalitätsprinzip und das Territorialitätsprinzip unterschieden.
Das **Universalitätsprinzip** stellt auf den Wohnsitz oder den gewöhnlichen Aufenthalt einer Person ab. Das bedeutet, dass eine Person mit Wohnsitz im Inland der unbeschränkten Steuerpflicht mit ihren Welteinkünften unterliegt.
Beim **Territorialitätsprinzip** ist die gebietsbezogene Zuordnung im Vordergrund. Das heißt, dass die Belegenheit der Einkunftsquelle über den Ort der Steuerpflicht entscheidet.

9.2 Systematik der unbeschränkten und beschränkten Steuerpflicht

Unbeschränkte Einkommensteuerpflicht
Nur natürliche Personen können einkommensteuerpflichtig sein (§ 1 Abs. 1 Satz 1 EStG). Jeder Mensch ist somit mit Vollendung der Geburt (vgl. § 1 BGB) bis zu seinem Tod steuerpflichtig.

Die unbeschränkte Steuerpflicht des § 1 Abs. 1 EStG richtet sich nach dem Wohnsitz bzw. gewöhnlichen Aufenthalt einer natürlichen Person. Wohnsitz oder gewöhnlicher Aufenthalt müssen sich im Inland befinden, um eine unbeschränkte Steuerpflicht auszulösen. Nach § 8 AO hat jemand seinen Wohnsitz dort, wo er eine Wohnung unter Umständen innehat, die darauf schließen lassen, dass er die Wohnung beibehalten und benutzen wird. Eine Wohnung kann auch eine bescheidene Bleibe sein. Es ist nicht erforderlich, dass es sich um eine abgeschlossene Wohnung mit Küche und separater Waschgelegenheit handelt (vgl. Nr. 3 AEAO zu § 8). Ein Wohnwagen oder ein Zelt kann jedoch grundsätzlich nicht als Wohnung angesehen werden.

Weitere Voraussetzung des § 8 AO ist, dass die Person die Wohnung „innehat". Dies bedeutet, dass sie die ständige Verfügungsmacht über die Räume hat. Somit kann beispielsweise eine Schlafstelle im Büro oder eine Wohngelegenheit bei einem Bekannten kein Wohnsitz sein (vgl. Nr. 4 AEAO zu § 8). Des Weiteren muss die Wohnung beibehalten und benutzt werden. Dies muss mit einer gewissen Regelmäßigkeit, jedoch nicht durchgehend erfolgen. Ob ein gewöhnlicher Aufenthalt im Inland vorliegt, wird nur geprüft, wenn kein inländischer Wohnsitz besteht.

Den gewöhnlichen Aufenthalt hat jemand dort, wo er sich unter Umständen aufhält, die erkennen lassen, dass er an diesem Ort oder in diesem

Vermeidung einer Doppelbesteuerung

Gebiet nicht nur vorübergehend verweilt (§ 9 Satz 1 AO). Es ist also zum einen erforderlich, dass sich jemand an einem Ort gewöhnlich aufhält. Gewöhnlich bedeutet, dass keine ununterbrochene Anwesenheit erforderlich ist. So hat ein durch Deutschland reisender Künstler seinen Aufenthaltsort im Inland. Ein Grenzgänger, der arbeitstäglich zu seiner Wohnung im Ausland heimkehrt, hält sich jedoch nicht im Inland auf (vgl. Nr. 2 AEAO zu § 9). Zum anderen setzt § 9 Satz 1 AO eine nicht nur vorübergehende Verweilabsicht voraus. Diese wird in § 9 Satz 2 AO konkretisiert: Als gewöhnlicher Aufenthalt (...) ist ein zeitlich zusammenhängender Aufenthalt von mehr als sechs Monaten Dauer anzusehen; kurzfristige Unterbrechungen bleiben unberücksichtigt.

Gemäß § 1 Abs. 2 EStG sind deutsche Staatsangehörige, die zu einer inländischen juristischen Person des öffentlichen Rechts in einem Dienstverhältnis stehen und dafür Arbeitslohn aus einer inländischen öffentlichen Kasse beziehen, unbeschränkt einkommensteuerpflichtig. Dazu gehören insbesondere die von der Bundesrepublik Deutschland in das Ausland entsandten Mitglieder einer diplomatischen Mission oder konsularischen Vertretung. Die unbeschränkte Steuerpflicht erstreckt sich auch auf die zum Haushalt dieser Person gehörenden Angehörigen, die die deutsche Staatsangehörigkeit besitzen. Für einen ausländischen Ehegatten gilt dies auch, wenn er die Staatsangehörigkeit des Empfangsstaates besitzt (vgl. R 1a Satz 2 EStR).

Nach Art. 45 des EWG-Vertrages hat jeder Mitgliedstaat Bürger eines anderen EU- oder EWR-Staates den eigenen Staatsbürgern gleich zu behandeln (sog. Diskriminierungsverbot). Ausfluss dieser Regelung sind die § 1 Abs. 3 und § 1a EStG. Hiernach werden natürliche Personen auf Antrag als unbeschränkt steuerpflichtig behandelt, die im Inland weder einen Wohnsitz noch ihren gewöhnlichen Aufenthalt haben, soweit sie inländische Einkünfte i. S. des § 49 EStG haben. Voraussetzung ist, dass die

Einkünfte im Kalenderjahr mindestens zu 90 % der deutschen Einkommensteuer unterliegen oder dass die nicht der deutschen Einkommensteuer unterliegenden Einkünfte den Grundfreibetrag von 9.000 Euro (Stand: 2018) 9.168 Euro (Stand: 2019) und 9.408 Euro (Stand: 2020) gemäß § 32a EStG nicht übersteigen.

Beschränkte Einkommensteuerpflicht

Personen, die im Inland weder einen Wohnsitz noch ihren gewöhnlichen Aufenthalt haben, die nicht unbeschränkt steuerpflichtig nach § 1 Abs. 2 EStG sind oder die nicht auf Antrag als unbeschränkt steuerpflichtig behandelt werden, sind beschränkt einkommensteuerpflichtig, soweit sie inländische Einkünfte i. S. des § 49 EStG beziehen (§ 1 Abs. 4 EStG). Dies bedeutet, dass bei beschränkt Steuerpflichtigen die Steuerpflicht nicht nach dem Wohnsitzprinzip, sondern nach dem Quellenprinzip ausgelöst wird.

Systematik der beschränkt steuerpflichtigen Einkünfte in den Grundzügen

Die beschränkte Steuerpflicht hat den Charakter einer Objektsteuer. Der Umfang der steuerpflichtigen inländischen Einkünfte ist abschließend in § 49 EStG geregelt. Im Gegensatz zur unbeschränkten Steuerpflicht, die die Einteilung nach § 2 EStG in sieben Einkunftsarten vorsieht, findet sich in § 49 Abs. 1 Nr. 1 bis 10 EStG eine andere Aufteilung wieder. § 49 EStG enthält insoweit zusätzliche Tatbestandsmerkmale, die einen Inlandsbezug bedingen.

Die Gegenregelung zu § 49 EStG (inländische Einkünfte im Sinne der beschränkten Steuerpflicht) bildet grundsätzlich § 34d EStG (ausländische Einkünfte im Sinne der unbeschränkten Steuerpflicht). Grundsätzlich bedeutet dies, dass in den inländischen Einkünften nach § 49 EStG durchaus auch ausländische Einkünfte enthalten sein können.

Vermeidung einer Doppelbesteuerung

Die beschränkte Steuerpflicht beginnt mit dem erstmaligen Bezug von inländischen Einkünften. Gleiches gilt bei vorweggenommenen Werbungskosten oder Betriebsausgaben, sofern ein wirtschaftlicher Zusammenhang (§ 50 Abs. 1 Satz 1 EStG) mit künftigen inländischen Einnahmen i. S. des § 49 EStG besteht. Die beschränkte Steuerpflicht endet grundsätzlich mit dem Wegfall der inländischen Einkunftsquelle oder dem Zuzug ins Inland. Liegen die Voraussetzungen nach § 1 Abs. 3 EStG vor, so führt dieser Umstand ebenso zur Beendigung der beschränkten Steuerpflicht. Nachträgliche Einnahmen sind insoweit noch im Rahmen der beschränkten Steuerpflicht zu erfassen, sofern die Einnahmen während des Bestehens der inländischen Einkunftsquellen erwirtschaftet wurden.

Die Ermittlung der Einkünfte im Rahmen der beschränkten Steuerpflicht erfolgt nach den allgemeinen Vorschriften der §§ 4 und 8 ff. EStG. Betriebsausgaben oder Werbungskosten sind nur insoweit abzuziehen, als sie mit inländischen Einkünften in wirtschaftlichem Zusammenhang stehen (§ 50 Abs. 1 Satz 1 EStG). Die Einkommensteuer bemisst sich in diesem Fall nach dem Grundtarif des § 32a Abs. 1 EStG. Der Grundfreibetrag kommt bei beschränkt Steuerpflichtigen mit Ausnahme der Einkünfte nach § 49 Abs. 1 Nr. 4 EStG (Arbeitnehmereinkünfte) nicht zum Ansatz.
Unterliegen die Einkünfte dagegen dem Steuerabzug nach den §§ 39d (Lohnsteuerabzug), 43 (Kapitalertragsteuerabzug) oder 50a EStG, so gilt die Einkommensteuer mit Ausnahme der Einschränkungen in § 50 Abs. 2 Satz 2 Nr. 1–5 EStG als abgegolten. Das BMF hat zu den in unmittelbarem wirtschaftlichen Zusammenhang mit den Einkünften im Rahmen des Abzugsverfahrens gemäß § 50a EStG geltend gemachten Betriebsausgaben oder Werbungskosten mit Schreiben vom 16.2.2011 Stellung genommen.

Die Sonderregelung in § 39d EStG („Durchführung des Lohnsteuerabzugs für beschränkt einkommensteuerpflichtige Arbeitnehmer") ist ab dem 1.1.2012 aufgehoben worden. Aufgrund der Anpassungen und Klarstellungen im Zusammenhang mit den elektronischen Lohnsteuerabzugsmerkmalen (ELStAM) werden die bisherigen Regelungen in die neu gefassten § 39 Abs. 2 und 3 sowie § 39a Abs. 4 EStG übernommen.

Doppelbesteuerungsabkommen können im Rahmen der Zuteilungsregelungen (Art. 6 bis 21 OECD-MA) die beschränkte Steuerpflicht einschränken. So könnten beispielsweise nach nationalem Recht Einkünfte i. S. des § 49 EStG vorliegen, die jedoch dem Ansässigkeitsstaat des Steuerpflichtigen aufgrund zwischenstaatlicher Vereinbarungen (DBA) das Besteuerungsrecht zuweisen. In so einem Fall laufen die DBA-Regelungen ins Leere und führen zu einer doppelten Nichtbesteuerung, sofern der Ansässigkeitsstaat auf sein Besteuerungsrecht verzichtet. Zur Vermeidung eines solchen aus deutscher Fiskalsicht unbefriedigenden Ergebnisses hat Deutschland unilaterale Regelungen, sog. Rückfallklauseln in das nationale Recht (§ 50d Abs. 3, 8, 9 EStG) eingefügt.

Nach § 49 Abs. 2 EStG bleiben im Ausland gegebene Besteuerungsmerkmale außer Ansatz, soweit bei ihrer Berücksichtigung inländische Einkünfte i. S. des Abs. 1 nicht angenommen werden können. Die Zuordnung der Einkünfte nach § 49 Abs. 1 EStG erfolgt daher nur anhand der Verhältnisse im Inland. Bestehende Subsidiaritätsklauseln in den §§ 20 Abs. 8, 21 Abs. 3, 22 Nr. 1 Satz 1 und Nr. 3 Satz 1 sowie 23 Abs. 2 EStG werden durch die isolierende Betrachtungsweise außer Kraft gesetzt.

Vermeidung einer Doppelbesteuerung

9.3 Aufbau + Systematik des OECD-Musterabkommens

Doppelbesteuerungsabkommen werden durch ZustimmungsG nach Art.59 Abs.2 Satz 1 und Art. 105 GG zu nationalem Recht. Sie stehen damit auf der gleichen Stufe wie nationale Steuergesetze. § 2 AO kann somit als einfaches Bundesgesetz keinen Vorrang begründen. Nur allg. Regeln des Völkerrechts (nicht völkerrechtliche Verträge wie DBA) gehen gemäß Art. 25 GG dem nationalen Recht vor. Deutschland setzt sich daher in jüngster Zeit immer öfter durch das Mittel des „treaty overriding" völkerrechtswidrig über einzelne Abkommensvorschriften hinweg (beispielsweise § 50d Abs. 8 und 9 EStG). Der deutsche Gesetzgeber bezweckt, die fehlenden Rückfallklauseln für die in der Vergangenheit abgeschlossenen DBA mittels nationaler Regelungen einseitig (unilateral) nachzuholen. Dem Vertragspartner stünde jedoch aufgrund der Verletzung der allgemeinen Regel der Vertragstreue die Möglichkeit zu, das DBA gemäß Art. 60 WÜRV = Wiener Übereinkommen über das Recht der Verträge vom 23.5.1969 zu kündigen.Aktuell hat der BFH dem Bundesverfassungsgericht die Frage vorgelegt, ob der Gesetzgeber durch „treaty overriding" gegen Verfassungsrecht verstößt. Die von Deutschland abgeschlossenen Doppelbesteuerungsabkommen sowie weitere staatsbezogene Veröffentlichungen werden jeweils zu Jahresbeginn im Bundessteuerblatt Teil I veröffentlicht. Die Organisation OECD (Organisation for Economic Cooperation and Development) ist eine Internationale Organisation mit 34 Mitgliedstaaten, die sich zu Demokratie und Marktwirtschaft bekennen. Als Grundlage für die meisten völkerrechtlichen Verträge dient das von den Mitgliedstaaten der OECD entwickelte Musterabkommen (OECD-MA). Das OECD-MA enthält Vorschriften darüber, in welchem Staat die Einkünfte besteuert werden dürfen (Zuweisungsnormen). Die Steueransprüche der Vertragsstaaten aus dem nationalen Recht werden insoweit begrenzt. Die Ermittlung der Bemessungsgrundlage für die Besteuerung (z. B. Einnahmen oder Einkünfte) obliegt hingegen, abgesehen von wenigen Ausnahmen, den Vertragsstaaten.

9.4 Methoden zur Vermeidung einer Doppelbesteuerung

9.4.1 Freistellungsmethode durch Doppelbesteuerungsabkommen; Progressionsvorbehalt

Art. 23 A des OECD Musterabkommens bezieht sich auf die Befreiungsmethode.

„Bezieht eine in einem Vertragsstaat ansässige Person Einkünfte oder hat sie Vermögen und können diese Einkünfte oder dieses Vermögen nach diesem Abkommen im anderen Vertragsstaat besteuert werden, so nimmt der erstgenannte Staat diese Einkünfte oder dieses Vermögen von der Besteuerung aus."

Die Freistellungsmethode befreit den Steuerpflichtigen von der Besteuerung der grenzüberschreitenden Einkünfte. Im Ergebnis verzichtet ein Vertragsstaat zugunsten eines anderen auf die Besteuerung bestimmter Einkünfte. Die Besteuerung findet bei Anwendung der Freistellungsmethode zu den Konditionen am Ort der Investition statt. Aus nationaler Sicht ist die Freistellung vor allem dem verfassungsrechtlichen Prinzip der Besteuerung nach der Leistungsfähigkeit geschuldet. Ein und derselbe steuerliche Vorgang soll nur einmal der Besteuerung unterworfen werden. Dennoch werden die Einkünfte oder das Vermögen im Rahmen der Ermittlung des im Ansässigkeitsstaat anzuwendenden Steuersatzes (Progressionsvorbehalt gemäß § 32b Abs. 1 Nr. 3 EStG) erfasst. Hintergrund ist der Grundsatz der Gleichmäßigkeit der Besteuerung.

Ist in einem DBA zwischen den Vertragsstaaten die Freistellungsmethode vereinbart, so kann eine Anrechnung der im Ausland bezahlten Steuern nicht erfolgen.

Vermeidung einer Doppelbesteuerung

9.4.2 Anrechnungsmethode

Art. 23 B des OECD Musterabkommens bezieht sich auf die Anrechnungsmethode.

„Bezieht eine in einem Vertragsstaat ansässige Person Einkünfte oder hat sie Vermögen und können diese Einkünfte oder dieses Vermögen nach diesem Abkommen im anderen Vertragsstaat besteuert werden, so rechnet der erstgenannte Staat

a. auf die vom Einkommen dieser Person zu erhebende Steuer den Betrag an, der der im anderen Staat gezahlten Steuer vom Einkommen entspricht;

b. auf die vom Vermögen dieser Person zu erhebende Steuer den Betrag an, der der in dem anderen Vertragsstaat gezahlten Steuer vom Vermögen entspricht.

Der anzurechnende Betrag darf jedoch in beiden Fällen den Teil der vor der Anrechnung ermittelten Steuer am Einkommen oder vom Vermögen nicht übersteigen, der auf die Einkünfte, die im anderen Staat besteuert werden können oder auf das Vermögen, das dort besteuert werden kann, entfällt."

Die Anrechnungsmethode kommt regelmäßig zur Anwendung, wenn beide Vertragsstaaten das Besteuerungsrecht behalten. Im Rahmen der Anrechnungsmethode wird die Doppelbesteuerung dadurch beseitigt, dass die ausländischen Quellensteuern im Ansässigkeitsstaat angerechnet werden. Die Anrechnung bewirkt grundsätzlich, dass die ausländischen Einkünfte im Vergleich zu den im Inland erwirtschafteten Einkünften im Rahmen der Besteuerung gleichgestellt werden. Es erfolgt grundsätzlich die Hochschleusung auf das höhere Steuerniveau des Ansässigkeitsstaates.

Negative Einkünfte können im Rahmen der Anrechnungsmethode unter den Einschränkungen des § 2a EStG mit inländischen Einkünften verrechnet werden.

9.4.3 Abzugsmethode

Die Steueranrechnung nach § 26 Abs. 1 KStG (Besteuerung ausländischer Einkunftsteile) entspricht inhaltlich mit Ausnahme der Einschränkung für die Fälle des § 32d EStG der Vorschrift des § 34c Abs. 1 Satz 1 EStG. Die Absätze 2 bis 5 und 7 des § 26 KStG sind mit der ab dem 1.1.2001 geltenden Fassung des KStG entfallen. § 26 Abs. 6 KStG spiegelt in den Kernaussagen die Vorschrift des § 34c Abs. 1 Sätze 2 bis 5 und Abs. 2 bis 7 EStG wider.

Die Anrechnung bzw. der Abzug der ausländischen Steuern erfolgt gemäß § 34c EStG unter folgenden Voraussetzungen:

Steuerermäßigung bei ausländischen Einkünften nach § 34c EStG Abs. 1 Voraussetzung der Steueranrechnung

- Unbeschränkte Steuerpflicht, da beschränkt Steuerpflichtige grundsätzlich keine ausländischen Einkünfte im Inland haben können (Ausnahme: § 50 Abs. 3 EStG).
- Steuersubjektidentität im In- und Ausland.
- Einkünfte-Identität – Doppelbesteuerung der ausländischen Einkünfte i. S. des § 34d EStG im In- und Ausland.
- Die Steuer wurde im Staat der Einkunftsquelle – Ursprungsstaat – erhoben.
- Die ausländische Steuer muss der deutschen Einkommensteuer entsprechen (siehe auch Art. 2 Abs. 1 OECD-MA).
- Anrechnung nur insoweit, als die Steuer auf im Veranlagungszeitraum bezogene Einkünfte entfällt (zeitliche Korrespondenz).
- Die ausländische Steuer muss tatsächlich festgesetzt, bezahlt und um einen entstandenen Ermäßigungsanspruch gekürzt sein (Umrechnungskurs siehe R 34c Abs. 1 EStR). Die tatsächliche Durchsetzung des Ermäßigungsanspruchs ist hierbei unbeachtlich.

Vermeidung einer Doppelbesteuerung

- Ausgenommen von der Anrechnung sind ausländische Kapitaleinkünfte, die der Abgeltungsteuer gemäß § 32d Abs. 1 und Abs. 3–6 EStG unterliegen.
- Höchstbetragsberechnung gemäß § 34c Abs. 1 Satz 2 EStG:
  deutsche ESt (ohne SolZ, KiSt) × ausländische Einkünfte
  Summe der (inländischen und ausländischen) Einkünfte
  Achtung: Der Höchstbetrag ist landesbezogen („per-country-limitation") und für jeden einzelnen Veranlagungszeitraum nach § 68a EStDV i. V. mit § 34c Abs. 7 Nr. 1 EStG zu ermitteln.
- Gehören ausländische Einkünfte der in § 34d Nr. 3, 4, 6, 7, 8c EStG genannten Art zum Gewinn eines inländischen Betriebes, genügt für den Abzug von Betriebsausgaben und Betriebsvermögensminderungen ein wirtschaftlicher Zusammenhang mit diesen Einnahmen.
- Die Steueranrechnung erfolgt von Amts wegen.

Abs. 2 Voraussetzung des Steuerabzugs
- auf Antrag
- Abzug der ausländischen Steuer bei der Ermittlung der Einkünfte unter den Voraussetzungen des Abs. 1 (empfiehlt sich beispielsweise bei hohen Inlandsverlusten, da die Anrechnung ausländischer Steuer insoweit ins Leere gehen würde).
- Der Antrag auf Abzug muss für die gesamten Einkünfte und Steuern aus demselben Staat einheitlich ausgeübt werden.
- Ausnahme ab dem Veranlagungszeitraum 2007: Ausländische Steuern auf Dividenden, die gemäß § 3 Nr. 40 EStG nur anteilig der Steuerpflicht unterliegen, sind nur in Höhe des steuerpflichtigen Anteils abziehbar.

Abs. 3 Erweiterte Auffangvorschrift für den Steuerabzug
- Abzug der ausländischen Steuer bei der Ermittlung der Einkünfte in den Fällen, in denen die Voraussetzungen des Abs. 1 nicht gegeben sind: Ausländische Steuer entspricht nicht der deutschen Steuer;

Ausländische Steuer wird nicht in dem Staat der Einkunftsquelle erhoben (Drittstaatenproblematik); Es liegen keine ausländischen Einkünfte i. S. des § 34d EStG vor;
- Der Steuerabzug erfolgt von Amts wegen.

Abs. 4 (entfallen)

Abs. 5 Steuererlass und Steuerpauschalierung
- Durch Ermächtigung der Bundes- und Landesfinanzbehörden kann die Finanzverwaltung die auf die ausländischen Einkünfte entfallende deutsche Einkommensteuer ganz oder zum Teil erlassen oder pauschal festsetzen.

Abs. 6 Verhältnis zu Doppelbesteuerungsabkommen
- Das Vorhandensein eines DBA schließt grundsätzlich die Anwendung von § 34 c Abs. 1–3 EStG aus. Anwendung findet lediglich die Höchstbetragsberechnung gemäß § 34c Abs. 1 Sätze 2–5 EStG sowie das Wahlrecht zum Abzug nach § 34c Abs. 2 EStG bei Vorliegen der Anrechnungsmethode nach Art. 23 B OECD-MA.
- Eine Anrechnung erfolgt maximal in Höhe der Abkommens rechtlich begrenzten Quellensteuer. Übersteigt die ausländische Steuer den DBA-Quellensteuersatz, so erfolgt insoweit keine Anrechnung. Der Steuerpflichtige muss den übersteigenden Betrag im Rahmen eines Erstattungsverfahrens beim Quellenstaat einfordern. Gleiches gilt für Nicht-DBA Fälle.
- § 34c EStG findet keine Anwendungen im Rahmen der Freistellungsmethode nach Art. 23 A OECD-MA.
- Keine Anrechnung für ausländische Einkünfte, die gemäß § 32d Abs. 1 und 3–6 EStG der Abgeltungsteuer unterliegen.
- Keine Anwendung des Abs. 1 Satz 3 und Abs. 2 bei fiktiven Steuern; Steuervergünstigungen, die der ausländische Staat gewährt, sollen durch die Einschränkung beim Steuerpflichtigen verbleiben.

Vermeidung einer Doppelbesteuerung

- Einkünfte, die der ausländische Staat aufgrund eines Doppelbesteuerungsabkommens nicht besteuert, dürfen in die Höchstbetragsberechnung nach § 34c Abs. 1 Satz 2 EStG nicht einbezogen werden.
- Behebung von Qualifikationskonflikten bzw. unterschiedlicher Auslegungen des betreffenden DBA durch Wechsel zur Anrechnungsmethode.
- Im Rahmen des § 50d Abs. 9 EStG findet beim Vorliegen bestimmter Voraussetzungen ein Wechsel von der Freistellungs- zur Anrechnungsmethode statt. Die Absätze 1–3 und Satz 6 sind entsprechend anzuwenden.
- Besteuert der Vertragsstaat die aus einem Drittstaat stammenden Einkünfte zu Unrecht und wird diese Besteuerung auch nicht rechtsmissbräuchlich herbeigeführt („künstliche Gestaltungen"), soll es bei der Anrechnung gemäß Abs. 3 bleiben, um unverschuldete Doppelbesteuerungen infolge zwischenstaatlicher Auslegungsdifferenzen des DBA zu vermeiden. Das betrifft beispielsweise ausländische Steuern auf Gewinne bei Montagelieferungen hinsichtlich der Zuordnung zwischen Stammhaus und Betriebsstätte. Gleiches gilt für die Fälle der Doppelansässigkeit und der in diesem Zusammenhang doppelten Besteuerung inländischer Einkünfte.

Abs. 7 Anrechnung, Nachweis und Berücksichtigung der ausländischen Steuern
- Ermächtigung zum Erlass von Vorschriften durch Rechtsverordnung über: die Anrechnung ausländischer Steuern, wenn die ausländischen Einkünfte aus mehreren fremden Staaten stammen, den Nachweis über die Höhe der festgesetzten und gezahlten ausländischen Steuern, die Berücksichtigung ausländischer Steuern, die nachträglich erhoben oder zurückgezahlt werden.

10. Lohn-, Grunderwerb- und Grundsteuer

Lohnsteuer, Grunderwerbsteuer und Grundsteuer in das betriebliche Geschehen einordnen

10.1 Lohnarten nach dem Umfang ihrer Abgabenerhebung

Rechtsgrundlagen

Die Lohnsteuer ist eine besondere Erhebungsform der Einkommensteuer, die nach § 38 Abs. 1 EStG bei Einkünften aus nichtselbständiger Arbeit erhoben wird. Wird eine Veranlagung zur Einkommensteuer durchgeführt, wird die einbehaltene Lohnsteuer auf die Einkommensteuer angerechnet (§ 36 Abs. 2 Nr. 2 EStG) – sie ist somit eine Vorauszahlung auf die Einkommensteuer.

Die Normen für den Steuerabzug vom Arbeitslohn finden sich in den §§ 38 bis 42f EStG sowie in der Lohnsteuer-Durchführungsverordnung (LStDV). Darüber hinaus enthalten die Lohnsteuer-Richtlinien (LStR) und die Lohnsteuer-Hinweise (LStH) die entsprechenden Verwaltungsgrundsätze.

Begriff des Arbeitnehmers und Arbeitgebers

Einkünfte aus nichtselbständiger Arbeit werden von Arbeitnehmern bezogen. In § 19 EStG findet sich jedoch keine Definition des Begriffs „Arbeitnehmer". Diese ist § 1 Abs. 1 LStDV zu entnehmen. Arbeitnehmer ist hiernach, wer

- aus einem gegenwärtigen Dienstverhältnis Einnahmen erzielt (Angestellte, Arbeiter, Beamte usw.);

- aus einem früheren Dienstverhältnis Einnahmen erzielt (z. B. Werksrenten und Beamtenpensionen);
- als Rechtsnachfolger aus einem früheren Dienstverhältnis Einnahmen erzielt (z. B. Beamtenwitwen und -waisen).

Entscheidendes Merkmal der Arbeitnehmereigenschaft ist das Vorliegen eines Dienstverhältnisses. Gemäß § 1 Abs. 2 LStDV besteht ein Dienstverhältnis, wenn der Beschäftigte seine Arbeitskraft schuldet. Er ist darüber hinaus in den geschäftlichen Organismus eingegliedert und weisungsgebunden (vgl. H 19.0 „Allgemeines" LStH). Ein Selbständiger schuldet dagegen nicht seine Arbeitskraft, sondern seinen Leistungserfolg. Er muss außerdem eine gewisse Entscheidungsfreiheit haben und bereit sein, das Unternehmerrisiko zu tragen.

Für den Begriff „Arbeitgeber" existiert keine gesetzliche Regelung. Die Definition lässt sich jedoch als Umkehrschluss des Arbeitnehmerbegriffs ableiten. Arbeitgeber ist hiernach, wer mindestens einem Arbeitnehmer gegenüber weisungsbefugt ist und die wirtschaftlichen und rechtlichen Risiken aus dem Beschäftigungsverhältnis trägt.

Lohnsteuererhebung

Bei Arbeitnehmern richtet sich der Lohnsteuerabzug sowie der Abzug von Solidaritätszuschlag und ggf. Kirchensteuer nach der Lohnsteuerklasse. Es gibt sechs Lohnsteuerklassen – siehe hierzu § 38b EStG:

Lohnsteuerklasse I

In die Lohnsteuerklasse I fallen folgende Arbeitnehmer:
- Ledige,
- Verheiratete, deren Ehegatte beschränkt steuerpflichtig ist,
- Verheiratete, die dauernd getrennt leben, auch Verwitwete (ab dem übernächsten Jahr nach dem Tod des Ehepartners) oder Geschiedene,
- in eingetragener Lebenspartnerschaft Lebende.

Lohn-, Grunderwerb- und Grundsteuer

Lohnsteuerklasse I kommt nicht zur Anwendung, wenn die Voraussetzungen für Steuerklasse III oder Steuerklasse IV erfüllt sind.

Lohnsteuerklasse II
Die Steuerklasse II gilt für Alleinerziehende, bei denen die Voraussetzungen der Steuerklasse I vorliegen und die Anspruch auf den Entlastungsbetrag für Alleinerziehende haben.
Für Verwitwete mit mindestens einem Kind gilt diese Steuerklasse ab Beginn des Monats, der auf den Sterbe-Monat der Ehegattin bzw. des Ehegatten folgt.

Lohnsteuerklasse III
Die Steuerklasse III gilt für folgende Arbeitnehmer:
- Verheiratete, die nicht dauernd getrennt leben und nicht die Steuerklasse IV gewählt haben.
- Verwitwete bis zum Ende des auf den Tod des Ehegatten folgenden Kalenderjahres. Der verstorbene Ehegatte muss zum Zeitpunkt seines Todes unbeschränkt einkommensteuerpflichtig gewesen sein. Das Ehepaar darf bis zum Zeitpunkt des Todes nicht dauernd getrennt gelebt haben.

Lohnsteuerklasse IV
In die Steuerklasse IV gehören verheiratete Arbeitnehmer, wenn beide Ehegatten unbeschränkt einkommensteuerpflichtig sind und nicht dauernd getrennt leben.
Wenn für einen Ehegatten eine Lohnsteuerkarte mit der Steuerklasse V ausgeschrieben wurde, kann der andere nicht in die Steuerklasse IV fallen. Die Lohnsteuerklassen IV/IV sollten von Ehegatten gewählt werden, bei denen beide ungefähr gleich viel verdienen.

Lohnsteuerklasse IV mit Faktor
Seit 2010 existiert für Ehepaare ein „optionales Faktorverfahren" nach § 39f EStG. Der Faktor ermittelt sich aus der voraussichtlich gemeinsam

nach dem Splittingverfahren zu zahlenden Einkommensteuer im Verhältnis zur rechnerischen Summe der Lohnsteuer nach jeweils Steuerklasse IV. Die Anwendung ist gestattet, wenn der Faktor kleiner als 1 ist.

Lohnsteuerklasse V
Steuerklasse V liegt vor, sofern beide Ehegatten beantragen, den anderen Ehegatten in die Steuerklasse III einzureihen. Die Abgabe einer Steuererklärung zum Jahresende ist dann zwingend.

Lohnsteuerklasse VI
Steuerklasse VI ist gegeben, wenn ein Arbeitnehmer eine Lohnsteuerkarte für ein zweites oder weiteres Dienstverhältnis benötigt. Außerdem ist der Arbeitgeber verpflichtet, die Lohnsteuer nach Steuerklasse VI einzubehalten, wenn der Arbeitnehmer eine Lohnsteuerkarte schuldhaft nicht vorlegt.

Zum Arbeitslohn zählen alle Einnahmen – in Geld oder Geldeswert ver-

gleiche § 8 Abs. 1 EStG – die dem Arbeitnehmer aus dem Dienstverhältnis zufließen (§ 2 Abs. 1 LStDV). Einnahmen in Geldeswert (Sachbezüge, geldwerte Vorteile) werden nach den Vorschriften des § 8 Abs. 2 bzw. Abs. 3 EStG bewertet. Arbeitslohn wird differenziert in nicht steuerbare und steuerbare Zuwendungen.

Lohn-, Grunderwerb- und Grundsteuer

Nicht steuerbare Zuwendungen
Zu den nicht steuerbaren Zuwendungen zählen:

- Wert der unentgeltlich überlassenen Arbeitsmittel (R 19.3 Abs. 2 Nr. 1 LStR);
- Übernahme der Kosten für eine Bildschirmarbeitsplatzbrille (R 19.3 Abs. 2 Nr. 2 LStR);
- Übliche Zuwendungen bei üblichen Betriebsveranstaltungen (R 19.5 LStR):
  - maximal zwei Veranstaltungen im Jahr sind üblich (R 19.5 Abs. 3 Satz 2 LStR),
  - übliche Zuwendungen sind Speisen, Getränke, Eintrittskarten etc. bis zu maximal 110 € (brutto) je Veranstaltung und Arbeitnehmer (R 19.5 Abs. 4 LStR).
- Aufmerksamkeiten (R 19.6 LStR):
  - Sachzuwendungen (kein Geld) aus Anlass eines persönlichen Ereignisses bis zu einem Wert von 60 € (brutto, R 19.6 Abs. 1 LStR);
  - Getränke, die dem Arbeitnehmer vom Arbeitgeber zum Verzehr im Betrieb überlassen werden (R 19.6 Abs. 2 LStR)
- berufliche Fort- oder Weiterbildungsleistungen des Arbeitgebers, wenn diese im ganz überwiegenden betrieblichen Interesse des Arbeitgebers durchgeführt werden (R 19.7 LStR)

Steuerbare Zuwendungen
Zu den steuerbaren Zuwendungen zählen:
- Steuerpflichtiger Arbeitslohn
  - Lohn und Gehalt,
  - Weihnachts- und Urlaubsgeld,
  - Tantiemen und Prämien,

- Pensionen und Werksrenten,
- geldwerte Vorteile und Sachbezüge

- Steuerfreier Arbeitslohn
    - Arbeitslosengeld (§ 3 Nr. 2 EStG),
    - Werkzeuggeld (§ 3 Nr. 30 EStG),
    - Überlassung von Berufskleidung (§ 3 Nr. 31 EStG),
    - Sammelbeförderung (§ 3 Nr. 32 EStG),
    - Betriebskindergärten (§ 3 Nr. 33 EStG),
    - Maßnahmen zur Gesundheitsförderung (§ 3 Nr. 34 EStG),
    - private Nutzung eines Dienstcomputers oder Diensttelefons (§ 3 Nr. 45 EStG),
    - freiwillige Trinkgelder (§ 3 Nr. 51 EStG),
    - Zuschläge für Sonntags-, Feiertags- und Nachtarbeit (§ 3b EStG).

Lohn-, Grunderwerb- und Grundsteuer

10.2 Steuerpflichtiger Lohn

Sachbezüge sind Güter in Geldeswert, die der Arbeitgeber dem Arbeitnehmer oder dessen Angehörigen im Rahmen des Dienstverhältnisses zuwendet. Die Bewertung erfolgt grundsätzlich mit dem üblichen Preis am Abgabeort (§ 8 Abs. 2 Satz 1 EStG). Als üblicher Preis ist der Einzelhandelspreis einschließlich Umsatzsteuer anzusehen (R 8.1 Abs. 2 Sätze 2 und 3 LStR). Abgabeort ist der Ort, an dem der Arbeitgeber dem Arbeitnehmer den Sachbezug anbietet (R 8.1 Abs. 2 Satz 6 LStR).

Aus Vereinfachungsgründen kann bei der Preisfeststellung ein Abschlag von 4 % vom üblichen Einzelhandelspreis am Abgabeort gemacht werden (R 8.1 Abs. 2 Satz 9 LStR). Gemäß § 8 Abs. 2 Satz 11 EStG bleiben Sachbezüge außer Ansatz, wenn deren Wert insgesamt 44 Euro (brutto) im Monat nicht übersteigt. Vorteile, die nach § 37b EStG bzw. § 40 EStG pauschal versteuert werden, bleiben bei der Prüfung der Freigrenze unberücksichtigt (R 8.1 Abs. 3 Satz 1 LStR).

Bei der Bewertung von Sachbezügen sind jedoch folgende Sondervorschriften vorrangig zu prüfen:

Bewertung nach § 8 Abs. 3 EStG
Werden dem Arbeitnehmer Waren oder Dienstleistungen (verbilligt) überlassen, die der Arbeitgeber nicht überwiegend für den Bedarf seiner Arbeitnehmer herstellt, vertreibt oder erbringt, wird der Sachbezug mit dem um 4 % geminderten Endpreis am Abgabeort angesetzt. Darüber hinaus steht dem Empfänger der sog. Rabattfreibetrag von 1.080 Euro im Kalenderjahr zu.

Der Arbeitnehmer kann gemäß BMF-Schreiben vom 16. 5. 2013 (BStBl 2013 I, S. 729) den geldwerten Vorteil im Rahmen seiner Einkommensteuerveranlagung nach § 8 Abs. 2 Satz 1 EStG bewerten. Der Arbeitnehmer hat den im Lohnsteuerabzugsverfahren der Besteuerung zugrunde gelegten Endpreis i. S. des § 8 Abs. 3 Satz 1 EStG und den Endpreis i. S. des § 8 Abs. 2 Satz 1 EStG nachzuweisen (z. B. formlose Mitteilung des Arbeitgebers, Ausdruck eines günstigeren inländischen Angebots im Zeitpunkt des Zuflusses).

Anwendung von amtlichen Sachbezugswerten

Gemäß § 8 Abs. 2 Satz 6 EStG sind bei der Gewährung von Kost und Logis die Werte der „Verordnung über die sozialversicherungsrechtliche Beurteilung von Zuwendungen des Arbeitgebers als Arbeitsentgelt" (SvEV) anzuwenden (vgl. R 8.1 Abs. 4 bis 6 LStR).

KFZ-Nutzung

Die Versteuerung der privaten Kfz-Nutzung ist in § 8 Abs. 2 Sätze 2 bis 5 EStG geregelt. Auf die entsprechenden Ausführungen weiter unten wird verwiesen. Es besteht grundsätzlich die Möglichkeit, Arbeitnehmern als festes Vergütungselement oder zu besonderen Anlässen Waren- oder Dienstleistungsgutscheine zukommen zu lassen. Ob die Zuwendung der Lohnsteuer zu unterwerfen ist, hängt vor Allem davon ab, ob der Gutschein als Barlohn oder Sachbezug zu klassifizieren ist. Handelt es sich um einen Sachbezug, kann der Gutschein bis zu einem Gegenwert von monatlich 44 Euro (§ 8 Abs. 2 Satz 9 EStG) als nicht zu versteuernde Zuwendung behandelt werden. Zu beachten ist hierbei jedoch, dass die Freigrenze von 44 Euro dem jeweiligen Arbeitnehmer für alle Sachbezüge insgesamt nur einmal monatlich zur Verfügung steht. Der Zufluss des Arbeitslohns erfolgt im Zeitpunkt der Hingabe des Gutscheins an den Arbeitnehmer, da der Arbeitnehmer zu diesem Zeitpunkt einen Rechtsanspruch gegenüber dem Dritten erhält (R 38.2 Abs. 3 Satz 1 LStR).

Lohn-, Grunderwerb- und Grundsteuer

Ein steuerbegünstigter Sachbezug lag nach bisheriger Auffassung der Finanzverwaltung nur vor, wenn der Gutschein zum Bezug einer bestimmten Ware oder Dienstleistung bei einem Dritten berechtigt. Lautet der Gutschein auf einen bestimmten Euro-Betrag, handelt es sich um nicht begünstigten Barlohn (R 8.1 Abs. 1 Satz 7 LStR).

Der BFH hat mit Urteilen vom 11.11.2010 (VI R 21/09, VI R 27/09, VI R 41/10, VI R 40/10, VI R 26/08) dieser Auffassung widersprochen. Entgegen der bisherigen Rechtsauffassung ist es also unschädlich, wenn auf einem Gutschein ein anzurechnender Betrag oder ein Höchstbetrag angegeben ist, sofern arbeitsvertraglich ein Anspruch auf den Sachbezug besteht.

Kann der Arbeitnehmer vom Arbeitgeber ausschließlich den Bezug einer Sache oder Dienstleistung beanspruchen, ist die vom Arbeitgeber daraufhin erbrachte Leistung ein Sachbezug. Hat der Arbeitnehmer jedoch auch die Möglichkeit, statt der Sache bzw. Dienstleistung Bargeld zu wählen, liegt stets Barlohn vor. Dies gilt selbst dann, wenn sich der Arbeitnehmer für die Sache bzw. Dienstleistung entscheidet.

Wenn der Anspruch eine Barentlohnung ausschließt, liegt ein Sachbezug vor. Es ist hierbei unerheblich, ob

- der Gutschein beim Arbeitgeber oder bei einem Dritten einzulösen ist,
- der Gutschein ausschließlich auf den Bezug einer konkreten Sache gerichtet ist und dem Arbeitnehmer nur hierauf einen Anspruch einräumt oder ob der Gutschein berechtigt, eine beliebige Sache aus dem Warenangebot eines Dritten zu beziehen oder
- der Gutschein neben dem Sachbezug zusätzlich einen Höchstbetrag als Obergrenze für den Wert des Sachbezugs enthält oder
- der Arbeitnehmer bei Bezug der Sache oder Dienstleistung mit dem Dritten eine vertragliche Beziehung begründet.

Werden vom Arbeitgeber Essensgutscheine zur Einlösung bei einem fremden Dritten ausgegeben, sind einige Besonderheiten zu beachten. Die Besteuerung der Essensmarke erfolgt nicht mit ihrem Verrechnungswert, sondern lediglich mit dem nach § 2 Abs. 1 Satz 2 Nr. 2 und Abs. 6 Satz 1 SvEV maßgebenden Sachbezugswert, wenn
- tatsächlich eine Mahlzeit abgegeben wird. Lebensmittel sind nur dann als Mahlzeit anzuerkennen, wenn sie zum unmittelbaren Verzehr geeignet oder zum Verbrauch während der Essenspausen bestimmt sind,
- für jede Mahlzeit lediglich eine Essensmarke täglich in Zahlung genommen wird,
- der Verrechnungswert der Essensmarke den amtlichen Sachbezugswert einer Mittagsmahlzeit um nicht mehr als 3,10 Euro übersteigt und
- die Essensmarke nicht an Arbeitnehmer ausgegeben wird, die eine Auswärtstätigkeit ausüben (R 8.1 Abs. 7 Nr. 4 LStR).

Die Steuerfreiheit greift auch dann, wenn zwischen dem Arbeitgeber und der Annahmestelle keine unmittelbaren vertraglichen Beziehungen bestehen, weil ein Unternehmen eingeschaltet ist, das die Essensmarken ausgibt (R 8.1 Abs. 7 Nr. 4 Satz 2 LStR). Bei Urlaub, Erkrankungen oder sonstigen Fehlzeiten hat der Arbeitgeber die für diese Tage ausgegebenen Essensmarken zurückzufordern oder die Zahl der im Folgemonat auszugebenden Essensmarken um die Zahl der Abwesenheitstage zu vermindern. Die Pflicht zur Feststellung der Abwesenheitstage und zur Anpassung der Zahl der Essensmarken im Folgemonat entfällt für Arbeitnehmer, die im Kalenderjahr durchschnittlich an nicht mehr als drei Arbeitstagen je Kalendermonat Auswärtstätigkeiten ausüben, wenn keiner dieser Arbeitnehmer im Kalendermonat mehr als 15 Essensmarken erhält (R 8.1 Abs. 7 Nr. 4 Satz 4 LStR).

Lohn-, Grunderwerb- und Grundsteuer

Ein Arbeitgeberdarlehen ist die Überlassung von Geld durch den Arbeitgeber oder aufgrund des Dienstverhältnisses durch einen Dritten an den Arbeitnehmer, die auf dem Rechtsgrund eines Darlehensvertrags beruht. Der Arbeitnehmer erlangt keinen lohnsteuerlich zu erfassenden Vorteil, wenn der Arbeitgeber ihm ein Darlehen zu einem marktüblichen Zinssatz (Maßstabszinssatz) gewährt. Marktüblich in diesem Sinne ist auch die nachgewiesene günstigste Marktkondition für Darlehen mit vergleichbaren Bedingungen am Abgabeort unter Einbeziehung allgemein zugänglicher Internetangebote (z. B. von Direktbanken).

Zinsvorteile sind als Sachbezüge zu versteuern, wenn die Summe der noch nicht getilgten Darlehen am Ende des Lohnzahlungszeitraums 2.600 Euro übersteigt. Der monatliche geldwerte Vorteil der Nutzungsüberlassung eines betrieblichen Kfz für private Zwecke wird mit 1 % des inländischen Bruttolistenpreises angesetzt (§ 8 Abs. 2 Satz 2 i. V. mit § 6 Abs. 1 Nr. 4 Satz 2 EStG). Der Bruttolistenpreis (einschließlich der Sonderausstattung, jedoch ohne Winterreifen und Autotelefon) ist hierbei auf volle hundert Euro abzurunden (R 8.1 Abs. 9 Nr. 1 Satz 6 LStR). Kann der Arbeitnehmer das Fahrzeug auch für Fahrten zwischen Wohnung und erster Tätigkeitsstätte nutzen, sind hierfür pro Monat 0,03 % des Bruttolistenpreises für jeden Entfernungskilometer anzusetzen (§ 8 Abs. 2 Satz 3 EStG). Der tatsächliche Umfang der Nutzung ist grundsätzlich unbeachtlich, da auf die Möglichkeit der Nutzung abgestellt wird (R 8.1 Abs. 9 Nr. 1 Satz 4 LStR).

Mit drei Urteilen vom 22.9.2010 (VI R 54/09, VI R 55/09 und VI R 57/09) bestätigte der BFH seine Rechtsprechung vom April 2008, die besagt, dass die 0,03 %-Zuschlagsregelung in § 8 Abs. 2 Satz 3 EStG nur einen Korrekturposten für abziehbare, aber nicht entstandene Erwerbsaufwendungen darstellt und sie daher nur dann und insoweit zur Anwendung kommt, wie der Dienstwagen tatsächlich für solche Fahrten genutzt worden war.

Der erforderlichen Berechnung liegt folgender Gedanke zugrunde: Die einzelnen Familienheimfahrten im Rahmen der doppelten Haushaltsführung werden nach § 8 Abs. 2 Satz 5 EStG mit 0,002 % des inländischen Bruttolistenpreises angesetzt. Unterstellt man, dass durchschnittlich 15 Fahrten im Monat ausgeführt werden, ergeben sich 0,03 % monatlich. Von diesen beiden Prozentsätzen kann nun die Berechnung des geldwerten Vorteils vorgenommen werden. Das BMF hat mit Schreiben vom 1. 4. 2011 (BStBl 2011 I S. 301) die Auffassung des BFH bestätigt.

Gemäß § 8 Abs. 2 Satz 4 EStG kann der geldwerte Vorteil aus der Kfz-Gestellung auch anhand eines Fahrtenbuchs ermittelt werden (vgl. R 8.1 Abs. 9 Nr. 2 LStR). Die Nutzungsdauer des Fahrzeugs wird hierbei grundsätzlich mit acht Jahren unterstellt (H 8.1 Abs. 9–10 „Gesamtkosten" LStH). Zwischen den beiden Methoden besteht ein Wahlrecht, das – außer bei einem Fahrzeugwechsel – einheitlich für jedes Kalenderjahr auszuüben ist (R 8.1 Abs. 9 Nr. 3 Satz 1 LStR). Der Arbeitnehmer kann sich jedoch, unabhängig von der erfolgten Lohnversteuerung, im Rahmen seiner Einkommensteuerveranlagung für eine andere Methode entscheiden (R 8.1 Abs. 9 Nr. 3 Satz 4 LStR).Nach § 40 Abs. 2 Satz 2 EStG ist bezüglich der Fahrten zwischen Wohnung und Arbeitsstätte eine Pauschalierung der Lohnsteuer mit 15 % möglich, soweit ein Abzug der Aufwendungen als Werbungskosten möglich wäre. Aus Vereinfachungsgründen kann dabei unterstellt werden, dass der Arbeitnehmer das Fahrzeug an 15 Tagen im Monat nutzt (R 40.2 Abs. 6 Satz 1 Nr. 1 Buchst. b LStR). Wird von der Pauschalierung Gebrauch gemacht, scheidet insoweit ein Werbungskostenabzug aus (§ 40 Abs. 2 Satz 3 EStG).

Lohn-, Grunderwerb- und Grundsteuer

Gemäß R 8.1 Abs. 9 Nr. 2 Satz 11 LStR gehören Unfallkosten nicht zu den Gesamtkosten eines vom Arbeitgeber überlassenen Dienstwagens. Dies bedeutet, dass vom Arbeitgeber getragene Unfallkosten grundsätzlich als gesonderter geldwerter Vorteil zu erfassen sind. Aus Vereinfachungsgründen können jedoch Unfallkosten, die bezogen auf den jeweiligen Schadensfall nach Erstattungen von dritter Seite (z. B. durch Versicherungen) den Betrag von 1.000 Euro zzgl. Umsatzsteuer nicht überschreiten, in die Gesamtkosten einbezogen werden (R 8.1 Abs. 9 Nr. 2 Satz 12 LStR). Dies bedeutet, dass bei Anwendung der 1 %-Regelung kein zusätzlicher geldwerter Vorteil zu erfassen ist.

Nach bisheriger Verwaltungsauffassung konnten Zuzahlungen des Arbeitnehmers zu den Anschaffungskosten eines auch privat nutzbaren Dienstwagens im Zahlungsjahr lediglich mit dem für die Privatnutzung sowie für die Fahrten zwischen Wohnung und Arbeitsstätte anzusetzenden geldwerten Vorteil, maximal bis „Null", verrechnet werden. Übersteigende Zuzahlungen gingen ins Leere.
Durch die Neuregelung in R 8.1 Abs. 9 Nr. 4 Satz 4 LStR können die Zuzahlungen des Arbeitnehmers nicht nur im Zahlungsjahr, sondern auch in den darauf folgenden Kalenderjahren mit den geldwerten Vorteilen verrechnet werden. Diese Grundsätze gelten in allen offenen Fällen. In Vorjahren verloren gegangene Zuschüsse können also noch verrechnet werden, sofern das Fahrzeug noch zur privaten Nutzung überlassen wird.

Pauschalierung der Lohnsteuer
Es besteht die Möglichkeit nach § 40 Abs. 1 Nr. 1 EStG die Lohnsteuer zu pauschalieren, wenn sonstige Bezüge in einer größeren Anzahl von Fällen gewährt werden. Entsprechendes gilt nach § 40 Abs. 1 Nr. 2 EStG, wenn die Lohnsteuer vom Arbeitgeber nicht vorschriftsmäßig einbehalten wurde und nacherhoben werden muss.

Die Norm des § 40 Abs. 1 EStG kommt insbesondere im Rahmen von Lohnsteuer-Außenprüfungen aus Vereinfachungsgründen zur Anwendung. Der für die Pauschalierung anzuwendende Zinssatz ist nach § 38a EStG i. V. mit R 40.1 Abs. 1 bis 3 LStR zu ermitteln.
Darüber hinaus kann der Arbeitgeber nach § 40 Abs. 2 EStG die Lohnsteuer mit einem Pauschsteuersatz von 25 % erheben, soweit er
- arbeitstäglich Mahlzeiten im Betrieb an die Arbeitnehmer unentgeltlich oder verbilligt abgibt oder Barzuschüsse an ein anderes Unternehmen leistet, das arbeitstäglich Mahlzeiten an die Arbeitnehmer unentgeltlich oder verbilligt abgibt. Voraussetzung ist, dass die Mahlzeiten nicht als Lohnbestandteile vereinbart sind,
- Arbeitslohn aus Anlass von Betriebsveranstaltungen zahlt,
- Erholungsbeihilfen gewährt, wenn diese zusammen mit Erholungsbeihilfen, die in demselben Kalenderjahr früher gewährt worden sind, 156 Euro für den Arbeitnehmer, 104 Euro für dessen Ehegatten und 52 Euro für jedes Kind nicht übersteigen und der Arbeitgeber sicherstellt, dass die Beihilfen zu Erholungszwecken verwendet werden,
- Vergütungen für Verpflegungsmehraufwendungen anlässlich einer Tätigkeit im Sinne des § 9 Abs. 4a EStG zahlt, soweit diese die dort bezeichneten Pauschbeträge um nicht mehr als 100 % übersteigen.
- den Arbeitnehmern zusätzlich zum ohnehin geschuldeten Arbeitslohn unentgeltlich oder verbilligt Personalcomputer übereignet; das gilt auch für Zubehör und Internetzugang. Das Gleiche gilt für Zuschüsse des Arbeitgebers, die zusätzlich zum ohnehin geschuldeten Arbeitslohn zu den Aufwendungen des Arbeitnehmers für die Internetnutzung gezahlt werden.

Die pauschal besteuerten Bezüge bleiben bei der Veranlagung zur Einkommensteuer außen vor (§ 40 Abs. 3 Satz 3 EStR).

Lohn-, Grunderwerb- und Grundsteuer

Eine geringfügig entlohnte Beschäftigung liegt vor, wenn das Arbeitsentgelt regelmäßig im Monat 450 Euro nicht überschreitet. Die wöchentliche Arbeitszeit ist hierbei unerheblich. Beginnt oder endet die Beschäftigung im Laufe eines Kalendermonats ist der anteilige Monatswert maßgeblich.

Für 450-Euro-Minijobs zahlen Arbeitgeber Abgaben i. H. von maximal 30,99 % des Verdienstes an die Minijob-Zentrale. Das sind Pauschalbeiträge i. H. von 15 % zur Renten- und 13 % zur Krankenversicherung, die einheitliche Pauschsteuer nach § 40a Abs. 2 EStG i. H. von 2 % (sofern nicht per Lohnsteuerkarte abgerechnet wird) sowie 1,42 % Umlagen zum Ausgleich der Arbeitgeberaufwendungen bei Krankheit und Mutterschaft. Für Minijobber, die privat krankenversichert sind, zahlen Arbeitgeber keinen Pauschalbeitrag zur Krankenversicherung.

Pflichten des Arbeitgebers

Der Arbeitgeber hat für jeden Arbeitnehmer (gleichgültig ob unbeschränkt oder beschränkt steuerpflichtig) und für jedes Kalenderjahr ein Lohnkonto am Ort der Betriebsstätte zu führen (§ 41 Abs. 1 EStG). In dem Lohnkonto sind alle erforderlichen elektronisch abgerufenen Lohnsteuerabzugsmerkmale zu übernehmen.

Die Aufzeichnungen im Lohnkonto sind erforderlich, da sie zum einen die Grundlage für die Lohnsteuerbescheinigung nach Ablauf des Kalenderjahres bilden (§ 41b EStG) und zum anderen als Nachweis bei steuerlichen Außenprüfungen bzw. Prüfungen der Sozialversicherungsträger dienen. Es gibt keine bestimmten Vorschriften über die Form, in der das Lohnkonto zu führen ist.

Am Ende des Kalenderjahres hat der Arbeitgeber das Lohnkonto abzuschließen und auf der Grundlage der dort aufgezeichneten Daten die Lohnsteuerbescheinigungsdaten vollelektronisch nach amtlich vorgeschriebenem Datensatz an die Übermittlungsstelle der Finanzverwaltung („Clearingstelle") zu senden (§ 41b Abs. 1 EStG).

Gemäß § 41a Abs. 1 EStG hat der Arbeitgeber spätestens am zehnten Tag nach Ablauf eines jeden Lohnsteuer-Anmeldungszeitraums
- beim zuständigen Betriebsstättenfinanzamt eine Lohnsteuer-Anmeldung einzureichen und
- die im Lohnsteuer-Anmeldungszeitraum insgesamt einbehaltene und übernommene Lohnsteuer an das Betriebsstättenfinanzamt abzuführen.

-

Haftung des Arbeitgebers
Nach § 42d Abs. 1 EStG können sich für einen Arbeitgeber folgende Haftungstatbestande für die Lohnsteuer ergeben:
- Verletzung der Einbehaltungs- und Abführungspflicht (Nr. 1);
- zu Unrecht erstattete Lohnsteuer beim Lohnsteuerjahresausgleich (Nr. 2);
- Steuerverkürzung aufgrund fehlerhafter Angaben in den Lohnunterlagen (Nr. 3);
- aus Lohnsteuerbeträgen, die nach § 38 Abs. 3a EStG für Dritte zu übernehmen sind (Nr. 4).

In den Fällen der Lohnsteuerhaftung sind der Arbeitgeber und der Arbeitnehmer Gesamtschuldner (§ 42d Abs. 3 Satz 1 EStG). Die Haftung des Arbeitgebers besteht auch in Fällen, in denen der Arbeitnehmer zur Einkommensteuer veranlagt wird (§ 42d Abs. 3 Satz 3 EStG).

Lohnsteuer-Außenprüfung
Die Regelungen zur Lohnsteuer-Außenprüfung befinden sich in § 42f EStG.
Eine Außenprüfung läuft i. d. R. nachfolgendem Schema ab:
Prüfungsanordnung
Die bevorstehende Außenprüfung ist dem Steuerpflichtigen nach § 196 AO durch eine Prüfungsanordnung schriftlich anzuzeigen. Die Prüfungs-

anordnung hat die Rechtsgrundlagen der Außenprüfung, die zu prüfenden Steuerarten, den Namen des Prüfers sowie den Prüfungszeitraum zu enthalten (§ 197 Abs. 1 Satz 1 AO, § 5 Abs. 2 Satz 1 BpO). Gemäß § 5 Abs. 4 BpO ist die Prüfungsanordnung dem Steuerpflichtigen bzw. dessen Empfangsbevollmächtigten mindestens zwei bzw. bei Großbetrieben vier Wochen vor dem Beginn der Prüfung zuzustellen. Auf Antrag der Steuerpflichtigen kann der Beginn der Außenprüfung auf einen anderen Zeitpunkt verlegt werden (§ 197 Abs. 2 AO).

Prüfungsbeginn

Der Beginn der Außenprüfung ist nach § 198 Satz 2 AO aktenkundig zu machen. Für den Prüfer besteht Ausweispflicht (§ 198 Satz 1 AO).

Prüfungsgegenstand

Nach § 199 Abs. 1 AO hat der Prüfer die Besteuerungsgrundlagen zu ermitteln und dabei zugunsten wie auch zuungunsten des Steuerpflichtigen zu prüfen. Der Prüfer hat den Steuerpflichtigen während der Außenprüfung nach § 199 Abs. 2 AO über die festgestellten Sachverhalte zu informieren, wenn dies die Prüfung nicht beeinträchtigt.

Prüfungsdauer

Die zeitliche Dauer einer Betriebsprüfung ist nicht normiert, soll jedoch nach § 7 Satz 2 BpO auf das notwendige Maß beschränkt werden.

Schlussbesprechung

Über das Ergebnis der Betriebsprüfung ist nach § 201 Abs. 1 Satz 1 AO eine Schlussbesprechung abzuhalten, es sei denn, dass sich nach dem Ergebnis der Außenprüfung keine Änderung der Besteuerungsgrundlagen ergibt oder dass der Steuerpflichtige auf die Besprechung verzichtet.

Prüfungsbericht

Über das Ergebnis der Außenprüfung ergeht nach § 202 Abs. 1 AO ein schriftlicher Prüfungsbericht, der die erheblichen Prüfungsfeststellungen in tatsächlicher und rechtlicher Hinsicht sowie die Änderungen der Besteuerungsgrundlagen darstellt. Ergeben sich keine Änderungen der

Besteuerungsgrundlagen, so genügt es, wenn dies dem Steuerpflichtigen schriftlich mitgeteilt wird. Nach § 202 Abs. 2 AO ist dem Steuerpflichtigen auf Antrag vor Auswertung Möglichkeit zur Stellungnahme zu geben.

Nach § 200 AO hat der Steuerpflichtige im Rahmen einer Außenprüfung eine erhöhte Mitwirkungspflicht. Er ist zur Auskunftserteilung, zur Vorlage von Aufzeichnungen, Büchern, Geschäftspapieren und zur Abgabe von Erläuterungen verpflichtet. Darüber hinaus muss er Zutritt zu den Geschäftsräumen gewähren und unentgeltlich einen Arbeitsplatz für den Prüfer zur Verfügung stellen. Nach § 147 Abs. 6 AO hat die Finanzverwaltung im Rahmen einer Außenprüfung drei Möglichkeiten, auf das EDV-System des Steuerpflichtigen zuzugreifen:

Unmittelbarer Datenzugriff
Der unmittelbare Datenzugriff beinhaltet den Nur-Lesezugriff auf DV-Systeme durch den Prüfer zur Prüfung der Buchhaltungsdaten, Stammdaten und Verknüpfungen (beispielsweise zwischen den Tabellen einer relationalen Datenbank). Darunter fällt auch die Nutzung vorhandener Auswertungsprogramme des betrieblichen DV-Systems zwecks Filterung und Sortierung der steuerlich relevanten Daten.

Mittelbarer Datenzugriff
Beim mittelbaren Datenzugriff müssen die steuerlich relevanten Daten entsprechend den Vorgaben des Prüfers vom Unternehmen oder einem beauftragten Dritten maschinell ausgewertet werden, um anschließend einen Nur-Lesezugriff durchführen zu können. Verlangt werden darf aber nur eine maschinelle Auswertung mit den im DV-System vorhandenen Auswertungsmöglichkeiten. Die Kosten der maschinellen Auswertung hat das Unternehmen zu tragen. Darüber hinaus sind die Unternehmen zur Unterstützung des Prüfers durch mit dem DV-System vertraute Personen verpflichtet.

Lohn-, Grunderwerb- und Grundsteuer

Datenüberlassung
Bei der Datenüberlassung sind der Finanzbehörde mit den gespeicherten Unterlagen und Aufzeichnungen alle zur Auswertung der Daten notwendigen Informationen (z. B. über die Dateistruktur, die Datenfelder sowie interne und externe Verknüpfungen) in maschinell auswertbarer Form zur Verfügung zu stellen. Dies gilt auch in den Fällen, in denen sich die Daten bei Dritten befinden.

10.3 Grundzüge der Grunderwerbsteuer

Die Grunderwerbsteuer erfasst den Umsatz von Grundstücken und ist somit eine Verkehrsteuer. Der Grunderwerbsteuer unterliegen nach § 1 GrEStG insbesondere die folgenden Rechtsvorgänge, soweit sie sich auf inländische Grundstücke beziehen:
- ein Kaufvertrag oder ein anderes Rechtsgeschäft, das den Anspruch auf Übereignung begründet,
- die Auflassung, wenn kein Rechtsgeschäft vorausgegangen ist, das den Anspruch auf Übereignung begründet,
- das Meistgebot im Zwangsversteigerungsverfahren.
- Die Grunderwerbsteuer bemisst sich i. d. R. nach dem Wert der Gegenleistung (§ 8 Abs. 1 GrEStG). Als Gegenleistung gelten nach § 9 Abs. 1 GrEStG:
- bei einem Kauf (Nr. 1):
der Kaufpreis einschließlich der vom Käufer übernommenen sonstigen Leistungen und der dem Verkäufer vorbehaltenen Nutzungen,
- bei einem Tausch:
die Tauschleistung des anderen Vertragsteils einschließlich einer vereinbarten zusätzlichen Leistung.

Die Grunderwerbsteuer beträgt nach § 11 Abs. 1 GrEStG grundsätzlich 3,5 % von der Gegenleistung. Alle Länder, bis auf Bayern und Sachsen, machen jedoch von ihrem Recht Gebrauch und setzen den Steuersatz individuell fest. So beläuft sich die Grunderwerbsteuer beispielsweise seit 1.1.2015 in Nordrhein-Westfalen auf 6,5 % sowie seit 5.11.2011 in Baden-Württemberg auf 5 %, und seit 1.1.2014 in Berlin auf 6 %.

Lohn-, Grunderwerb- und Grundsteuer

10.4 Grundzüge der Grundsteuer

Die Grundsteuer zählt zu den Realsteuern. Nach § 2 GrStG ist Steuergegenstand im Inland liegender Grundbesitz. Gemäß § 1 GrStG ist die Gemeinde, in der sich der Grundbesitz befindet, hebeberechtigt.

Der Steuerschuldner ist derjenige, dem das Grundstück bei der Feststellung des Einheitswertes zugerechnet wird (§ 10 Abs. 1 GrStG). Entscheidend sind stets die Verhältnisse zu Beginn eines Kalenderjahres (§ 9 Abs. 1 GrStG).

Die Steuermesszahl beträgt nach § 15 Abs. 1 GrStG 3,5 ‰. Abweichend hiervon beträgt die Steuermesszahl für Einfamilienhäuser i. S. des § 75 Abs. 5 BewG grundsätzlich 2,6 ‰ für die ersten 38.346,89 Euro des Einheitswertes oder seines steuerpflichtigen Teils und 3,5 ‰ für den Rest des Einheitswertes oder seines steuerpflichtigen Teils und für Zweifamilienhäuser i. S. des § 75 Abs. 6 BewG 3,1 ‰ (§ 15 Abs. 2 GrStG). Die Grundsteuer wird zu je einem Viertel ihres Jahresbetrags am 15. 2., am 15. 5., am 15. 8. und am 15. 11. fällig (§ 28 Abs. 1 GrStG).

11. Register

Abgabenordnung 209
Abgeltungsteuer
  Kapitalanlagen 43
Aktiengesellschaft 101
Anfechtungsklage
  40 Abs. 1 FGO 254
Anrechnungsmethode 258
Arbeitnehmer 36
Arbeitslohn 37
Aufsichtsratsvergütungen ... 67
Aufzeichnungspflichten
  UStG 204
Bemessungsgrundlage
  USt 185
Bestandsvergleich
  Gewinnermittlung 48
Besteuerungsverfahren
  AO 218
Beteiligung
  Kapitalgesellschaften 81
Betriebsausgaben 51
  nicht abziehbare 17
Betriebseinnahmen 50
Betriebsvermögensvergleich 47
Buchführungspflicht
  derivative 10
  originäre 10
  Schwellenwerte 9
Buchwertmethode 73
Damnum 54
Datensätze 21

Dienstleistungskommission
  UStG 174
Dienstverhältnis 36
Doppelbesteuerungsabkommen 257
Dreiecksgeschäft
  Innergemeinschaftlich 207
Einfuhrumsatzsteuer 176
Einkommen
  KSt 61
  zu versteuerndes 64
Einkommensteuerpflicht
  Beschränkte 262
  unbeschränkte 260
Einkünfte
  Kapitalvermögen 41
  nichtselbständige Arbeit ... 36
  selbständige Arbeit 34
  Vermietung 43
Einkünfte aus Land- und Forstwirtschaft 29
Einkunftsarten 29
Einlagekonto
  steuerliches 85
Einlagen
  verdeckte 79
Einnahme-Überschuss-Rechnung 49
Einspruchsverfahren 248
elektronische Übermittlung .. 21
ELSTER 26

Europäische Aktiengesellschaft ... 102
Europäischen Union
 Mitgliedsstaaten ... 130
Europäischer Wirtschaftsraum ... 131
EWR ... 131
Fahrtkostenzuschuss ... 37
Fälligkeit
 AO ... 240
Feststellungsklage
 §41 FGO ... 255
Finanzgerichtsbarkeit ... 253
freiberufliche Tätigkeit ... 34
Freistellungsmethode ... 258
Fristen
 AO ... 221
 GbR ... 89
Geldstrafen ... 67
geldwerte Vorteile ... 40
Gemeinschaftsgebiet ... 152
Gesellschaft bürgerlichen Rechts ... 89
Gesellschaft mit beschränkter Haftung ... 98
Gewerbebetrieb
 Einkünfte ... 32
Gewerbesteuer
 Anwendungsbereiche ... 111
 Befreiungen ... 117
 Beginn der Steuerpflicht . 116
 Besteuerungsgrundlage .. 119
 Betriebsausgabe ... 18

Gewinnermittlungszeitraum ... 148
 Hebesatz ... 148
Gewerbesteuermesszahl ... 146
Gewerbeverluste ... 141
Gewinn
 bestimmen ... 27
 Handelsbilanz ... 15
Gewinnanteile ... 104
Gewinnausschüttung
 verdeckte ... 75
Gewinneinkünfte ... 29
Gewinnermittlung
 zweistufige ... 14
Gewinnermittlungsart
 Wechsel ... 52
Gewinnermittlungsmethoden ... 47
Gewinnermittlungszeiträume ... 59
Gewinnerzielungsabsicht ... 33
GmbH ... 98
GmbH & Co. KG ... 94
Grunderwerbsteuer ... 292
Grundsteuer ... 293
Gutschriften
 UStG ... 194
Hebesatz ... 148
Höchstbetragsrechnung ... 72
Inland ... 152
Innergemeinschaftlicher Erwerb
 UStG ... 176
Jahresüberschuss

Register

handelsrechtlicher 64
Kapitalanteilsmethode 75
Katalogberuf 34
Katalogleistungen
   UStG 172
Kleinunternehmer
   UStG 202
Kommanditgesellschaft 93
Kommissionsgeschäft 164
Körperschaftsteuer
   Anwendungsbereiche 61
Kraftfahrzeuge
   Gestellung 38
Land- und Forstwirte
   Einkünfte 29
   Freibetrag 30
Lieferungen und sonstige Leistungen
   UStG 159
Lohnarten 273
Lohnsteuerklassen 274
Maßgeblichkeitsprinzip 9
Mieteinnahmen 44
Mitgliedsbeiträge 18
Nachhaltigkeit
   gewerblicher Betätigung .. 33
Nennkapital
   Auskehrung 85
OECD-Musterabkommen ... 265
Offene Handelsgesellschaft . 91
OHG 91
Pauschbeträge
   Arbeitnehmer 41
Quellenlandprinzip 257

Rabattfreibetrag 40
Rechnungen
   UStG 191
Rechnungsabgrenzungsposten
   56
Rechtsbehelfsverfahren 248
Rechtsformen 89
Reihengeschäft
   UStG 160
Reverse-Charge-Verfahren. 189
Rückstellungsbildung 87
Schachtelprivileg 131
Schätzung 233
Schedulenbesteuerung 41
Schwellenerwerber 178
St 102
selbständige Arbeit
   Einkünfte 34
Selbständigkeit 32
Societas Europaea 102
Sonstige Einkünfte 45
Sparer-Pauschbetrag 42
Spenden 18
Spendenabzug 70
Stammdaten
   Übermittlung 25
Steueranmeldung
   AO 237
Steuerbefreiungen
   UStG 179
Steuerfestsetzung 229
Steuerpflicht
   KSt beschränkte 62
Steuersätze

USt 187
Steuerschuldner
UStG 189
Steuerschuldnerschaft
Umkehr UStG 189
Stille Gesellschaft 96
Tarifbelastung 84
Tätigkeitsort
UStG 171
Teileinkünfteverfahren 77
Teilwertmethode 72
Territorialitätsprinzip .. 257, 259
Überschusseinkünfte 29
Umsatzsteuer
Aufzeichnungspflichten .. 204
Bemessungsgrundlage.... 185
Gutschriften 194
Istbesteuerung 188
Kleinunternehmer 202
Rechnungen 191
Sollbesteuerung 188
Steuerbefreiungen 179
Steuergegenstand 155
Steuersätze 187

Vorauszahlung 196
Umsatzsteuersystem 151
Universalitätsprinzip 259
Unternehmensidentität 141
Unternehmereigenschaft 156
Unternehmergesellschaft 99
Unternehmeridentität 144
Verlustrückgang 19
Verlustvortrag 19
Vermietung
Einkünfte 43
Vermittlungsleistungen
UStG 172
Verpflichtungsklage
§ 40 Abs. 1 FGO 254
Vorsteuer 199
Welteinkommensprinzip 257
Wiedereinsetzung
AO 225
Wohnsitzlandprinzip 257
Zerlegung 145
Zinsaufwendungen 68
Zinsschranke 68

Register

Weitere Titel für Bilanzbuchhalter

Die Prüfung umfasst sieben Handlungsbereiche.

1 Erfassung und Abschlüsse
2 Jahresabschlüsse
3 **Steuern**
4 Finanzmanagement
5 Kosten- und Leistungsrechnung
6 Kontrollsystem
7 Kommunikation

Zu allen Handlungsbereichen wird - jeweils sowohl als eBook wie auch als Taschenbuch – erscheinen:

Lehrbuch – mit einer zusammenhängenden und lückenlosen, knappen aber verständlichen Darstellung zur Aneignung des gesamten Prüfungsstoffs.

Lernbuch – mit Kontrollfragen, Übungsaufgaben incl. Beispiel-Lösungen und Übersicht der bisherigen Klausurfragen zu jedem Kapitel zur systematischen Vorbereitung auf die Prüfung.

Übersicht auf der folgenden Seite

Lieferbare und geplante Titel

newsletter mit updates der Informationen abonnieren: bibu@fachwirteverlag.de / Betr.: news

Nr.	Kurz-Titel	Lehrbuch	Lernbuch
1	Erfassung		
2	Jahresabschlüsse		
3	Steuern		
4	Finanz		
5	KLR		
6	Kontrolle	Sep. 19	
7	Kommunikation	Aug. 19	